腾讯传

1998-2016

中国互联网公司进化论

吴晓波 著

ZHEJIANG UNIVERSITY PRESS
浙江大学出版社

2004年前，马化腾在位于赛格科技创业园的办公室中工作。如今这间办公室内空无一人，却还被保留着，剥落的墙上贴着一些当年的老照片，空气里飘浮着未曾散尽的记忆。

2011年5月21日，马化腾以"15年的老站长"身份参加第六届中国互联网站长年会，回忆起第一次登录惠多网时的心情，仍然难掩激情。

2000年，腾讯圣诞晚会。台上忘情表演的5个创业青年（从左至右依次为：许晨晔、马化腾、曾李青、陈一丹、张志东）不会想到，未来的命运中等待他们的会是什么。

创业初期，在华强北赛格科技创业园的老楼里，腾讯创始人们畅想未来：3年后，员工数达到18人，刚好可以把这间办公室坐满。

日后无人不知的企鹅形象，源自中国互联网企业第一次把品牌Logo的决定权交给用户的尝试。

2000年10月的中国国际高新技术成果交易会上，戴着红色围巾的胖圆企鹅形象已与日后无异。

 2003年11月，中国国际通信设备技术展览会的腾讯展台。因移动QQ业务顺利开展，腾讯成为"移动梦网"最大的受益者。

2004年6月16日，腾讯在香港联合交易所正式挂牌上市。

2005年10月27日，腾讯在北京为QQ2005版本举办了创始以来的首次也是唯一一次新品发布会。

刘炽平于2013年7月在腾讯合作伙伴大会上发表演讲。在他进入公司后，腾讯开展了一系列之前从来没有尝试过的工作。

2005年，腾讯的管理团队在飞亚达大厦的会议室里合影。

2010年11月3日晚6点19分，腾讯以弹出新闻的方式，发表了《致广大QQ用户的一封信》，中国互联网一片沸腾。

"开放"与"变革"成为腾讯新的挑战，2013年腾讯合作伙伴大会便围绕着这一主题展开。

在"打开未来之门"后，腾讯逐步走向开放，马化腾也更多地出现在公众视野中。图为马化腾于2013年11月10日在腾讯WE大会上公开演讲。

▲
张小龙于2016年1月11日在微信公开课上演讲。
在新的时代里，微信替腾讯抢到了移动互联网的
第一张"站台票"。

▲
2014年的春节前后，"抢红包"这个没有任何
成本的创意让腾讯几乎在一夜之间成为最重要的
在线支付服务商，微信通往电商的最后一块壁垒
在民众的狂欢中被击碎。

2014年3月，刘炽平（左）与刘强东（右）携手，宣布双方开展战略合作。在此前后，腾讯展开了凌厉的并购行动，先后入股搜狗、滴滴打车、大众点评、58同城等公司。

2010年12月，中国企业家年会现场，马化腾（左）与马云（右）同席互动，外界所有关于他们的恩怨似乎都是流言。

▲
20多年前的马化腾一定不会料到，自己能有机会在校园北面建一座39层高的腾讯大厦，从位于顶层的办公室可以日日俯瞰校园，追忆已经逝去的青春。

这一代人，一个个像悬崖边的孩子。 在青春的荒原上，他们忽然看见了光。

他们猛力奔跑，触足之地，或陷泥泞，或长青草，惊心动魄间，天地舒展成一个以自由命名的花园，大河山川，各自生成。 时间是玫瑰，他们是玫瑰上的刺。

——写于 2016 年定稿日，立冬的清晨

目　录
contents

PART 1　创业：1998—2004

前　言

谁能定格一座正在喷发的火山

万物皆有裂缝处，那是光射进来的地方。

——莱昂纳多·科恩（加拿大歌手、诗人），《渴望之书》

互联网经济建立在一个激进的社会假设之下，即认为现代社会在不可避免地逐步朝公开透明的方向发展。

——大卫·柯克帕特里克（美国财经作家）

"我"们一起来摇，一二三，摇!"南方深秋的空气中发出了来复枪上膛的声音，"咔嚓、咔嚓"，清脆而性感。

这是 2011 年 11 月的傍晚，我与马化腾站在深圳威尼斯酒店的门口，临分别前，他教我下载微信，并用"摇一摇"的功能"互粉"。此时，腾讯与奇虎 360 的那场著名的战争刚刚尘埃落定，而新浪微博与腾讯微博正为争夺用户打得不可开交。马化腾告诉我，微信是腾讯新上线的一个产品，已经有 3000 多万的用户，并且每天新增 20 万。"因为有微信，所以，微博的战争已经结束了。"这是他对我说的最后一句话，语调低沉，不容置疑。

在与马化腾此次见面的两个月前，腾讯的另外两位创始人张志东和陈一丹到杭州，我们在龙井村御树下喝茶，他们希望由我来创作一部腾讯企业史。"我们保证不干涉创作的独立性，并可以安排任何员工接受采访。"我得到了这样的承诺。

在后来的几年中，我访谈了 60 多位人士，包括副总裁级别的高管、一些部门总经理以及退休、离职人员，查阅了我所希望得到的内部资料和文件，此外还走访了互联网业界的从业者、观察家和腾讯的竞争对手。

我从来没有花这么长的时间和如此多的精力去调研一家公司——以

后恐怕也不会有了，更糟糕的是，我没有能够完全地找到其"成长的密码"，甚至在某些方面，我被更浓烈的疑惑所困扰。呈现在我眼前的腾讯，宛如正在进化中的生物体，我们对它的过往经历所知不详，更被它正在发生的进化所吸引和裹挟。

在很长的时期里，腾讯是中国互联网世界的一个秘密。

它门扉紧掩，既不接受媒体的深度采访，也婉拒学术界的调研。马化腾很少接受采访，也不太出席公开活动，他像一个极度低调的"国王"，避居于镁光灯之外。

更令人吃惊的是，甚至连腾讯自身也对自己的历史漫不经心。它的档案管理可以用"糟糕"两个字来形容，很多原始文件没有被保留下来，重要的内部会议几乎都没有文字记录。腾讯人告诉我，腾讯是一家靠电子邮件来管理的公司，很多历史性的细节都分散于参与者的记忆和私人邮箱里。当我开始创作的时候，对这一景象感到非常的意外，而腾讯人居然很轻松地对我说："在互联网行业里，所有人的眼睛都盯着未来，昨天一旦过去，就没有什么意义了。"绝大多数的腾讯高管都是技术出身，他们对数据很敏感，可是对于我所需要的细节则一脸茫然。很多重要的场合没有留下任何影像——无论是照片还是视频。

在调研和创作的过程中，我一直被三个问题所缠绕：

——为什么是腾讯，而不是其他互联网公司，成为当今中国市值最高、用户数最多、盈利能力最强的企业？它的成功是一次战略规划的结果，还是偶然的产物？

——为什么腾讯曾经遭遇空前的质疑，它所面临的模仿而不创新、封闭而不开放的"指控"是怎样形成的？性情温和的马化腾如何成为很多人眼中的"全民公敌"？

——中国互联网与美国互联网有什么异同？前者的繁荣是一次长期的追随之旅，还是有自己的东方式生存之道？

　　这三个问题来自于混沌的过往，又明晰地指向未来。我必须诚实地承认，对于一位写作者来说，它们的挑战性实在太大了。

　　在任何一个文化创作领域，所有的从事者从来都面临"描述事实"及"发现本质"的双重困境。达·芬奇在论述画家的使命时曾说："一个优秀画家应当描画两件主要的东西，即人和他的思想意图。第一件事做到很容易，第二件事情就很难。"哲学家维特根斯坦在1934年的一次授课中表达过类似的观点，他说："要知道我们说的东西很容易，但要知道我们为何这样说却非常难。"

　　企业史的创作，同样面临达·芬奇及维特根斯坦所阐述的困境：我们需要梳理企业的成长历程，以及陈述其发生的"思想意图"。在工业革命年代，研究者们的工作做得不错，无论是彼得·德鲁克的《公司的概念》，还是小阿尔弗雷德·钱德勒的"美国公司演进史"，都非常清晰以及具有远见性地描述了他们那个时代的企业图景。在中国，我们这一代财经作家对万科、海尔、联想等公司的企业史创作也可谓得心应手。

　　可是，这一景象到了互联网时代突然变得吃力起来。近年来，美国财经作家的互联网公司史创作，譬如沃尔特·艾萨克森的《史蒂夫·乔布斯传》、布拉德·斯通的《一网打尽：贝佐斯与亚马逊时代》、大卫·柯克帕特里克的《Facebook效应》等畅销书，都算不得传世之作。这并非是这一代作家的才华不足，而是裂变中的互联网经济仍然存在巨大的不确定性，由此造成了观察和定义的困难。这就如同没有一个摄影师、画家或记者，可以准确地描述乃至定格一座正在喷发中的火山。

　　因此，在过去的5年多里，我的创作一再陷入停滞，在本书的某些部分，你可以读到我的犹豫和不解。到创作的后期，我放弃了"宏大叙事"和"原理架构"，而只把更多的精力专注于细节的挖掘和铺陈。

　　前几天，我的一位哲学教授朋友来杭州。闲聊中，我谈及了创作《腾讯传》的困扰。他引用俄罗斯思想家巴赫金的观点宽慰我，这位以怪诞出名的解构主义大师说："世上尚未发生过任何总结性的事情，也无人说过针对世界，或关于世界的最终总结。这世界是开放自由的，所有一切仍有待于将来，而且永远如此。"①

听闻至此，我不禁会心一笑。看来世界原本如此，互联网如此，腾讯亦如此。

既然这样，就允许我用自己的方式来慢慢地讲述腾讯的故事吧，从一个少年在 1986 年的春夜看见了哈雷彗星开始。

创业：1998—2004

"羞涩文静的马化腾怎么可能成为一个企业家呢？"所有接受我访谈的马化腾的中学及大学同学、老师，无一例外地都发出过这样的感慨。就连马化腾自己也没有料想到，他将创建一个"大企业"。他与创业伙伴张志东曾规划，到第三年的时候，雇佣员工人数将达到 18 个。当 OICQ——也就是日后的 QQ 上线时，他们把用户的极限值设定为 10 万人。马化腾还几次三番想把公司卖掉，却没有人愿意接手。

不过，马化腾最幸运的是，他身处在一个"大行业"和"大时代"。哈佛大学商学院教授理查德·泰德罗在描述铁路和电报的商业意义时说："任何能打破对于人、产品和信息的时空限制的新发展，都会对商业运作的方式产生巨大的影响。"在人类历史上，崛起于 20 世纪 90 年代的互联网经济显然是一个与铁路和电报同等重要的商业发明，它重构了信息的传播方式。而中国则在改革开放的 20 年后，搭上了互联网经

---

① 早在 20 世纪 50 年代，法国年鉴派历史学家费尔南·布罗代尔就发现，世界只是"部分有序"，或者说，它表现出一种比结构更加松散的形式，他称之为"聚合体型态"（Aggregate）。这一观察到雅克·德里达那里，形成了解构主义流派，而这正是互联网哲学的起点之一。

济的第一班列车——如果美国是这列火车的车头，那么中国则是挂在后面的第二节车厢。我们可以说，中国是在互联网运动中受益最大的国家。

马化腾是改革开放之后的第三代创业者，与之前的农民办企业、"城市边缘人"经商以及官员下海不同，马化腾创办腾讯，更大的驱动力来自于兴趣，他对信息技术拥有与生俱来的热情。深圳是中国第三个提供互联网接入服务的城市，而马化腾是全国最早的几百名网民中的一位，并且管理过一个名气不小的站点。马化腾和其他四位创业同伴都出生在城市中产阶级家庭，其中四人是中学和大学同学，他们对互联网——而不是金钱本身，有着宗教徒般的狂热。

小阿尔弗雷德·钱德勒在研究美国早期工商企业的发家史中，提出过著名的"成长四阶段"论，即积累资源、资源的合理化利用、持续增长和对扩展中的资源的合理利用。回顾腾讯的早期成长史，我们清晰地看到了这一演进的轨迹：通过QQ实现了用户资源的积累，以创新的盈利模式实现用户资源的获利兑现。然而，这并不是一个必然的过程。

从20世纪90年代中期到2000年互联网泡沫破灭，中国的互联网企业全部都是美国式的仿制品，新闻门户、邮箱、搜索，包括即时通信工具，无一例外。腾讯在很长一段时间不被业界看好，很大的原因在于，它的仿效对象——由以色列人开发、后来被美国在线（AOL）收购的ICQ从来没有实现过盈利，甚至一直到我写作此书的时候，也没有另外一款即时通信产品找到了好的获利方式。所以，马化腾必须做对一些事情，其中很多是美国人没有做过的。

做对的事情之一：腾讯对ICQ的模仿建立在微创新的基础上。它把信息留存从客户端转移到服务器端，从而适应了当时中国的上网环境，还先后发明了断点传输、群聊、截图等新颖的功能。从腾讯的案例中可见，中国互联网从业者在应用性创新上的能力和速度并不逊色于任何国际同行，这一特征与电子产品、汽车、医药、机械装备等领域发生的景象完全不同。

做对的事情之二：除了技术的微创新之外，互联网的商业应用还受到一个地区的网络环境、用户习惯、支付体系、国家政策等客观条件的影响。因此，本土企业往往有更大的优势。腾讯很早就提出了"用户体验"的概念，它富有创意地推出了"会员服务"、虚拟道具出售、Q币等服务型创新，从而使得QQ由一款没有温度的即时通信工具逐渐转型为一个"类熟人"的网络社交平台。在这个意义上，腾讯是全球最早的社区网络的试水者之一。

做对的事情之三：马化腾在创业不久后便开始谋求资本市场的支持。幸运的是，在他满世界找钱的时候，风险投资已经进入中国，IDG、盈科、MIH在腾讯的早期发展中起到了很重要的资本输血作用。腾讯也是第二家在香港联交所上市的中国互联网公司。

另外一个从来没有被重视过的现象是，中国在移动通信领域的增值服务起步比美国早得多。早在2000年年底，新成立的中国移动公司推出了"移动梦网"业务，它通过短信推送的方式为手机用户提供各类信息增值服务，这造成了一个独特的短信爆发现象，所有参与了这个项目的增值服务提供商（SP）都获得了令人吃惊的利润。腾讯一度是"移动梦网"最大的合作伙伴，因此也是最大的得益者。在2001年6月，腾讯以出乎意料的方式，成为第一个实现盈利的互联网公司。

从1998年年底创办到2004年6月上市，腾讯在这段曲折的创业时期里完成了产品模型仿制、应用创新到盈利模式探索的全过程。这也是中国互联网企业的一个缩影。在2000年全球互联网泡沫破灭之后，中国的互联网企业在盈利模式和用户价值挖掘上蹚出了一条与美国同行不同的路径。2003年，中美互联网出现了历史性的大分流。在后来的两年多时间里，本土公司在门户、搜索、电子商务、邮箱服务、网络游戏以及即时通信等几乎所有领域里"完胜"全部国际公司，一个截然不同的、中国式的互联网世界日渐露出了自己的轮廓。

创业时期的马化腾并没有展现出他作为企业家的全部特质。他抓住了被别人看作障碍的机遇，不过他所形成的能力看上去是一件有致命缺陷的"盔甲"：过度依赖"移动梦网"的盈利模式遭到质疑，同时，几乎所有互联网企业都推出了自己的即时通信工具。挑战像一道危险而高耸的栏杆，挡在小马哥的面前。如果说腾讯帮助那些年轻人在一个虚拟世界里找到了自己的"身份"的话，具有戏剧性的是，在相当长时间里，腾讯自身却像一个迅速成长中的孩子一样，好奇地在问：我是谁？

出击：2005—2009

从上市的 2004 年起，腾讯按时对外发布财务季报、半年报以及年报，当我将这些文件一一细读完毕之后，终于得出了一个不无沮丧的结论：你永远无法从财务报表上读懂一家互联网公司。

创办 IBM 的托马斯·沃森讲过一句脍炙人口的名言："机器应该工作，人类应该思考。"这应是工业文明时期最具超前性的思想，可是，在信息革命的时代，它还是落后了。对于互联网企业而言，机器与人类之间已经没有了界线，你需要重新定义什么是机器和资产，需要重新对技术投入及其产出周期进行规划，甚至对于战略的意义、对手的确定乃至会计法则等等一切，进行"价值重估"。

资本市场一直用非常冷淡的目光看待上市之后的腾讯。从 2004 年上市到 2007 年前后，腾讯进入了一个长达 3 年之久的"战略调整期"，这似乎不是一个战略被确定下来的过程，而是战略在不断调整中逐渐呈现出来的过程。在一开始，战略调整的出发点是为了避免一场灾难：当时腾讯接近七成的营业收入来自中国移动公司的"移动梦网"业务，而后者在腾讯上市的前一天发布了清理整顿的"通知"。

在此后的调整中，腾讯的种种冒险行为充满了争议性和火药味。

在遭遇冷落的 2005 年，马化腾提出了"在线生活"的新战略主张，同时在组织和人才结构上进行了重大的调整。30 多个混乱的部门被重新组合，从而清晰地呈现出 5 个业务模块：无线增值业务、互联网增值业务、互动娱乐业务、企业发展业务和网络媒体业务。刘炽平、熊明华等一批在跨国公司服务过的高级管理人员进入了决策层。他们带来了规范化的运营理念，重塑了腾讯早期充满了草根创业气息的人才结构，此举在腾讯内部掀起了巨大的波澜。

在即时通信的主战场，腾讯并不积极主张"互联互通"，而这被某些同行认为违背了"让世界变平"的互联网精神。腾讯击退了网易、新浪以及雅虎等门户型公司对 QQ 的围剿，特别是对微软 MSN 一役，不但化解了 MSN 的强势攻击，甚至将 MSN 中国研发中心的三位核心干部引入公司，展现出中国互联网企业在本土市场上的作战能力，这是一个标志性的事件。

腾讯在 2005 年推出的 QQ 空间，一开始被当作 MySpace 的中国版本，后来又被看成 Facebook 的追随者。其实，QQ 空间有着完全不同于上述两者的运营和盈利模式。它进一步放大了虚拟道具的吸金能力，并以包月模式创造性地激发出中国网民的消费热情。在后来的 4 年里，QQ 空间分阶段实施了对 51.com、人人网和开心网的"三大战役"，从而在社交化的大浪潮中成为最大的赢家。

仍然是在 2005 年，腾讯决心成为网络游戏的第一霸主。这在当时看来，是一个几乎不可能完成的任务：北京联众在休闲棋牌门类占据了超过八成的市场份额；而在大型网游领域，广州网易的丁磊和上海盛大的陈天桥如两个门神般把持着进入的大门，他们都曾因为网游的成功而登顶过"中国首富"的宝座。然而，腾讯仅仅用一年半时间就让自己的棋牌游戏玩家人数超过了联众。而到 2009 年，腾讯的网游收入超越盛大。在微信崛起之前，网游成为腾讯最大的"现金牛"，占到了全部收入的一半左右，腾讯因此"被成为"一家在线娱乐公司。

让人惊奇的，还有腾讯在门户上的成绩。面对传统的三大新闻门户——新浪、搜狐和网易，腾讯以迂回战术悄悄超越。刘胜义重新定义了网络广告的投放规则，并获得了广告主的认同，而 QQ 迷你首页对流量的巨幅拉动更是让所有对手无可奈何。

马化腾还染指电子商务和搜索领域。他先是推出了拍拍网和在线支付系统——财付通，继而推出搜搜。在这两个战场上，他遭遇了马云和李彦宏的强劲抵抗，这也为日后的"新三巨头"格局埋下了伏笔。

在中国互联网史上，2008 年是一个标志性的年份。在这一年，中国的互联网人口第一次历史性地超过了美国，而在社交网络（Social Network Service，SNS）浪潮中，试图以博客（Blog）模式完成转型的三大新闻门户无法找到可靠的盈利方式，QQ 空间、百度空间、人人网以及 51 等公司则以新的 SNS 模式异军突起，门户时代宣告终结。

腾讯在这一时期的调整和出击，带有很大的冒险性，它似乎违背专业化的传统观念——甚至与马化腾早期的言论也不一致。在短短几年里，腾讯变成了一个越来越陌生的"大怪物"，它在多个领域同时崛起，无论在中国还是在美国，都找不到一个可以类比的案例。在 2004 年上市之时，腾讯只是一个成长很快，却被边缘化的即时通信服务商，可是在后来的几年里，腾讯如同一支不起眼的轻骑兵部队，由偏僻的角落不动声色地向中心战区挺进，非常顺滑地完成了从客户端向网页端的疆域拓展。到 2008 年，腾讯拥有了 4 个亿级入口——QQ、QQ 空间、QQ 游戏和腾讯网（QQ.com），这在全球互联网企业中绝无仅有。精力充沛的马化腾四处出击，八面树敌，在几乎所有领域，无役不予，每战必酣，终于赢下了一个"全民公敌"的绰号。

其至连腾讯自身也不知道如何定义自己。在相当长的时间里，这家员工平均年龄只有 26 岁的南方企业没有为自己所取得的胜利做好准备。马化腾常年躲避与媒体沟通——在 2010 年之前，他从来没有跟任何一家财经媒体的总编辑吃过一顿饭。对于全中国的财经记者来说，最难采访到的两位企业家都在深圳，一位是华为的任正非，另一位便是马化腾。低调的姿态进一步加重了神秘性，他因此又被称为"影子领袖"。后来马化腾承认，在某个事实层面上，其实是他"不知道如何对别人讲述腾讯的故事"。

一个创造者对他创造的历史非常陌生，这样的情况并非第一次发生。

"成长总是脆弱的"，彼得·德鲁克的告诫将很快应验在腾讯的身上，它在 2010 年之后遭遇到空前的质疑和攻击，而这一切似乎都是定义模糊的必然结果。

巨头：　2010—2016

中国互联网发生过三次"圈地运动"。第一次是在 1999 年前后，以新闻门户为基本业态，出现了新浪、搜狐和网易"三巨头"。2007 年之后，出现了以应用平台为基本业态的大洗牌，门户们陷入"模式困境"，出现了成长乏力的态势，而百度、阿里巴巴和腾讯则分别从搜索、电子商务和即时通信工具三个方向出发，到 2010 年前后完成了反向超越，成为"新三巨头"，它们被合称为 BAT。而从 2012 年开始，智能手机异军突起，互联网的用户重心从电脑端向移动端快速平移，由此发生了第三次"圈地运动"。

腾讯是第二次"圈地运动"的最大获益者。在 2010 年的中报里，腾讯的半年度利润比百度、阿里巴巴、新浪和搜狐 4 家的总和还要多，它也因此成为"全行业的敌人"。对它的质疑和攻击在此之前已不断升级。到 2010 年年底，所有的"愤怒"都在 3Q 大战中总爆发，尽管处在事实层面的有利地位——后来的司法判决证明了这一点，但是腾讯在舆论浪潮中的狼狈有目共睹。

3Q 大战改变了腾讯的战略，甚至部分地改变了马化腾的性格，他宣布腾讯进入"半年战略转型筹备期"，承诺将加大开放的力度。在后来的一段时间里，腾讯连续进行了 10 场诊断会，举办了第一次开放者大会，相继开放了 QQ 空间和 QQ 应用平台。

有趣的是，3Q 大战对中国互联网产业并没有带来任何实质性的颠覆，相反，它预示着 PC（Personal Computer，个人计算机）时代的终结。很快，所有竞争者都转入新的移动互联网战场。一个新的时代拉开了帷幕。在一开始，新浪微博一骑绝尘，貌似获得了"改变一切"的反超式机遇，然而，因为张小龙团队的意外出现，马化腾非常幸运地实现了绝地逆转。

从 2011 年 1 月到 2014 年 1 月的 3 年，对于中国互联网的大戏台而言，是属于微信的"独舞者时代"：它从无到有，平地而起，以令人咋舌的狂飙姿态成为影响力最大的社交工具明星。它不但构筑起 QQ 之外的另一个平台级产品，替腾讯抢到了移动互联网的第一张"站台票"，更让腾讯真正融入了中国主流消费族群的生活与工作。

微信的公众号属于真正意义上的中国式创新，它以去平台化的方式，让媒体人和商家获得了在社交环境下的垂直深入。近 4 年时间里，开通的公众号数量便累计超过 2000 万，上百万家企业开通了自己的订阅号或服务号，几乎所有的媒体都在公众号平台上发布自己的内容，而更多的年轻创业者开始了陌生而新奇的自媒体试验。从此，每一个试图在中国市场上获得成功的人都不得不问自己一个问题：我与微信有什么关系？

而腾讯在资本市场上的战略布局，应归功于腾讯总裁、前高盛人刘炽平。从 2011 年开始，腾讯一改之前的投资策略，开始用资本手段实现结盟式的开放。微信的崛起让刘炽平握到了与所有渴望流量的互联网巨头们谈判的筹码，腾讯相继入股大众点评、京东和 58 同城等公司，与咄咄逼人的阿里巴巴进行了一场史上最大规模的并购竞赛。在双寡头式的战备较量中，腾讯和阿里巴巴筑起高高的城墙，挖出宽宽的护城河，用马化腾的话说，"以遏制或钳制对手的过分逼近"。

尽管仍然不善交际和不愿意在公共场合抛头露面，但马化腾也在悄悄地改变，在过去的几年里，他进行了多次演讲，对中国互联网的未来展开了富有远见的观点陈述，它们被称为"马八条""马七点"而流传于舆论圈。他所提出的"连接一切"似乎已成为一条公理，而"互联网＋"的提法被中央政府的年度工作报告采用。

马化腾的七种武器

一位创始型企业家的性格和才能，将最终决定这家企业的所有个性。就如同苹果从来只属于乔布斯一样，腾讯从气质和灵魂的意义上，只属于马化腾。

在腾讯这个案例上，我们看到了马化腾团队所形成的极具个性的核心能力，我将之概括为"马化腾的七种武器"，它们包括：

第一种武器：产品极简主义。

由于起始于一个体积极小的 IM（Instant Messaging，即时通信）

工具，腾讯从第一天起就天然地具备了"产品"的概念，并且认为"少就是最合适的""Don't make me think！（别让我思考！）""让功能存在于无形之中"，马化腾本人是"细节美学"和"白痴主义"的偏执实践者，这在中国乃至全球互联网界都是早慧的。在 PC 时代，它的优势并不明显，而进入移动互联网时代，则成为最具杀伤力的公司哲学。腾讯也是工程师文化与产品经理文化融合的标本。

第二种武器：用户驱动战略。

早在 2004 年，马化腾就提出，互联网公司具有三种驱动力，即技术驱动、应用驱动、用户和服务驱动，腾讯将着力于第三种能力的培养。在相当长的时间里，腾讯团队探索并发掘对中国用户的虚拟消费心理的掌握，他们把"虚拟道具"重新定义为用户的"情感寄托"。在技术上，腾讯形成了大数据下的用户反馈体制，在应用性工具创新方面，提供了诸多中国式的理解。

第三种武器：内部赛马机制。

互联网世界的几乎所有创新，都具备颠覆式特征，它们往往突发于边缘，从微不足道的市场上浮现出来。身在主流并取得成功的大型公司对之往往难以察觉。在腾讯的 18 年发展史上，决定其命运的几次重大产品创新，如 QQ 秀、QQ 空间及微信，都不是最高层调研决策的结果，而来自中基层的自主突破，这一景象得益于马化腾在内部形成的赛马机制。

第四种武器：试错迭代策略。

与以标准化、精确化为特征的工业经济相比，互联网经济最本质的差异是对一切完美主义的叛逆。"小步、迭代、试错、快跑"，是所有互联网公司取得成功的八字秘诀。它要求公司在研发、反馈及迭代上，形成完全不同于制造业的制度构建。在这一方面，腾讯的表现可谓典范。

第五种武器：生态养成模式。

作为全球员工规模最大的互联网公司之一，腾讯提供了管理超大型企业的中国经验。马化腾是进化论和失控理论的拥趸。面对巨大的不确定性，他试图让腾讯成为一家边界模糊的生态组织。他在 QQ 时代就提出让互联网"像水和电一样融入生活当中"；在 2013 年前后，他进而提出"连接一切"和"互联网＋"的理念。在对内、向外的双重延展中，腾讯形成了柔性化的组织及竞争模式。

第六种武器：资本整合能力。

腾讯是最早获得风险投资的中国互联网公司之一，但是，一直到 2011 年之后，才真正形成了自己的投资风格。马化腾和刘炽平将腾讯的开放能力定义为流量和资本，将前者的优势和战略设想，转化并放大为后者的动力。腾讯是中国互联网企业中最大、最激进的战略型投资者之一。

第七种武器：专注创业初心。

创业于 20 世纪 90 年代末的马化腾，是改革开放之后的知识型创业者。在他的创业初心中，改善财富状况的需求让位于个人兴趣和改造社会的热情。在 18 年中，马化腾几乎摒弃了所有的公共表演，而一直沉浸于产品本身，这构成了他最鲜明的职业特征。

马化腾的七种武器

两个互联网世界： 美国的， 中国的

本书记录了腾讯崛起的经历，并试图以互联网的视角，重新诠释中国在融入全球化进程中的曲折与独特性。

如果把互联网看成一个有血有肉有灵魂的人，那么，他的灵魂萌芽于何处？关于这个问题，在不同的国家有不同的解释，而其答案的迥异，便构成不同的互联网世界。

在美国，《时代》周刊曾经刊登过的一篇文章认为：今天的个人计算机革命和互联网之所以成为这样，乃是继承了 20 世纪 60 年代的嬉皮士精神所致。1968 年前后，"二战"之后出生的一代美国青年占领了所有的大学，对富足而平庸的市民社会的厌倦让他们起而反抗，于是从西海岸开始，爆发了一场以性解放、摇滚乐为主题的嬉皮士运动。"不要告诉我世界是怎样的，告诉我如何创造世界"，康奈尔大学的这句反抗口号风靡一时。

这场嬉皮士运动随着石油危机的到来，很快画上了句号。然而，嬉皮士的精神却如幽灵一般难以散去，它长久地在音乐、电影及装置艺术领域徘徊，而那些吸食过大麻的工程师们则将它带进了信息革命的世界，他们渴望用新的、更自由的技术打碎亨利·福特们所铸造的机器王国。正如深受嬉皮士精神影响的乔布斯所说，"电脑是人类所创造的最非同凡响的工具，它就好比是我们思想的自行车"，自行车是流浪和叛逆的工具，它让人自由地抵达没有轨道的目的地。在电脑的胚胎里成长起来的互联网，是一个四处飘扬着自由旗帜的混沌世界。

自互联网诞生以来，网络世界里一直崇尚并流行着"自由平等，随心所欲"的网络文化与精神，其内涵类似于嬉皮士文化。从乔布斯、杨

致远、贝佐斯，到布林、扎克伯格、马斯克，在这些人的身上——他们并不都是传统意义上的"美国人"，其中一部分是来自东欧、俄罗斯或中国台湾的新移民——无一不流淌着嬉皮士的血液，辍学、叛逆、崇尚自由和"不作恶"。

与美国完全不同的是，当互联网作为一种新的技术被引入中国的时候，这个国家正在变成一个世俗的商业社会。正如一位早年非常活跃的评论家洪波所观察到的，中国互联网没有经过早期的非商业阶段，一开始它就是一个资本的舞台，所以互联网本身的民主性、非中心性，在中国从来都没有被广泛关注过。

在互联网的幽灵进入中国时，开始于 1978 年的改革开放即将进入第 20 个年头，中产阶级文化还是一个方兴未艾的新潮流。在 20 世纪 80 年代，理想主义曾经如野火般蔓延，可是它很快就熄灭了，年轻人不再关心政治，几乎所有的精英都投身于经商事业，金钱成为衡量成功和社会价值的唯一标准。在这样的社会背景下，如精灵般到来的互联网被纯粹看成财富创造的兑付工具和商业发展的手段。在第一代互联网创业者的手中，被当成"圣经"的著作是阿尔文·托夫勒的《第三次浪潮》和尼古拉斯·尼葛洛庞帝的《数字化生存》，它们所包含的商业乐观主义与中国社会盛行的达尔文思潮交相辉映，为中国互联网烙下了难以磨灭的金钱气质。由嬉皮士精神催生出来的互联网，在中国可谓"魂不附体"。

让中国互联网在商业化的道路上越行越急的，还有风险投资及纳斯达克市场。第一批被国际资本市场认可的中国企业就是互联网公司，新浪、搜狐等企业从诞生的第一天起，身后就有了风险投资的影子。它们创业后不久便实现了股票上市，紧接着，在"资本鞭子"的抽打和督促下，继续疯狂地为扩大利润而不懈努力。互联网对它的中国从业者兑现了实现财富的承诺，有两位年轻人分别在 31 岁和 32 岁的时候就成为"中国首富"。在过去的 10 多年里，互联网与房地产是诞生亿万富豪最多的两个领域，与后者的灰色野蛮相比，前者被认为是"阳光下的财富"。

在商业模式上，中国的互联网成长史被很多人看成是对硅谷模式的一次长途追随。就如同思想史上所呈现的景象一样，东方国家的知识分子和企业家们一直以来面临这样的拷问：如何从西方那里获得新文明的火种，又如何在行进中挣脱"西方文明中心论"的禁锢。

几乎每一家中国互联网企业都是美国的克隆版，都可以在那里找到原型，但是，几乎所有成功的企业都在日后找到了完全不同于原版的生存和盈利模式。从 QQ 对 ICQ 的克隆，到微信对 kik 的跟进，腾讯历史上的战略性产品都找得到仿效的影子。而耐人寻味的是，被效仿者很快销声匿迹，而腾讯则据此获得成功。

本书以众多的细节对这一事实进行了解读。我们可以看到，中国的互联网人在应用性迭代和对本国消费者的行为了解上，找到了自己的办法。在腾讯的案例中，可以看到种种的东西方消费差异，比如美国人愿意出钱买一首歌给自己听，而中国人愿意出钱买歌给自己的朋友听。根据 2011 年的一份对比报告显示，中国网民在使用社交媒体方面已全面超越美国网民，他们更喜欢分享，更乐意购买虚拟类道具，对网购的热情显然也更大，到 2014 年，中国网购业务量占全社会消费品零售总额中的比例已超过美国 4 个百分点。[①] 更重要的是，中国金融行业的长期封闭及懒惰，让互联网公司轻易地找到了在线支付和重建金融信用关系的突破口。

因此，无论在网民的绝对人数、活跃度还是在制度性创新等指标

---

① 美国调研公司 Netpop Research 在 2011 年发布的这份报告显示，美国 13 岁及以上年龄的宽带用户数量为 1.69 亿，而中国为 4.11 亿，他们平均每天在线 4.8 小时，而美国的该数字为 4.2 小时。在其他数据方面，中国网民在论坛上发帖的比例是 47%，美国为 12%，写微博的比例分别为 83% 和 17%，使用播客的比例为 78% 和 13%，尝试虚拟世界的比例为 14% 和 3%，评价产品的比例为 50% 和 27%。

上，中国都是一个比美国更令人兴奋的商业市场。到2015年前后，中国互联网公司在应用性创新上的能力和成就已超过了美国同行；北京、深圳和杭州是三个比硅谷更适合讨论互联网模式的城市。

如果说美国人总在想如何改变世界，那么，中国人想得更多的是，如何适应正在改变中的世界，他们更乐意改变自己的生活，这是商业价值观——广而言之，更是人生观的区别，也是很多美国与中国商业故事的不同起点。

如果没有互联网，美国也许还是今天的美国，但是中国肯定不是今天的中国。

中国迄今仍然是一个非典型的现代国家，政府掌控着近乎无限的资源，庞大的国有资本集团盘踞在产业的上游并参与政策的制定。互联网是罕见的阳光产业，因变革的快速和资源的不确定性，国有资本迄今没有找到对其进行有效控制和获取垄断利益的路径。互联网为这个国家带来了意料之外的商业进步和社会空间开放，同时也正在造成新的混乱和遭遇更具技巧性的管制。这显然是一个没有讲完的故事，博弈正在进行，没有人猜得到它的结局。

就本书的主角而言，对腾讯的种种争议也还在继续当中，热度不减。它变得越来越值得期待，也越来越令人畏惧。正如比尔·盖茨、乔布斯终生被"开放与封闭""抄袭与创新"的终极问题所缠绕一样，马化腾也仍然陷入这样的被质疑中。中国的互联网是一个独立于世界之外的奇特市场，不肯被驯服的谷歌遭到了驱逐，Facebook的扎克伯格尽管学会了一口流利的中文，却至今不得其门而入。而在中国内部，平台与平台之间的互相封杀与屏蔽，已成为熟视无睹的事实。腾讯和马化腾，以及阿里巴巴和马云，正在成长为世界级的企业和企业家，与此同时，他们所被赋予的公共责任也是一门尚未破题的课程。

它已经很好，但它应该可以更好。

PART 1

创业：1998—2004

第 1 章

少年：喜欢天文的 Pony 站长

我看见风暴而激动如大海。

——里尔克（奥地利诗人），《旗帜》

互联网代表的是一种新文明、新文化，其特征是：一、对小的事物特别崇拜；二、地下经济，不遵守规则；三、对权威健康的不尊重……预见未来最好的办法就是把它创造出来。

——尼古拉斯·尼葛洛庞帝（美国新媒体教授），《数字化生存》

看见了哈雷彗星的少年

1986年4月11日，时隔76年之后，哈雷彗星拖着绚烂而神秘的长尾巴，准时地重新出现在地球的上空。在那个早春之夜，世界各地无数少年仰望星空。

在中国南部的新兴海滨城市深圳，一个叫马化腾的15岁初三学生宣称他是全校第一个看见了哈雷彗星的人。"它出现在北斗星的西南，并没有想象中那么亮，肉眼不太容易找到。"很多年后，他这样对我说。马化腾当时是深圳中学天文兴趣小组的成员，这也是他唯一参加的课外兴趣小组。

马同学之所以能够找到哈雷彗星，除了他对天文有特别的爱好之外，还有另外的原因：他有比其他同学更高级的"武器"。就在14岁生日的时候，他向家里索要一台准专业级、80mm口径的天文望远镜，那要花他父亲将近4个月的工资。"他当时非要不可。我们不肯买，太贵了，要700多元，他就写日记，说我们扼杀了一个科学家的梦想。他妈妈有一天翻他的书包读到了这篇日记，我俩商量了一下，还是给他买了。"父亲马陈术日后回忆说。

在找到哈雷彗星之后，马化腾拍下了照片，还兴奋地写了一篇观测报告，投寄到北京，结果获得观测比赛的三等奖，得到了 40 元的奖金，这是马化腾赚到的第一笔钱。从此之后，对天文的爱好一直被保留了下来，他告诉我，"唯一一本从中学开始就一直订阅到现在的杂志就是《天文爱好者》"。2004 年，董事会同事送给他的生日礼物，便是一架精美的望远镜模型。

彗星俗称"扫把星"，为怪异之物。早在公元前 613 年，《春秋》一书就有记载"有星孛入于北斗"，这是人类首次关于哈雷彗星的确切记录。在汉族乃至其他很多民族的预言中，哈雷彗星出现在星群的外阴之间，预示着秩序重构的时期即将到来。

马化腾这一代中国人成长在一个紧张而剧烈变动的时代。

1971 年 10 月 29 日，他出生在海南岛东方市八所港，父母是八所港港务局的职员。在户口簿的籍贯一栏，按惯例随父亲填的是"广东省潮阳县（旧称）"。他有一个年长 4 岁的姐姐。

就在马化腾出生前的一个月，1971 年 9 月 13 日，林彪及其妻子叛国出逃，在蒙古坠机身亡。这一丑闻在中国当代政治史上是一个转折性的事件，它几乎预示着一个封闭时代即将落幕。一年后，中华人民共和国与美利坚合众国建立了外交关系，这两个分别代表了古老东方和新兴西方的超级大国结束了长达 22 年之久的敌对状态。马化腾 5 岁的时候，1976 年 9 月 9 日，毛泽东离开了世界；又过了两年，74 岁的邓小平获得实际的领导权，由此拉开了改革开放的帷幕。

为了吸引外资，务实的邓小平选中远离北京、有开放传统的广东省作为对外开放的前沿窗口。1979 年 1 月，宝安县（旧称）南头半岛最南端、与香港隔岸相望的 1000 多亩荒地被选定为第一个可以进行招商引资的工业区，这便是日后名声显赫的蛇口工业区。同年 3 月，宝安县改名为深圳市。1980 年 8 月，深圳、珠海、汕头和厦门被国务院确立为四大特区，在各种优惠政策的刺激之下，大量的国家投资和国际资本被引导到这些南方地区。经济复苏的发动机就这样被强行启动了起来，整个社会在半推半就中走向开放。

马化腾的童年是在八所港度过的，那里是海南岛的最西端，居民以苗族为主。马化腾至今还记得小城里有很多脸上刺了刺青的苗人，他们背着硕大的竹箩，默默地蹲在滴雨的屋檐下。一个人的童年最容易被遥不可及的神秘所吸引，南中国海的海港夜空特别清澈深邃，繁星如织，总能勾起人们无穷的好奇和想象，使人们深感自身的渺小。

为了培养儿子的科学兴趣，马家订阅了《我们爱科学》等科普杂志。小学四年级的时候，马化腾在其中读到一篇讲述如何用各种镜片制作天文望远镜的文章，就缠着妈妈买了一套镜片回来，动手做了一台简陋的望远镜，这或许是他人生中的第一款作品。

望远镜的特点是：焦距越大，视野越小，望得越远。面对远处的未知迷雾，人们很难摆脱短视的袭扰，而只有把焦距拉大并将视线聚焦于一点，方可能稍稍看清真相的某一部分。很多年后，我与马化腾聊起他的这个爱好，他突然说："互联网是不是很像一个不确定的、正在爆炸的星系？"

马化腾和三个中学同学

马化腾家族所属的潮汕人，在中国的商帮谱系中是十分特别的一支。

潮汕地处东南，远离中原，地狭田少，渔耕为生，民众自古有远航谋生的传统，是少有的海洋性部族。在唐宋时期，潮汕人就是南洋一带最活跃的贸易集团，也是最早接受基督教的汉族人之一。明清时期，朝廷采取禁海政策，潮汕人迫于生计，仍然冒险出洋，《清稗类钞》记述：

"潮人善经商，窭空之子，只身出洋，皮枕毡衾以外无长物。受雇数年，稍稍谋独立之业，再越数年，几无不作海外巨商矣。"与中原的晋商、徽商相比，潮汕商帮的官商意识比较淡薄，"重商轻文，重男轻女"是鲜明个性。进入近代，潮汕人在香港和东南亚一带形成了很大的商业势力，出了不少潮汕籍富豪，最出名者当属华人首富李嘉诚。

1984 年，13 岁的马化腾随父母从海南岛迁居到了深圳。

此时的深圳已赫然成为中国最受关注，也最具争议的标本城市。这年年初，邓小平悄然视察了深圳，并题词："深圳的发展和经验证明，我们建立经济特区的政策是正确的。"10 月，北京举行新中国成立 35 周年的盛大阅兵仪式，各省区市均装饰了一辆彩车参与检阅，当深圳市的彩车缓缓经过天安门广场的时候，上面的两行大字让很多中国人觉得非常刺眼和不可思议——"时间就是金钱，效率就是生命"。这句话原本出自蛇口工业区政府门口的一块标语牌，后来，它被定义为深圳这座城市的精神。在中国人的历史上，这是第一次将时间与金钱如此赤裸裸地画上等号。它既违背了两千年来的儒家传统，又与改革开放前的意识形态背道而驰。它以如此充满仪式感的方式呈现在全国人民面前，宣示了一个陌生而新鲜、可以用物质来量化一切的时代正式来临。

对于少年马化腾来说，无论是中国的经济复兴、深圳的崛起，或是潮汕族群的商脉，都是包裹在其生命外部的记忆，它们将慢慢渗透进这个人的躯体和灵魂内，最终构造成一个独特的命运体。

马化腾是初二时转入深圳中学的。那时的他个子只有一米四十一，在 13 岁的孩子中算是矮小的，所以坐在班级的第一排。同排有一位同学叫许晨晔，也是随在教育系统工作的父母刚刚从天津迁来的。

那年，受邓小平南方谈话的感召，从全国各地来了很多新移民，深圳中学初一年级原本招八个班的学生，后来不得不扩招了两个班。这两个班的学生讲的大多是普通话，而前八个班的则讲广东话——他们自称为"白话"，在那里还有腾讯的另外两位创始人：张志东和陈一丹。张志东是土生土长的当地人，而陈一丹一家 1981 年就来到了深圳，父亲是广东省汕头市田心镇人，后来成为一家银行的支行行长。

马化腾在初中时的成绩一直在前三名。许晨晔、张志东和陈一丹这些人都学"奥林匹克数学"，只有马化腾参加的是天文兴趣小组。进入高中后，马化腾、许晨晔和陈一丹被分在了一个班里。到了高二，学校又分了一次班，马化腾和许晨晔还在一起，陈一丹则跟张志东在另一个班。

陈一丹回忆那时与马化腾的交往：在高中时，他们一起背圆周率，相互比赛。到了课间，他们就在走廊上面对面地站定，开始轮流背，今天你比我多背两位，明天我比你多背两位，后来大家都能背到小数点后 100 位。他们还曾经一起集过邮，互相帮着买邮票。

高佳玲是马化腾的高中班主任，在这位数学老师的记忆中，马化腾是一位学习很认真的乖学生："与同学关系很好，很会团结人，没有旷过一次课，作业本总是很整洁的样子。不过，更深的印象却是没有了。"

到了高中，马化腾的个子突然蹿了起来，很多年后，许晨晔说起这事还有点愤愤不平："他原来跟我一排的，后来越长越高，越坐越靠后。"隔壁班级的张志东则长成了一个硕壮的小男生，同学们给他起了一个"冬瓜"的外号。

马化腾和他的同龄人是被焦虑统治的一代，他们的人生与他们的国家一样，一直发育在一个巨大的、"不确定的繁荣"之中。在他的中学时期，校园里最流行的一个词语是"时不我待"，老师们以无比急切的口吻告诫年轻人，如今是百年一遇的大时代，机会就像河流里的泥鳅，处处可见，都不易抓获。

大学机房里的病毒高手

1989 年，是马化腾考大学的那一年。那年 6 月的中国发生了一场政治风波。高考在 7 月 7 日至 9 日如期举行，但是空气里弥漫着焦躁不安的气息，几乎所有的家长都希望孩子能留在自己身边。所以那年，深圳高考考生的第一志愿大多填的是深圳大学。马化腾的高考分数是 739 分（满分 900 分），高出重点线 100 多分，按这个成绩本可以进北京的清华大学或上海的复旦大学。

因为深圳大学没有马化腾最感兴趣的天文系，所以，他退而求其次，进入了电子工程系的计算机专业。与他一起进这个专业的还有许晨晔和张志东。许晨晔还跟他分在了同一个寝室。这个班共有 36 名学生，除了一个保送生，张志东的考分最高，马化腾的成绩排第三。

据讲授计算机汇编语言课程的胡庆彬老师回忆："马化腾这一届是深圳大学历史上最优秀的一届，生源特别好。他们这一个班，没有人挂过科——这在深圳大学之前、之后都再也没有出现过的。马化腾等人很优秀，基础好，后来做出这样的事业，我一点都不惊讶。就是不创办腾讯，他们也会成为很优秀的人才。"

黄顺珍是马化腾的大学班主任，讲授的课程是计算机操作系统，从留存至今的成绩单上可知，马化腾那门课的考试成绩是 86 分，黄老师给了总评 88 分，而张志东的总评是全班最高的 92 分。黄顺珍讲述了两个细节："作为班主任，我每周要到宿舍巡视一次，每次去，都会看到马化腾在看书或者做计算机操作。他和张志东等一些同学的家庭条件好，都自己配了电脑。而其他人都在聚堆聊天或者做其他的事。有一次，马化腾交上机实验报告，在写自己名字时，搞了一点小创意，他用软件为自己的'马'姓设计了一个奔腾形状的字体，看上去很漂亮，然后又在后面手写了'化腾'两个字。理工科学生很少有这样的创意，这让我直到现在都印象很深。"

与马化腾同一个寝室的许晨晔回忆说："那个时候我跟他在一起，平时就是背英文单词，早上一起跑步，绕校园跑一圈。有一段时间，他还突然对气功发生过兴趣。"

深圳大学是一所 1983 年才成立的大学，几乎没有什么传统，它坐落在南山半岛，校园里种植了大量荔枝树，所以也被称为"荔园"。那时，校园外都是农田和几座错落筑建的农舍。马化腾和许晨晔在跑步的时候一定不会料到，20 多年后，他们能有机会在校园北面建一座 39 层高的腾讯大厦，从位于顶层的办公室可以日日俯瞰校园，追忆已经逝去的青春。

他们的另外一个同学陈一丹则考进了化学系。在大学期间，陈一丹变得非常活跃，他竞选上了化学系的学生会主席，还是校学生会委员会副主任。毕业典礼上，他被选为毕业生代表发言。"他讲得很激昂，好像毕业就是上前线一样。"马化腾说。

从大学二年级开始，马化腾把很多精力花在了 C 语言的学习上。这是 1972 年由美国的丹尼斯·雷切尔设计发明的高级程序设计语言，它具有绘图能力强、可移植性好等优势，并具备很强的数据处理能力，是世界上最流行、使用最广泛的程序设计语言之一。在操作系统和系统使用程序以及需要对硬件进行操作的场合，C 语言明显优于其他高级语言。马化腾日后对我说："我们最终是靠 C 打天下的。"他还说："在技术上，我的算法不是太强，那需要数学很强的人才可以。但是我做应用比较强，就是我知道如何把一个产品实现出来。"相对于马化腾，他的同班同学、"冬瓜"张志东则更精于算法。

马化腾在计算机上的天分，很快就显现了出来。

　　在大学里，对于所有学习编程的年轻人来说，公共计算机机房是较量技术的不二赛场。他们常常在一台计算机里编写一个病毒程序，将硬盘锁死，令别人无法启动，而自己则可以任意地打开，或者，有另外一个高手能够破译出别人设计的程序，这无疑是一件很酷的事情。在同学们的记忆中，马化腾是一个编写病毒程序的高手："他经常把机房计算机的硬盘锁死，连管理员都打不开。后来只要一发生这样的情况，马化腾肯定是第一个被叫过去的'嫌疑犯'。"

　　除了C语言编程之外，马化腾在技术上的另外一个强项是图形化界面的程序编写。

　　当时的计算机采用的是DOS程序，微软的Windows还没有进入国内，马化腾能够在DOS系统下做出类似Windows的图形化界面。"当时国内还很少有人做这样的尝试，我在书上找到一些基本元素，然后在上面不断搭建，形成了自己的图形化界面技术。"

　　到了大学四年级，学生们要到一家企业去毕业实习。马化腾去的是深圳黎明电脑网络有限公司，这是当时中国南方技术水平最高的计算机公司。它创办于1990年，是中国第一家以"电脑网络"命名的企业。在中国网络发展史上，它拥有4项显赫的纪录：最早的电脑网络通信系统集成公司，最早应用数字数据网络和帧中继技术的公司，最早在异步传输网络上实现图像、语音和数据综合传输应用的公司，以及中国证券电脑网络的首创者。它曾经是中国最大的电脑网络设计和主要建设单位，上海、深圳两个证券交易所的电脑自动撮合网络交易系统便是由其设计完成的。20世纪90年代中期，中国的股票市场如火如荼，成了财富聚变的巨大游戏场，黎明网络公司也因此赚得盆满钵满。

　　在这里，22岁的马化腾做出了他一生中第一个真正意义上的产品。

　　这是一个图形化界面的股票行情分析系统，马化腾加入了技术分析、函数算法，甚至还自带了一套汉字输入法。他把自己在C语言和图形化界面上的特长统统发挥了出来。为了分析股票买卖双方的心理博弈过程，他还去学习了神经元的知识，以期能预测出股票未来的走向。这是一个看上去非常实用的股票分析软件，使用者可以形象地看到股票行情的波动情况，并进行波段分析。

在当时的股票热潮中，全国出现了难以计数的炒股软件，它们都宣称自己是看得见未来的"水晶球"，马化腾的产品正是其中之一。不过，由于其采用了非常独特且图形化的设计，所以，即便是在程序员云集的黎明网络公司，仍然让人眼前一亮。公司找到这位实习生，提出要购买他的这套软件。马化腾咬咬牙，小心翼翼地开出了5万元的价格，这相当于当时大学毕业生3年的薪水，没想到，对方没有还价就一口答应了。

就这样，马化腾的大学生涯在一款软件的交易中结束了。这4年，他没有担任过任何学生干部的工作，也没有竞选过任何的协会职务。在芸芸的学生中，他只是一个长相英俊、沉默安静、偶尔喜欢在计算机机房里捣捣蛋的理科乖乖生。没有任何迹象表明，他在管理和公共事务的处理上有出众的才能。

润迅公司里的"小马"

1993年9月，马化腾和他的同学们各奔东西。

张志东考到了广州的华南理工大学读研究生，他将在那里继续埋头磨砺自己的算法技术。许晨晔先是工作了半年，然后到南京大学读计算机应用专业的研究生，毕业后进入深圳电信数据通信局工作。陈一丹被分配进了深圳出入境检验检疫局，同时在职攻读南京大学法学院的经济法硕士。马化腾则到深圳润迅通信集团有限公司当一名软件工程师。

马化腾的求职经历很简单：1993 年 3 月的一天，在黎明网络公司实习时，他到华强北的一家计算机书店淘书，正巧碰到一位无线电专业的同学，他已被润迅录用。同学告诉马化腾，润迅正在招软件工程师，可以去试一下。马化腾就过去了，他向招聘的人展示了自己设计的那个股票行情分析系统，第二天就被通知录用了。

当时，润迅是一家创办才一年的新企业，不过却处在一个爆发性增长的行业——寻呼台服务中。寻呼机就是无线寻呼系统中的被叫用户接收机，收到信号后发出音响或产生震动，并显示有关信息。它体积很小，可别于腰间。寻呼机进入中国是在 1983 年，到 1990 年前后，几乎到了"人腰一机"的地步。它的风靡意味着当时的中国实际已经进入了即时通信的时代。在相当长的时间里，寻呼台的服务费一直高企不下，入网费 100 元，数字机一年的服务费是 180 元，汉字机一年是 600 元。这是一个极其暴利的行业。

在 1990 年之前，寻呼行业几乎被国有电信公司垄断，后来才渐渐向私人开放。润迅的两位创办人都有很深厚的电信从业背景。他们先是创造性地推出了内地与香港的跨境寻呼业务，很快在深圳市场上站稳了脚；之后又率先推出全国卫星联网、秘书台等一系列服务，公司迅速成长为中国南方最大的寻呼台服务企业。极盛时，公司在香港联交所上市，并进入恒生指数，年营业额高达 20 亿元，毛利超过 30%。

马化腾在这家传奇性的企业里一直工作到 1998 年年底，见证了它兴衰的全部过程。他刚入职的时候，在研发部门写寻呼系统的软件程序，月薪为 1100 元；后来转到业务部门，参与各地的寻呼台建设，从寻呼系统的开发到发射器安装，负责软件编写和网络实现，月薪也渐渐涨到了 8000 多元。

在等级森严的润迅，马化腾做到的最高职务是主管，在他的上面有执行董事、总经理、副总经理、部门副总裁、总监、高级经理、经理和高级主管。同事们对他的印象非常淡薄，他们管他叫"小马"，是数以百计的"小马"中的一位。

当然，这只是事实的一部分。在另外一个虚拟的世界里，生活着一个不安分守己的、野心勃勃的马化腾。

刚毕业时，马化腾曾想到华强北去创业，最早的想法是帮客户装机。当时，中国有两大计算机配件的集散地，北方是北京的中关村，南方就是深圳的华强北。马化腾动手组装过从8086、286、386到486等早期所有世代的计算机，按工价，装一台计算机可以赚50块钱，一天装两台，收入已高过润迅的工资。不过，他很快打消了这个念头："因为我发现，在华强北装机的都是从农村来的初中生，他们对配件的行情比你熟得多，手脚也勤快，'打'不过他们。"

后来，他又和几位朋友开发了一套股票行情的接收系统，"就是用寻呼机接收电波里的股票行情，接收下来后，用单板机实现转码，通过串行口接到电脑上去"。马化腾把它命名为"股霸卡"，拿到华强北市场上去卖，一开始的价格是8000元，后来降到6000元，再后来是4000元，"成本是1000元，卖掉了几十套"。赚了一点钱后，这个生意也不了了之。

直到1994年年底，马化腾突然被一个叫惠多网的新东西给彻底吸引了。

惠多网里的马站长

惠多网，英文原名为FidoNet，有时候又被翻译成"会多网"，1984年诞生于美国，是一种BBS（电子布告栏）建站程序，通过电话线连接，以点对点的方式转发信件，是技术爱好者自行搭建的一个替代性的通信网络。与后来的互联网不同，惠多网不支持在线交流，而且一根电话线只能一个人用，用户把内容传上去后要赶快下来，否则别人就上不去了。

1991 年，在北京定居的台湾人罗依开通了惠多网在中国的第一个站点——"长城"站，在中国的 FidoNet 站群便被叫作 CFido。一开始，上惠多网的几乎都是从海外拨长途回国的中国留学生，渐渐地，国内的技术爱好者也找到了这里，他们中的一些超级发烧友分别在各个城市开设了自己的站点，这些站点联成一张网，成为中国第一代网民的摇篮。

马化腾是通过瑞星知道有这么个新东西的。"瑞星是做杀毒软件的，它有一个电子布告栏，可以用调制解调器（modem）拨号上去，下载更新的软件，我就是在那里了解到了惠多网。"马化腾很快就被惠多网深深地吸引了，以至于一发而不可收。"它实在太奇妙了，通过调制解调器拨号上去后，就会出现一个人机界面，有菜单和讨论区，你在那里可以遇见天南地北的、跟你一样的人，我们从未见过面，但是却可以互相展示最新写的软件，交换加密解密的心得，也可以倾诉对程序人生的感悟。"

2011 年 5 月，已经是腾讯董事局主席的马化腾以"15 年的老站长"身份参加第六届中国互联网站长年会，回忆起第一次登录惠多网时的心情，仍然难掩激情："那时候，我们所有计算机软件编程人员都以为所有的编程是在本地进行的。第一次通过远程的站台，看到屏幕上吐出文字的时候，非常激动，感觉像是开启了一扇新的大门一样，我觉得这是当时网络的开端。"

在玩了将近半年后，正在兴头上的马化腾决定自己搞一个站点。1995 年 2 月，他开通了惠多网的深圳站，起名为 ponysoft，Pony 是马化腾的英文名，中文翻译为"小马驹"，这个站也被叫作"马站"，它的编号是 655/101，655 是中国区的区号，101 则是"马站"的站号。

"马站"创办的时候，全国的惠多网站点总共不到 10 个，其中北京有两个，南京、上海和广州各一个，活跃用户总计 100 人左右，其中便包括了很多日后在中国互联网史上赫赫有名的人物。在这些站点中，"马站"也许是最为豪华的一个：马化腾在家里拉了 4 条电话线，配备了 8 台电脑，也就是说，可以同时接受 4 位用户的传送申请。当时，国内的电话初装费非常昂贵，需 8000 元一架。马化腾的姐姐在电话公司上班，申请了半价优惠，但设备添置和使用费还是花了马化腾将近 5 万元，相当于把出售股票行情软件的全部收入都投了进去。

从买 700 元的望远镜到花 5 万元建惠多站点，隐约可以读出马化腾的某些天性：这位看上去文静柔弱的南方书生其实有一种敢于舍得并冒险投入的决绝禀赋，它来自于潮汕人的传统天性。

"马站"的创建让马化腾的生活顿时变得忙碌和丰富了起来。他的母亲黄慧卿回忆说："那两年，他没日没夜地泡在网上，收信包，发回复，忙得不亦乐乎。有时候要出差，就写一张纸条给我，教我一旦有网友打电话来说网络不通，就按照纸条上的步骤排除故障。"

那一年，马化腾还兼任了《计算机世界》报在深圳的通讯员，他写了一篇报道《BBS 与惠多网》，简单地描述了惠多网在中国的发展现状，还把全国 11 个站点的地址和电话号码给公布了。在马化腾等人的推动下，惠多网的站点越来越多：1996 年年初，求伯君在珠海架起了"西线"站点；同年 5 月，雷军在北京创建了"西点"站点。

在现实生活中不喜交际、羞于表达的马化腾在虚拟世界里却是一个十分活跃的人。一位叫李宗桦的惠多网网友回忆说："他在网上简直就是一个话痨，总是喋喋不休地跟你反复讨论一个技术问题。他重视每一个'马站'用户的意见，会不断地写邮件，从不厌烦。"

腾讯的高级副总裁、"微信之父"张小龙比马化腾出名还要早，他因独立写出 Foxmail（1997 年 1 月面世——编者注）而被人们看成南方最好的程序设计员。他对我回忆了第一次知道马化腾的细节："有一次，我突然收到一位用户的邮件，对 Foxmail 的设计提出了一个疑问，这是一个非常细微的错误，外部人很难观察到。我有些吃惊，他说他叫 Pony，在经营一个站点。"

马化腾日后被称为"中国第一产品经理"，他的产品意识以及对用户体验的理解，最早都是在"马站"时期形成的。

中国的第一批互联网人

令马化腾沉迷其中的惠多网，还不是真正意义上的互联网，它只是信息化革命早期的一种雏形，显然没有成为主流模式，汹涌的潮流只是在这里转了一个弯，然后以更凶猛的态势向陌生的方向冲刷而去。一切坚硬的都将烟消云散。

就在马化腾接触惠多网的 1994 年，在遥远的美国，两位天才少年用无畏的牙齿咬破了网络经济的坚硬"蛋壳"。

28.8K 的高速调制解调器被研制了出来，它可以每秒钟传输 3KB 文件，与马化腾同样出生于 1971 年的马克·安德森开发出 UNIX 版的 Mosaic 网络浏览器，与此同时，个人电脑的 Windows 系统也日趋成熟，这些技术上的重大突破已足以引爆一场网络革命。

就在 1994 年 4 月，斯坦福大学的华裔学生杨致远发明了最早的网站搜索软件，他放弃即将获得的博士学位，在一个拖车里建立了雅虎公司，英文名为"Yahoo!"。一个前所未见的网络商业时代到来了。同年 9 月，麻省理工学院的新媒体研究教授尼古拉斯·尼葛洛庞帝写出了《数字化生存》，在这本让他名闻天下的著作中，他大胆地提出"整个社会建构的基本要素将发生变化""计算不再只和计算机有关，它决定我们的生存"的观点。他认为，随着互联网技术的成熟，物质性的世界突然向虚拟性转向，通过电子流的方式，知识、信息及商品制造与销售将可能实现与以往完全不同的存在方式。

从 1995 年到 1996 年，互联网世界进入了一个令人炫目的地震期。

1995 年 5 月，美国公司 Sun Microsystems 开发了 Java 程序技术，万维网的图像语音性能得到了大幅提高。同年 8 月 9 日，由马克·安德森参与创建的网景通信公司在纳斯达克上市，发行价为每股 28 美元，当日收盘价便达每股 58.5 美元，市值达到 27 亿美元。《华尔街日报》评论说，通用公司花了 43 年才达到的目标，网景只花了"大约 1 分钟"。网景在浏览器市场的表现严重威胁到了微软的行业地位。

1996 年 4 月 12 日，杨致远的雅虎在纳斯达克上市，一日之内，股价从 13 美元暴涨到 43 美元，一跃而成为市值高达 8.5 亿美元的新巨人。雅虎确立了一种基于搜索的门户网站模式，它深远地影响了互联网的技术和商业应用走向。

在东方，无论是马克·安德森、杨致远的崛起，还是尼葛洛庞帝的预言，听上去都是那么遥不可及。不过，对互联网经济的尝试还是悄然地起步了，中国与世界的距离近到了呼吸相闻的地步。

1994 年 5 月 15 日，中国科学院高能物理研究所设立了国内第一个 Web 服务器，推出中国第一套网页，内容除介绍中国高科技发展外，还有一个栏目叫"Tour in China"。同年 9 月，中国邮电部电信总局与美国商务部签订中美双方关于国际互联网的协议。协议中规定电信总局将通过美国 Sprint 公司开通两条 64K 专线，一条在北京，另一条在上海。中国公用计算机互联网的建设由此开始启动。

这些在当时看来一点都不起眼的举措，日后都被视为具有"创世纪"般的意义，它们意味着一种比惠多网更有技术和商业前景的网络模式正在出现。

1995 年 4 月，马化腾在深圳接待了一位叫丁磊的浙江宁波人。丁磊的身材与马化腾差不多，都有一米八左右，更巧的是，他们都出生于

1971 年的 10 月。与马化腾的俊秀长相不同，丁磊有一双鼠标般灵活的小眼睛，生着一张玩世不恭的脸。

作为惠多网深圳站的站长，马化腾有义务接待南漂到深圳的惠多网网友。而此时的丁磊正是一位迷茫的无业青年。他毕业于成都电子科技大学，主修微波通信专业，辅修计算机。这是一位对电脑有狂热爱好和超人直觉力的技术天才，而且从一开始就打算办一家属于自己的电脑企业。在大学同学录上，有同学给他留言，"希望丁磊早日实现拥有自己的电脑公司的愿望"。大学毕业后，丁磊回到家乡宁波的电信局当一名工程师，在机房里，他成为惠多网最早期的前 100 名用户之一。与马化腾不同，他没有开一个自己的站点，而是利用电信局免费的线路资源，成为一个"中继器"，帮助各地的网友交换信包。也正是在那时，他知道了深圳的马化腾。

到 1995 年的春天，丁磊终于再也无法忍受平淡而乏味的生活，他决定"开除自己"。这一想法遭到家人的强烈反对，但他去意已决，"这是我第一次开除自己，但有没有勇气迈出这一步，将是人生成败的一个分水岭"。他孤身一人跑到热浪滚滚的南方，到处乱逛，拜访了几位网上已十分熟稔却从未见过面的网友，他想看看他们到底长什么样，有什么稀奇的想法。在深圳，他遇到了同样焦躁而找不到方向的小马站长。这年 5 月，丁磊加盟了一家美国数据库软件公司 Sybase 的广州分公司，成为一名技术支持工程师。

正当技术员出身的马化腾与丁磊在南方茫然对望的时候，一些看上去与信息产业毫无专业关系的人手忙脚乱地踢开了一片新天地。

就在那年 4 月，一个叫马云的 31 岁大学外语教师在浙江杭州创办了"中国黄页"网站，它于 5 月正式上线，自称是第一家网上中文商业信息站点。马云想要创造一个面向企业服务的互联网商业模式，赚钱的方法是鼓动企业把自己的商业信息挂到网上。

5月，学应用化学出身的张树新与丈夫在北京创立瀛海威公司，她的"瀛海威时空"宣称是国内唯一立足大众信息服务、面向普通家庭开放的网络，"进入瀛海威时空，你可以阅读电子报纸，到网络咖啡屋同不见面的朋友交谈，到网络论坛中畅所欲言，还可以随时到国际互联网络上走一遭"。在中国互联网的青葱时期，瀛海威扮演了一个启蒙者和领跑者的角色，它是第一个形成了公众品牌效应的网络公司。张树新在中关村白颐路（现称中关村大街——编者注）南端的街角处，竖起了中国互联网产业的第一块广告牌"中国人离信息高速公路有多远——向北1500米"，它被很多人当成了路标。

7月，已经拿到麻省理工学院物理学博士学位的张朝阳碰到同校的尼葛洛庞帝，一下子被互联网迷住了。他决定放弃当一个"李政道式的物理学家"的理想，投身于更让人激动的"数字化生存"。在尼葛洛庞帝的协助下，张朝阳融到了100万美元，于这年年底回到北京，想做一个叫中国在线（China Online）的项目。

日后证明，马云等人走在了一条正确的道路上，尽管他们将遭遇种种挫折，而且并不是每个人都走到了成功的终点。

进入1996年之后，随着华裔青年杨致远在美国的巨大成功，雅虎模式成为中国互联网创业者们竞相模仿的对象。

就在雅虎上市的一个月后，1996年5月，发明了"中文之星"汉字输入法的王志东开通了四通利方网站（www.srsnet.com）。而一直为找不到网站模式而苦恼的张朝阳则决定完全照搬雅虎，他请人开发中文搜索引擎，起名"搜狐"，像极了雅虎的"表兄弟"。

"我们一起办一家企业吧"

从1996年的下半年开始，内秀喜静、一向与同学走动不多的马化腾经常跟张志东泡在一起。

在几位腾讯创始人中，张志东是唯一的宝安本地人，自称"土著"。张家祖辈在农村耕读，到他出生的时候，家里还有一亩多田，种点花生和甘蔗，"那时候的深圳就是几个小渔村，很贫穷也很安静，我们天天赤脚在沙地上比赛滚自行车圈或甩烟片"。他的父亲是家里第一个大学生，考上了清华大学，读的是工程物理，毕业后，先是分在武汉，后来调回广州。他的母亲是一位教师，生下了三个孩子，前两个是儿子，第三个是女儿。张志东排行第二，上有兄，下有妹，是一个从小就被呵护大的孩子。腾讯最早招进来的程序员之一李海翔曾在张志东家借住过两个月，他"揭发"说："张志东不但不会烧饭，连家里的洗衣机也不会用，衣服都是妹妹帮着洗。有一回，他妹妹出去旅游，我们两个像流浪儿一样过了好几天。"张志东的父亲一直想把一家人从乡下调进广州城，却没有办成，后来索性也就回到了家乡。

大学时期，张志东与马化腾同班，不过关系却不太密切。"我跟他不是一个寝室的，他在 701，我在 725，在楼道里隔几间房间。"回忆那时的马化腾，张志东的印象是："他的毅力挺好的，早上经常绕着学校跑一圈，应该跑了蛮长时间的，我也跑了一阵，后来没坚持住。"张志东不喜欢运动，他痴迷围棋和象棋。

本科毕业后，张志东到华南理工大学读研究生，那是中国南部最好的工科大学。在几个创始人中，张志东的计算机算法技术是最好的。他个子不高，外表憨实，甚至有些木讷，与那个"冬瓜"的绰号很吻合。他总是在那里微笑，不过内心却坚毅、敏感。也许是家境稍好的原因，张志东从小对物质没有太多要求，即便在腾讯上市、成为亿万富豪之后，他在很长的时间里开的仍是一辆并不奢华的宝来轿车。

1996 年 9 月，读完研究生后，张志东回到深圳，进入了马化腾曾经实习过的黎明网络公司。他被分在一个专门为电信企业服务的小项目组里，负责给一家寻呼台提供网络服务。就是在那时，他遇到了三年没有联系的同班同学马化腾。

这是一个十分戏剧性的情景：张志东发现这家公司的一台服务器经常莫名其妙地死机，经过分析，应该是有黑客入侵。他通过一些异常的访问日志调查来源，很快追索到了 IP 地址来自罗湖区的润迅公司。在记忆中，他唯一认识的润迅人就只有马化腾，而这位同学在大学时就是机房里出了名的病毒高手。于是，他拎起电话就拨给了马化腾。

"这是你干的事吧？"他用不疾不徐的语气直接问。

电话那头传来的是一阵熟悉的呵呵笑声："我就是来试试你的水平。"

马化腾提出见面，约的地点是在黎明网络公司附近的名典咖啡馆，这是华强北一带非常出名的程序员聚集地，灯光昏暗，人声鼎沸，来自天南地北的年轻人在那里密谋着他们青涩的梦想。就这样，老同学又走到了一起，在后来的一年多里，他们经常在周末见见面，聊聊天，发生在互联网世界里的种种新闻让他们嗅到了暴风雨即将来袭的气息，他们像海边的两根芦苇一样兴奋不已。

对于此时的马化腾来说，尽管北方的张树新、王志东以及张朝阳等人的动静让他颇为羡慕，可是真正刺激到他的，却是那个不久前刚刚接待过的惠多网网友，来自宁波的同龄人。

丁磊在 Sybase 上班一年后，又跳槽到了一家叫飞捷的互联网服务提供商（ISP），他在那里用火鸟程序搭了一个基于公众互联网的 BBS 系统，从此告别了相对小众的惠多网，也告别了马化腾。在这时，他留意到了一项互联网的新动向：1996 年 7 月，美国人杰克·史密斯推出了免费电子邮件系统 Hotmail；一年后，比尔·盖茨以 4 亿美元将之收购，并把它运行于微软的 Windows 平台上。丁磊敏锐地意识到，电子邮箱将是一个前途无量的互联网基础服务。他拿出全部的 50 万元积蓄，悄悄注册成立了仅有三名员工的网易公司，然后与华南理工大学的二年级学生陈磊华一起，开发出了第一款中文免费电子邮箱系统。

这个发明让丁磊成了中国互联网产业第一个真正赚到真金白银的创业者，他把这个邮箱系统以 119 万元的价格卖给了广州电信旗下的飞华网，之后，全国各地电信公司开办的网站——当时大多叫作"信息港"，比如北京信息港、成都信息港——纷纷向他采购。丁磊凭借每套售价 10 万美元，很快成了一个声名鹊起的百万富翁。

丁磊的故事让小马站长再也坐不住了，他对我回忆说："我在润迅的时候也曾想到要开发邮箱系统，但是晚了，也没有人支持我，就我一个人在做。丁磊搞出来了，也成立了公司。应该说我受他的影响，就觉得互联网好像也是有机会创业的，所以也想做些什么事情。"

1998 年春节后的某一天，马化腾约张志东聊天，在润迅公司所在的金威大厦附近的一间咖啡店里，他突然对张志东说："我们一起办一家企业吧。"

第 2 章

开局：并不清晰的出发

要加倍使出全部的力量往前冲，不要回头。如此一来，你将可以看到原本看不到的东西。

——安藤忠雄（日本建筑师）

在创业的那些年，我们从来没有想过未来，都在为明天能活下去而苦恼不已。

——马化腾

创办日：1998 年 11 月 11 日

绝大多数人的创业，都是过往经验的一种延续，马化腾也不例外。他兴奋地向张志东描述即将创办的公司的主打产品：把刚刚兴起的互联网与非常普及的寻呼机联系在一起，开发一款软件系统，能够在呼机中接收到来自互联网端的呼叫，可以接收新闻和电子邮件等等。马化腾把这套系统称为"无线网络寻呼系统"，它的销售对象是全国各地的寻呼台。

这个创意看上去是一个不错的点子，既与润迅的专业有关，又有他之前开发过的股霸卡的影子，还似乎得到了丁磊"卖系统"的启示。马化腾在寻呼服务领域浸泡了 5 年，而张志东则是做集成系统的高手，所以，他们联手正是"天作之合"。当然，后来的事实证明，这些头头是道的分析都非常不靠谱。

张志东被马化腾打动了，当时的他正打算离开黎明网络公司。他有一位姑姑在美国，按家里的安排，他要出国去投奔姑姑。马化腾的邀约让他多了一种选择，而他确实也对马化腾描述的产品很感兴趣。"我们那时都没有想发财的念头，就是要干一点自己喜欢的、有价值的事情。"他后来对我说。甚至在辞职这件事上，他的动作比马化腾还要快："我先离开了黎明，然后，他才下决心从润迅出来。"

接下来的几个月，马化腾和张志东开始寻找创业伙伴。先是张志东找到了陈一丹，他们一直走得比较近，曾经结伴出去旅游。陈一丹在深圳出入境检验检疫局的工作很安稳，而且在两年前已早早结婚过上了小日子，不过，听到能和好朋友一起办企业，还是颇为心动。他回家跟妻子商量，当时的顾虑是：万一失败了，家里的经济来源怎么办。这时，他的妻子说："没关系的，我还有一份工作。"陈一丹日后对我说："一直到今天，我还深深感念妻子的这一句话。"马化腾还找了从初中开始就同班的许晨晔，他在深圳的电信数据通信局上班，当然更有专业上的优势。

当这四位同学坐在一起的时候，你看看我，我看看你，发现了一个问题：没有一个搞销售的。

这时候，"第五人"曾李青出现了。

曾李青出生于 1970 年 1 月，比马化腾年长将近两岁，却是同一年毕业。他就读于西安电子科技大学通信专业，毕业后在深圳电信数据通信局工作。曾李青身材魁梧，性格开朗，能言善辩，性格与马化腾和张志东完全不同。年纪轻轻的他有过一个纪录：他曾以一己之力，说服深圳的一个地产开发商投资 120 万元，建成了全国第一个宽带小区。他在电信局很受重用，是局里下属龙脉公司的市场部经理。就在 1998 年的时候，电信局整顿"三产"，龙脉面临被裁撤的命运，曾李青前途彷徨，正好接触到了四处寻找销售专才的马化腾。

曾李青回忆说："我与马化腾、张志东第一次就公司成立的事情见面，是在龙脉公司的那间小办公室里。关上门，我们简单地分了下工，马化腾负责战略和产品，张志东负责技术，我负责市场。"

即将成立的新公司注册资金为 50 万元。公司去登记注册的时候，马化腾和张志东都还没有办完辞职手续，所以董事长的名字写的是马化腾的母亲黄惠卿，尽管她从来没有到过公司。

在注册公司名称时，决定都取"讯"作为尾缀，表示与"通讯"有关，而前缀的选择则发生了一些周折。马化腾回忆说："最早想出的名字叫网讯，就是网络通讯的意思，最直接，最简单，第二备选的是捷讯，第三个是飞讯，第四个名字才是腾讯。工商登记是我父亲替我跑的，他回来说，前面几个都登记不下来，就'腾讯'可以。我想，有我的名字太个人色彩了，不太好。但父亲说，就是这个了吧，要不然就注册不下来。于是就叫腾讯了。"日后有人推测，"腾"取自马化腾的名字，"讯"则与"润迅"有渊源，也是八九不离十的解释。

公司英文名 Tencent 的灵感，则来自 Lucent（朗讯），"当时讲究左右对称，Tencent 就很对称"。把这个词分开来，就是 Ten Cent（十分钱），腾讯日后以微结算的盈利模式成就大业，也许是"天意"。

再来说办公场所。腾讯的第一个办公室在华强北赛格科技创业园的一栋坐北朝南的老楼里。马化腾回忆说："我认识一位叫陶法的香港商人，是做寻呼机业务的，他一直想拉我过去做，我说要自己创业。他在科技园正好有一间空着的办公室，就免费借给我用几个月。"那个办公室在四层，有 30 多平方米，门口有一对很艳俗的大陶瓷花瓶，房间的顶上还挂着一个歌舞厅用的、会旋转的水晶彩灯。陈一丹从香江家私市场采购了几张办公桌，五六个人挤在屋子里就满满当当了。

几个月后，香港人要收回房子，马化腾就在旁边二栋东楼的二楼找到了新的办公室，这回有 100 平方米左右，被隔成了两间，里面是经理室，外面是办公区。到我写作此书的时候，这间办公室内空无一人，却还被保留着，剥落的墙上贴着一些当年的老照片，墙角堆着染满灰尘的桌椅，空气里飘浮着陈旧的、未曾散尽的记忆。

张志东回忆了一个细节：有一天，他跟马化腾在办公室里畅想腾讯的未来，他们做了一个"三年规划"——三年后，腾讯的员工数将达到

18 个人，刚刚可以把这间 100 多平方米的办公室坐满。

　　腾讯的创办日被确定为 1998 年的 11 月 11 日，但事实上，并没有"正式"的那一天，自 1998 年春节后一直到下一年年初，马化腾和他的创业伙伴们是在忙乱中度过了一天又一天。生活如一条大河，所谓的"源头"都是后来者标示的产物。

不可错过的"互联网世代"

　　现在让我们回过头，看看腾讯诞生的时候，互联网世界正在发生着什么。

　　在中国乃至全球的互联网史上，从 1998 年到 1999 年的两年间，是一个神秘的时期，错过了这一段，也就错过了一个世代。

　　先看美国——

　　1998 年 11 月 24 日，美国在线以 42 亿美元的价格收购网景公司，网景与微软的浏览器之战进入了白热化的阶段，比尔·盖茨非常强势地把 Windows 95 与 IE 浏览器进行捆绑销售，取得了奇效。微软还在这一年公布了 Windows 98，将浏览器中的 Web 页面设计思路引入 Windows 中，使 Windows 变得更为生动和实用，并真正成为一个面向互联网的桌面系统。这一年，微软的股价暴涨 72％，同时它遭到不正当竞争的严厉指控，美国华盛顿地区法院开庭审理司法部及 20 个州政府起诉微软违反联邦反垄断法一案。

　　1998 年，乔布斯在重归苹果公司之后推出了极简主义的 iMac 电脑，苹果扭亏为盈，实现了硬件产业里的胜利。但没有任何迹象表明它将成为新的统治者，此时的世界属于软件和互联网，乔布斯仅仅是一个"归来的坏孩子"。

在 1998 年，全美最受追捧的互联网英雄是华裔青年杨致远，他登上了《时代》和《商业周刊》的封面，还在《福布斯》杂志的"高科技百名富翁"榜单中，以 10 亿美元的身家跃居第 16 位。雅虎的业务开始走进中国，杨致远甚至考虑在中国卖网站广告。当然，也是在这一年，他做了一生中最愚蠢的一个决定：有两位出生于 1973 年的斯坦福校友上门找到杨致远，想要把自己的一个搜索技术以 100 万美元的价格卖给雅虎，杨致远优雅地拒绝了他们。9 月 7 日，拉里·佩奇和谢尔盖·布林被迫在加州郊区的一个车库内孤独创业，他们把公司取名为 Google。

在中国——

受"杨致远奇迹"的启示，中国的互联网开拓者们几乎同时找到了成长的路径。

1998 年 4 月，张朝阳团队率先完成了中文搜索系统的开发，他依照雅虎模式"克隆"了一个中国版，是为搜狐公司。10 月，张朝阳被美国《时代》周刊评为"全球 50 位数字英雄"之一，这让他成为第一个互联网业界的全国性新闻人物。

1998 年 8 月，四通利方的王志东在美国考察时接触到北美最大的中文网站华渊生活资讯网，双方一拍即合，迅速展开合并谈判。12 月 1 日，新浪网成立，宣称将"全面提供软件、新闻、信息和网上服务等功能，力争成为全球最大的中文网站"。

在广州，靠出售电子邮箱赚到了第一桶金的丁磊也做出了一个天才般的决定，把网易由一个软件销售公司转型为门户网站。

至此，中国互联网的"门户时代"到来了，新浪、网易和搜狐相继脱颖而出，成为统治未来 10 年的"三巨头"。1999 年 1 月 13 日，《中华工商时报》公布了当时国内的十大商业网站，分别是新浪、163 电子邮局、搜狐、网易、国中网、人民日报网站、上海热线、ChinaByte、首都在线和雅虎中国。从当选网站的类型可见，它们都是新闻和资讯类的门户网站，且几乎都没有盈利模式，评选机构的标准是："访问量是最重要的，其次是内容，然后是美观。"

与此同时，一些非门户型的模式也如雨后春笋般地悄然出现，譬如网络游戏、电子商务以及专业的搜索引擎，它们在当时都没有获得"三巨头"那样的关注。

从 1998 年到 1999 年，有三个人先后进入了网络游戏领域。1998 年 6 月，开发了汉化中文平台系统 UCDOS 的鲍岳桥在北京创办了联众游戏，它很快成为中国最大的棋牌游戏网站。1999 年 8 月，只读了两年大学就退学的朱骏在上海推出娱乐型社区 Gamenow，后更名为"第九城市"（简称"九城"）。11 月，1973 年出生、毕业于复旦大学的陈天桥拿出 50 万元积蓄在上海创办盛大网络，开始运营一个叫"网络归谷"的虚拟社区。网络游戏在日后将成为中国互联网产业最赚钱的业务，不过在当时却是"主角旁边的花脸小厮"，一点都不被看好。

电子商务领域的尝试也各有千秋。1998 年 6 月，刘强东在中关村创办京东公司，代理销售光磁产品，后来转型为电商。1999 年 3 月，马云以仅有的 50 万元创办了一家专门为中小外贸企业服务的 B2B（Business to Business）网站阿里巴巴。几个月后，这家不知名的中国网站就成为全球最活跃的电子商务网站，《福布斯》派出记者追踪到杭州，终于在一个叫湖畔花园的住宅小区里找到了这间小公司。6 月，瞄准旅游业的携程网诞生了，它的 4 位创办人是当时创业者中身份最为显赫的：沈南鹏是德意志银行亚太区的总裁，梁建章是甲骨文中国区的咨询总监，季琦创办过一家科技公司，范敏是上海旅行社总经理。11 月，当过多年个体书商的李国庆和他的海归妻子俞渝联手创办了从事网络图书销售的当当网，它的模式完全是照着美国亚马逊网站复制的。

在搜索领域则出现了百度和 3721。1998 年 10 月，北京方正集团的软件工程师周鸿祎开发出一种支持用户通过中文找到自己要到达网站的软件，他在自家的小屋里创办国风因特软件公司，公司网站名为 3721，取自谚语"不管三七二十一"，颇有我行我素的意思。周鸿祎出生于 1970 年，日后将成为马化腾最棘手的敌人之一。1999 年年底，在美国获得计算机科学硕士学位的李彦宏回国创办百度公司，那时的他已是硅谷小有名气的搜索技术专家。"百度"的取义来自辛弃疾的名句："众里寻他千百度，蓦然回首，那人却在，灯火阑珊处。"

在中国企业史上，出现于 1998 年至 1999 年的这些互联网创业群体是前所未见的一代，他们组成一条喧嚣而璀璨的星河，隔出了一个新的企业家世代。

首先，他们非常年轻，均出生于 20 世纪 60 年代中后期及 70 年代中前期。这是当代中国的"黄金一代"，他们大多数受过正规的学历教育，有良好的专业背景，不少人拥有硕士或博士学位，甚至毕业于全球最好的大学。他们的朝气及学识远非之前的、出身于乡村或城市底层的草根创业者可以比拟。

其次，这些创业者置身于一个横空出世的信息产业之中。从第一天起，他们就是全球互联网浪潮的一部分，他们没有自然资源、权贵关系可以凭借，也无须与政府进行任何的寻租博弈，而且一开始，他们就把陈腐而霸道的国有企业集团逐出了竞争圈。因此，这是天生的全球化一代，是在阳光下创业的一代。

最后，他们是风险资金和国际资本市场催化的一代，是"带翅膀的创业者"。这在过去中国企业界是闻所未闻的创业模式。张朝阳和李彦宏从一开始就有风险投资的助力，周鸿祎和陈天桥在企业运营的一年内得到了风险资金的注入，而马云在被《福布斯》报道之后，便成了国际资本追逐的对象。新浪、搜狐和网易更是赢得万千关注，在 1999 年年底，它们就先后启动了去纳斯达克上市的计划。

狼狈不堪的岁月

在互联网创世纪的星河中，腾讯无疑是最不起眼的一个。

它不属于门户、搜索或电子商务等任何流行概念，它无法定义自己，甚至连它出发的起点都是错误的——马化腾对张志东描述的那个把互联网与寻呼机连接起来的"无线网络寻呼系统"，是一个糟糕的产品。

看上去，这是一个非常有前途的项目，马化腾在一揽子的解决方案中设计了很多颇为创新的寻呼服务：比如网页寻呼业务，用户可以在互联网上访问寻呼台主页，不必拨打长途电话，就能将信息经寻呼系统发送到寻呼机上；再比如邮件寻呼服务，用户可以在寻呼机上看到发送到电子邮箱的主题及部分内容；还有网络秘书服务，用户可以在互联网上输入每天的行程，网络秘书就会在设定的时间把事项及时地发送到寻呼机上。

除此之外，马化腾还设计了一个虚拟寻呼服务：用户无须拥有真正的寻呼机，只需要有一个虚拟寻呼号，朋友就可以直接拨打电话到寻呼台发信息到你的电子邮箱上。在原理上，这已经是一款基于互联网的即时通信工具了。

然而，归根到底，这仍是一个糟糕的产品。

它之所以糟糕，不是因为技术上不成熟，而是它违背了一条非常简单却不易被察觉的竞争原则：在一个缺乏成长性的产业里，任何创新都很难获得等值的回报，因而是没有意义的。

马化腾的所有创新都基于一个前提：人们将继续使用寻呼机。

致命的问题是：进入 1998 年之后，随着移动手机的日渐普及，寻呼机逐渐成为一个被遗弃的、落伍的通信商品，全国几乎所有的寻呼台都停止了扩张和投入。摩托罗拉公司曾是中国传呼机市场的主宰，最旺

销的时候，一只摩托罗拉寻呼机可售 3000 元，其中国合资公司的年利
润达到惊人的 3 亿美元。可是到 1998 年年底，摩托罗拉的寻呼机部门
被整体裁撤。这是一个正在陡然下滑的市场，人们在惊恐中等待行业消
失的一天。在行业的重大转折点上，马化腾站在了落后的一边，他所提
供的软件产品看上去与最时髦的互联网搭上了边，但是，显然无法真正
挽救寻呼机被抛弃的命运。

正沉浸在创业激情中的马化腾没有察觉到自己的危险处境。他自称
是一个"做任何事情都不喜欢冒险"的人——这与绝大多数的创业者完
全不同，所以，在开始筹划创办腾讯的时候，他就已经开始四处寻找业
务了。有一位朋友介绍了一单河北电信的生意，他们对马化腾的软件系
统有兴趣，愿意出 20 万元一试。1998 年的 5 月到 7 月间，马化腾跑了
4 次石家庄，终于完成了这个项目，这让整个团队非常兴奋，也是促成
公司正式创办的主要动因。

为了开拓业务，马化腾想办法弄到了一本"寻呼企业大全"，上面
收录了上千个企业的地址和电话。他们就打印了一份业务信函，买了上
千个信封，一一手写，然后寄出，每天巴巴地守株待兔。

然而，迎接他们的是一连串的沮丧。除了河北电信，全国再没有
一家寻呼台愿意出 20 万元购买这套软件，马化腾的报价越来越低。
陈一丹当起了业务经理，他回忆说："我当时的工作是每天给各地的
寻呼台打电话，第一句就问：'你们总经理在不在?'只要人家有点兴
趣，就上门去谈，一般去两个人，我的名片上印的职务是业务经理，
马化腾印的是工程师，人家一看就觉得挺专业的，好像我们背后有一
支很大的团队，其实总共也就我们几个人。我们前前后后还是做成了
十多单业务，不过价格越来越低，从 20 万元降到 10 万元，再降到 8
万元、5 万元、3 万元。这套软件的开发成本在 3 万元左右，其实已
经没有任何赚头了。为了多接活，我们什么都做，从网站设计、服务

器存储空间和智能更新管理维护的全包服务，到简单的网页制作，有些单子价格只有 5000 元。最后，我们甚至连免费的都做过，因为想赚以后的维护费。"

张志东在黎明网络公司时的同事李海翔此时也进来帮忙，在他的记忆中，那是一段狼狈不堪的岁月："那时也没有什么规范和文档，就给你一堆源代码，你就去装。装的时候如果碰到一些问题，别人也说不清楚，就自己看着办，能改就改。改完之后，这个系统就归你管了，因为其他人谁都搞不懂。后来有一段时间，这成了一个传统。"

这期间，曾李青对公司做出了贡献，他利用自己在深圳电信的人脉关系，拉到了一笔开发电子邮箱的业务，金额有 30 万元，这又让马化腾等人小小地忙碌和高兴了好一阵子。

就这样，从 1998 年年底创业到 1999 年年底的整整一年里，腾讯公司总共完成了 100 万元的营业收入。在赛格科技创业园的那间局促的办公室里，马化腾团队从一开始就陷入了苦战，主营业务搁浅，资金入不敷出，这似乎是一家看上去奄奄一息的创业公司。马化腾甚至不敢鼓动陈一丹和许晨晔从原单位辞职。在一年多的时间里，他们都是在下班之后以及周末赶到赛格科技创业园来干活。

然而，故事正是在这样的时候发生了一个小小的转折。"创业之神"总是这样，它不按常理出牌，视过往的成功与经验为累赘，喜欢在极限的状态下挑战人们的意志力和想象力，它常常带着一丝戏谑的微笑堵住命运的正门，然后，却在腋下露出一条缝隙来。

这条缝隙很小很小，在腾讯的历史上它有一个名字，叫 OICQ。

从 ICQ 到 OICQ

在说 OICQ 之前，先得说说 ICQ。

1996 年，三个刚刚服完兵役的以色列青年维斯格、瓦迪和高德芬格开发出一款在互联网上能够快速直接交流的软件，他们为新软件取名 ICQ，即"I SEEK YOU（我找你）"的意思。ICQ 支持在互联网上聊天、发送消息、传递文件等功能。他们成立了 Mirabilis 公司，向注册用户提供互联网即时通信服务。作为一个互联网通信工具，ICQ 的互动性远高于 BBS 及电子邮件，只要将亲朋好友的呼号列在联络人列表上，就可以知道对方是处于连线还是离线状态，而且又可以随时对谈，因此它备受年轻人青睐。ICQ 的用户增长非常惊人，不到一年时间就成为世界上用户量最大的即时通信软件。1998 年年底，以色列 Mirabilis 公司的 ICQ 被美国在线以 4.07 亿美元（包括直接购买的 2.87 亿美元和视表现而定的 1.2 亿美元）收购。此时，ICQ 的用户数已经超过 1000 万。

就如同所有的互联网创新产品都能够在中国找到它的仿效者一样，早在 1997 年，就有人开始投入开发 ICQ 的汉化版。从现有资料看，台湾的资讯人公司第一个推出了繁体中文版 ICQ，起名为 CICQ。1998 年 8 月，资讯人进入大陆市场，推出简体中文版的 PICQ。几乎与此同时，南京有两位青年工程师创立北极星软件公司，推出了一款类似 ICQ 的产品"网际精灵"。

马化腾在润迅时期就已经注意到了 ICQ，他曾在公司内部与同事讨论过研发这款产品的可行性。有一位高级主管问道："它能赚钱吗？"得到的回答是否定的。这位主管当即把话题转移了。后来有坊间传言："ICQ 公司到中国寻找合作者，曾与润迅接触，马化腾正是被派出的谈判者，在润迅放弃这一项目后，马化腾独立出来创业。"是为不确。

马化腾团队投入 ICQ 开发，是一个偶然的事件。

就在 1998 年 8 月前后，马化腾在广州电信的信息港上"闲逛"，无意中看到一个招标新闻，广州电信想要购买一个类似 ICQ 的中文即时通信工具，正在公开向全社会招标。马化腾当即与张志东、曾李青商量，大伙儿觉得技术难度不大，可以去试一试。但是，招标会马上就要开了，已经没有时间做出产品，只能做一个技术方案去竞标。

第二天，曾李青去打听消息，很快带回来一个令人沮丧的情报：此次参与竞标的是广州电信旗下的飞华公司，他们已经完成了所有的产品开发，起名为 PCICQ。"这就是一个内定的标，我们去了，也绝对没有机会。"曾李青在办公室里嚷嚷说。

但是，马化腾还是决定一试。他与张志东闭门数日，写出了一份竞标书，他们必须要给这个"纸上产品"起一个名字，马化腾想到了open（开放），于是就叫 OICQ，中文名为"中文网络寻呼机"。

正如曾李青所预料，在竞标会上，广州电信没有给腾讯任何机会，飞华不出意料地成为中标者。

在回到深圳后，五位创业者坐下来，讨论一个问题：是不是"真的"要把 OICQ 给开发出来？在许晨晔的记忆中，这是腾讯历史上第一次发生激烈的争论："那次，大家争论得挺热烈的，说什么的都有，主要是一点也看不到赚钱的机会。而且，前面已经有台湾资讯人、网络精灵和飞华在做了，市场还需要第四个'汉化 ICQ'吗？但是，美国在线花几个亿买走 ICQ 又好像很给力。当然，大家最后还是听马化腾的。"

马化腾说："要不我们先把它养起来吧。"

我曾经问过很多受访者同一个问题：为什么 ICQ 没有一个中文名？

在中国经济起飞的前 30 年，绝大多数的外国公司或商品进入中国市场时，都会——而且必须起一个中文名，原因是，70％以上的城镇或农村消费者不知道如何念英文字母，一个没有中文名的企业或商品，其实就意味着对 70％的消费者市场的蔑视和放弃。一个非常著名的例子是：20 世纪 90 年代，广东惠州出现了一家名叫 TCL 的电视机公司，当它的产品被摆放在乡镇商场的柜台上时，绝大多数人都不知道如何念它，由于它聘请了当时最著名的电影演员刘晓庆出演广告片，所以常常被叫作"刘晓庆的电视机"。后来，公司不得不在"TCL"的前面加上了一个很中国式的名字，变成"王牌TCL"。

即便在信息行业，这个规律仍然有效。马云曾回忆，Internet被引入中国时，一开始被直译为英特耐特网，当他滔滔不绝地向别人推广的时候，那些从小唱着"英特耐雄纳尔（Internationale，共产主义）一定会实现"长大的中年人常常会小心翼翼地提问说："您是在推销共产主义吗？"后来，Internet被改译为"信息高速公路"，再后来，又定名为"互联网"。与此类似，E-mail被翻译为"电子邮箱"，Portal Website被翻译为"门户网站"。而ICQ，一直到它消失的时候，仍然没有一个中文名。

很多人无法回答这个问题。张志东的解释也许是真相之一：没有人把它看成是一个大行业，它太"小众"了，以至于懒得给它起一个中文名。

后来的事实确乎是这样的：在相当长的时间里，门户网站一直是中国互联网产业的主流模式，以即时通信起家的腾讯长期被边缘化，不知道如何描述自己的重要性，甚至到它成为行业里注册用户最多、利润最高的企业时，仍然不在"主流"之列。

所以，当马化腾决意把OICQ"养起来"的时候，他也并没有意识到它会成长为一个"小巨人"。他对我说："当腾讯正式创办的时候，我们已经看到寻呼机行业令人恐惧的下滑趋势，但是又无能为力。我当时的想法是，先把OICQ做出来，养着，反正它也不大，赚钱还是要靠卖软件。"

就这样，刚刚创立的腾讯公司兵分两路：马化腾、曾李青和李海翔等人做网络寻呼系统，张志东带人开发OICQ。

OICQ的中国式改造

跟随张志东一起开发OICQ的是徐钢武，以及外号叫"小光"的吴宵光和"夜猫"封林毅。

徐钢武毕业于华南理工大学自动化系，曾在润迅工作过，平时喜好 Linux（一套免费使用和自由传播的类 UNIX 操作系统）和 MUD（Multiple User Dimension，很多用户参与活动的一种计算机程序），精于后台技术，是典型的后台技术高手。加入腾讯后，他成了 OICQ 的第一位"后台主程"。

而另两位都是惠多网"马站"的网友。"小光"就读于南京大学天文动力专业，是一位天文、计算机和足球爱好者。他在大学期间迷上了计算机编程，擅长编写 C 语言，1996 年毕业后被分配到深圳气象局工作。"我进气象局的时候，局里的计算机网络没有人管，我就负责管理网络以及内部系统软件的开发。""夜猫"比"小光"年纪还要小，脑子很活，曾在惠多网上开过一个名叫"夜猫客栈"的站台。

当时，"小光"和"夜猫"都是以兼职身份参与开发的，几人的分工为：张志东管理项目进度和成本控制，负责砍掉那些团队想要，但是又来不及做的功能；徐钢武负责写后台代码；"小光"和"夜猫"负责客户端部分；而马化腾会提出很多产品设想，并不断地将细节的改进要求"压"过来。

日后，腾讯的创业者们常常被问及一个问题：在你们开发 OICQ 的时候，ICQ 早已成熟并进入中国市场，而且已经有三款汉化版的 ICQ 产品被使用，你们是怎样后来居上的？

原因有两个：一是对手的麻痹与羸弱，二是技术的微创新。

在对手方面，ICQ 在被美国在线购买后，三位创始人因为不愿意离开以色列而退出，财大气粗的美国在线此时正在浏览器市场上与微软死磕，所以并没有投入太多精力于 ICQ。张志东后来曾与美国在线的高管在一个场合交流，他问对方：为什么在购买了 ICQ 之后却没有好好经营？对方竟不知如何回答。至于国内的三个对手，台湾资讯人受到种种政策上的限制，始终不知道如何经营格局庞大的大陆市场，南京的北极星是一家以棋牌游戏为主业的公司，在"网际精灵"上缺乏坚决的投入，而飞华开发的 PCICQ 只是广州信息港里众多服务项目中的一个，从来没有被看成是一个战略性的产品，国有企业的体制更是跟不上快速的迭代竞争。

在技术方面，腾讯做了几项日后看来非常成功的微创新。

吴宵光清晰地记得，在第一次技术讨论会上，马化腾提出了一个听上去与技术无关的、很古怪的问题："我们的用户会在哪里上网？"

在 1998 年年底的美国，个人电脑已经非常普及，很多中产家庭拥有一台以上的电脑，绝大多数白领都有属于自己的电脑。可是在中国，当时个人计算机普及率尚不足 1％。全国有 240 万网民，七成以上是 25 岁以下的青年人，他们都没有属于自己的专用电脑。1996 年 5 月，在上海出现了第一家网吧——威盖特电脑室，经营者购置了 50 台电脑，以每小时 40 元的费用供年轻人使用。到 1998 年年底，全国出现了将近 1 万家网吧，使用价格也下降到每小时 10 元到 15 元，它们成为中国青年网民最重要的上网场所。在腾讯公司所在的办公楼二楼，就有一个规模不小的网吧。

马化腾的问题指向了一个微妙的技术创新点：ICQ 把用户内容和朋友列表都存储在电脑的客户端上，"在美国，这几乎不是一个问题，因为每个人都有一台自己的电脑，内容放在哪里都无所谓。可是，在中国就大大不同了，那时还很少有人拥有自己的电脑，人们用的大多是单位或是网吧里的电脑。当他们换一台电脑上线的时候，原来的内容和朋友列表就都不见了，这无疑是一件让人非常烦恼的事情"。而无论是资讯人、北极星还是飞华，都没有发现这个问题。

徐钢武为 OICQ 解决了这个痛点：把用户内容和朋友列表从客户端搬到了后台的服务器，从此避免了用户信息和好友名单丢失的烦恼，任何人用任何一台电脑上网，都能找到自己的朋友列表。"这个技术难度其实是不大的，关键是我们把它当成最重要的事情来看待，适应了当时中国的上网环境。"张志东日后说。

第二个重要的创新，是在软件的体积上。

中国的网络基础建设无法与欧美国家相比，当时仍处在非常原始的窄带状态中，网速非常慢。吴宵光回忆说，那时国内还没有综合业务数字网（ISDN），上网是用拨号的，普遍的上网带宽是14K、28K，54K就是很快的了，而一个ICQ软件的体积起码有3MB到5MB，下载一个软件要几十分钟，速度之慢是可以想象的。

这时候，吴宵光发挥了他的技术天分，对整个软件的体积进行了有效的控制。张志东说："刚刚开发完第一个内部版本的时候，全部完成只有220KB。我拿给马化腾看，他不太相信，以为肯定是没包括动态库打包的部分，实际上这已经是完整的独立可运行版本了。"这样的一个版本，用户下载只需5分钟左右，相对于其他的ICQ产品，无疑是杀手级的。

另一个需要提及的创新点，在用户层面或许无法感受到，但是对OICQ在当时的生存和发展中却起到了决定性的作用。当时，徐钢武在设计网络协议时果断地采取了UDP（User Datagram Protocol，用户数据报协议）技术，而不是其他即时通信软件通常所采用的TCP（Transmission Control Protocol，传输控制协议）技术。这其中的关键在于，采用UDP技术的开发难度较高，但能大大节约服务器的成本，使得单台服务器可以支持更多的客户端。这一创新使得当年在资金上捉襟见肘的腾讯，凭借技术上的优势用尽量少的服务器坚持了尽可能长的时间。

OICQ在日后被业界评价为一个不可多得的"天才产品"，宣称其系统架构在用户发展至亿级时仍然能够支撑。唯有张志东清楚其中的艰辛，所谓的"天才"都是靠徐钢武、吴宵光以及后来无数工程师不断"重写"和优化的结果。"用户快速增长，性能瓶颈不断出现，为了不让用户失望，逼得团队不断优化性能，不断克服瓶颈。说到底，都是逼出来的结果。"张志东日后回忆至此，无限感喟。

除了上述的几项创新之外，最初版本的 OICQ 还针对 ICQ 的缺陷进行了一些修订。

比如，ICQ 只能与在线的好友聊天，而且只能按照用户提供的信息寻找好友。OICQ 则设计了离线消息功能，它还允许用户直接添加当时在线的陌生网友为"好友"，这无疑极大地扩展了 OICQ 的社交功能。

又如，ICQ 的用户图像显示缺乏个性，统统是一个用户名字和一个标准的花形，在线为绿色，离线为灰色。OICQ 则提供个性化头像选择，他们预备了中国年轻人都很熟悉的卡通形象——唐老鸭、加菲猫、皮卡丘、大力水手等等，这使用户得以展现自己的个性并有独占感。

OICQ 还设计了消息提示音。系统发布前的最后一个声音就是要找一种提示的声音，技术团队为了"什么声音听上去很熟悉"这个问题而讨论了很久，据张志东回忆，有人说用敲门的声音，有人说用吹口哨的声音。最后，马化腾认定"大家最熟悉的声音是寻呼机的呼叫声"，于是他用自己的寻呼机录下了"嘀嘀"声，这成为最经典的"腾讯音"。由此也可想见，马化腾的"寻呼机情结"实在是非常的重。

这一系列看似细微的创意和设计，导致了一个截然不同的结果：腾讯的 OICQ 是一款看上去源自 ICQ，其实更属于中国用户的产品。它们的思考出发点均非技术的革命性突破，而是客户的点滴体验！在后来的 10 多年里，这个即时通信工具先后迭代更新了 100 多个版本。

在 OICQ 这款产品上所展现出来的智慧，几乎是优秀的中国互联网从业者们的共同特质：从互联网产业诞生的第一天起，中国人在核心技术的开发和基本产品模式的发明上就不是美国同行的对手，他们从来就是一群大胆的"拿来主义者"。然而，在本土化的改造上，他们却进行了无数的应用性创新，这些微小的、细节性的、更为务实的创新让那些外国开发者望尘莫及，甚至难以找到规律。从本质上来说，这些创新属于经验和本能的范畴。

OICQ 发布日：1999 年 2 月 10 日

在张志东小组闭门开发的同时，曾李青开始游说"老东家"深圳电信。最终他说服深圳电信出资 60 万元，并提供服务器以及带宽，以"联合立项"的方式参与 OICQ 的研发推广。就这样，OICQ 找到了发布的平台。

OICQ 的第一个版本——OICQ 99 beta build 0210，正式发布的时间是 1999 年 2 月 10 日，在腾讯创建日的 3 个月之后。

在所有创始人的印象中，这一天并没有进行任何的仪式。在放号前，马化腾等人预留了 200 个号，对外放号从 10201 开始。"前 200 个号留给我们自己，当时想，200 个预留号足可满足未来十年八年工作人员数量增长的需求了。"马化腾给自己留了 10001 号。根据他们的规划，第一年希望发展 1000 个用户，第二年争取 3000～4000 个，到第三年有 1 万个，然后再考虑接下去怎么办。张志东还算了一笔账，用户数量在 1 万个以内，每年的人员开支、带宽租金和服务器费用不会超过 10 万元，应该是"养得起"的。

OICQ 的第一批用户来自 PCICQ。

当时，飞华开发的 PCICQ 已经上线，并在华南地区有了上千个用户，广州电信的信息港天天在首页为这个产品做广告，但是它的性能不太稳定，下载速度慢，还经常掉线。因此当 OICQ 推出之后，很快就形成了"口碑效应",用户纷纷转向使用 OICQ。

在产品上线之后,张志东团队根据网民们的体验,不断发现和修复 Bug(漏洞),在第一周就连续完成了三个迭代版本,平均每两天发布一个,这更大地激发了用户的使用热情,在后来的 10 多年里,腾讯在技术研发上所坚持的"小步快跑,试错迭代"原则,其传统即肇始于此。

马化腾和张志东还时不时跑到二楼的那间网吧,现场观察用户的使用状况。"那时,当'嘀嘀'声从不知哪个黑暗的角落传出的时候,我们的心尖都会跟着抖一下,那种体验从未有过,太美妙了。"马化腾说。

很显然,撬动"阿基米德杠杆"的那个支点是用户体验。

1999 年 4 月,马化腾和陈一丹到北京出差,当他们白天跑了六七家寻呼台推介网络寻呼方案,筋疲力尽地回到一家小招待所,打开电脑时,突然发现,OICQ 的在线用户居然已经超过了 500 人。这让他们几乎同时跳了起来,两人手忙脚乱地翻出两只杯子,买了一瓶啤酒,在小房间里碰杯庆祝。

他们不会想到的是,这只"嘀嘀"乱叫的小东西很快就要吃掉他们全部的现金,并把他们推进一个极速狂飙的"超限空间"。

第 3 章

生死：泡沫破灭中的挣扎

如果你没在为客户着想，你就是没有在思考。

——特德·列维特（美国战略思想家）

你真的没钱了，不还也可以，不过我不要你的股票。

——一位朋友对马化腾说

"一只饿死鬼投胎的小精灵"

OICQ 上线的时候，许晨晔还没有从深圳电信数据通信局辞职，白天，他在增值业务组上班，这个组的工作之一就是管理电信机房。腾讯向深圳电信租用的那台服务器就在距离他的办公桌不到 10 米的地方。"张志东他们隔三岔五就往机房跑，调服务器。我们不敢显得太亲热，就互相偷偷地眨眼睛、做鬼脸。我的那些同事也有点奇怪，从来没有一家租户有那么忙的。"

忙的原因很简单：用户上涨太快了，服务器一次次地濒临极限。

初创期的中国互联网公司与它们的美国同行相比，在服务器的使用上有很大的差别：在美国，人工很贵，服务器很便宜，所以，程序员在做架构时不太考虑服务器的优化，容量不够了，添置几台就可以了。可是在中国恰恰相反，服务器很贵，人工很便宜，为了提高系统承载量，程序员们会把很大的精力投注于服务器优化，包括算法的精巧、降低 CPU 的消耗、把一些运行放到更底层的数据库等等。对于张志东们来说，这些技术几乎都没有可以借鉴、学习的地方，因为，美国人不需要那么做，甚至国内那些财大气粗的电信服务商、金融服务商也不需要那么做。而正是在这样的磨砺中，腾讯的程序员们逐渐形成了自己的、独特的核心能力。

　　上线两个多月后，OICQ 的用户增长态势就呈现为一条抛物线，而且是一条非常陡峭的抛物线。有一段时间，用户数每 90 天就增长 4 倍，这完全超出了马化腾和张志东当初的预料。"华军软件园"是中国最早的软件下载站点之一，据创办人华军回忆："OICQ 一上线，我们就把它挂在了站点上，不到半年，它就成为所有软件里下载量最大的，它的下载速度快，用户口碑很快建立了起来。"

　　到 9 月份，深圳电信的那台服务器已经完全承受不住了，必须添置新的，可是一台配置好一点的服务器起码要五六万元，马化腾出不起这个钱，张志东就去华强北市场买了一堆零件回来，组装了一台"山寨机"，它的性能当然没法与品牌机相提并论。因为网站总是出毛病，所以必须有程序员能在第一时间赶到，徐钢武自告奋勇在距离公司不到400 米的地方租了一个小套间，只要一接到系统出状况的消息，就可以在一刻钟之内赶到办公室，他在那里一直住到 2004 年前后。其他几位重要的程序员，如吴宵光、李海翔等人都必须"寻呼机不离身"。李海翔回忆说："有好几年，我们都不敢去游泳，生怕在那个时候收到出故障的消息。"

　　随着用户暴涨，客户端的性能也需要逐步提高，技术团队一次次被逼到墙角。

　　在早期腾讯流传过这样一个笑话：在最初的一年多里，腾讯并没有考虑到安全问题，OICQ 的通信协议是不加密的，协议脆弱，明码传输，如果有黑客要捣乱，可以任意地调取用户的资料。后来，马化腾发现这是个问题，便命程序员黄业均开发加密软件。两个多星期过去了，马化腾想看看程序写到哪个阶段了，于是跑去找黄业均。黄业均正好出去打球了，不在座位上，桌子上倒扣着一本名叫《加密原理》的书籍。马化腾拿起书，翻过来一看，不禁大惊失色——黄业均正在读第一章第一节，标题是"什么是加密"。

坐在旁边位子上的吴宵光目睹了这一场景，在后来接受我的访谈时，他笑着讲述这件往事，然后说："创业前几年，我们所有人都是边学边干，现在回想起来，有点后怕，不过在那时，觉得就应该是这样的，不然还能哪样？"

为了喂饱快速长大的 OICQ，马化腾和曾李青不得不到处接活，他们帮一些地方政府做网站，帮企业设计网页，把赚来的几万元甚至哪怕只有几千元都去喂给那只"嘀嘀"叫唤的 OICQ。"有一段时间，我们一听到'嘀嘀'的叫声就会心惊胆战，它好像是一只饿死鬼投胎的小精灵。"许晨晔开玩笑地说。

马化腾每天为让腾讯能够"活下来"而四处奔波，再也没有时间去维护惠多网上的那个"马站"，站长生涯就这样悄无声息地结束了。

企鹅的诞生

OICQ 的 Logo（商标），最初是一只寻呼机的样子。当技术部门准备进行第三次版本升级的时候，有人建议，是否应该设计一个更有趣的形象。

一位美工画出了鸽子、企鹅等几种小动物的草稿，这些图标在大尺寸的时候都很生动，可是应用到 16×16、32×32 像素的时候就很难传神了。在一次内部讨论会上，大家为此争论得很厉害，"寻呼机情结"深重的马化腾提议："还是用原来的图标吧，一看大家就知道 OICQ 是做什么用的。"可是，其他的创始人却大多倾向于换成企鹅图标。一番争持之后，马化腾提出了一个新的想法："要不这样，我们把两个图标挂到网上去，让用户们自己决定。"

　　这是中国互联网企业第一次把品牌 Logo 的决定权交给用户。在第一轮投票中，大部分的用户都把票投给了"寻呼机"。最初的企鹅图标是黑白写实的，与 Linux 的企鹅形象很接近，看上去很像是一家技术公司的标识。在接下来的几天里，腾讯的美工又添加了几个有趣的动态企鹅图片，渐渐地，用户意见开始转变，越来越多的票投给了一只黑身白脸细眼睛、身材瘦长的企鹅。就这样，"企鹅"取代了"寻呼机"。

　　1999 年 10 月，深圳市举办第一届中国国际高新技术成果交易会，腾讯租了一个柜台参展。为了吸引参观者，陈一丹找人烧制出了 1000 只企鹅形象的陶瓷储钱罐。在委托加工的时候，制作公司觉得腾讯提供的企鹅图标太"瘦"了，制成储钱罐会站不住，就擅自做主把企鹅做成了稍微胖圆的样子，还在它的脖子上加了一条黑色的围巾。出乎意料的是，这只企鹅储钱罐在高交会上大受欢迎。一开始是免费派送，可来领取的人实在太多了，陈一丹就定价 5 元一只出售，后来涨到 10 元一只，居然都抛售一空，赚到的钱刚好把参展的柜台租金给抵销了。

　　看到大家越来越喜欢这个胖企鹅的形象，腾讯就委托专业卡通制作公司东利行对 Logo 进行重新设计，曾李青亲自坐在电脑边上，与设计人员一起动脑创意，设计人员问他："企鹅本来就住在南极圈，是最不怕冷的，为什么要在它的脖子上加一条围巾呢？"曾李青笑着说："这是个好问题，如果每个人都问一下，就把这只企鹅记住了。"

　　新设计出来的企鹅形象，拥有了一个胖嘟嘟的身材，大眼睛，厚嘴唇，憨态可掬，脖子上的围巾也由黑色变成了大红色。东利行完成了企鹅形象的整套视觉识别系统（CI 系统），还增加了 Q 妹、汉良、多多、小橘子等几个配套性形象设计，构成了一个卡通人物大家族。

　　还有一件有趣的事情是，在设计过程中，东利行觉得腾讯企鹅的卡通形象很有市场前途，便提出以 30 万元的价格买断企鹅形象的衍生商品开发权。2001 年 10 月，东利行在广州开出了第一家

"Q-GEN"专卖店，专门出售腾讯企鹅品牌的服装、玩具和手表，腾讯可以从销售收入中抽取 10% 的授权费。在后来的 3 年里，东利行相继开出了 199 家专卖店。这个生意让马化腾得意了好一阵子："一来就先扔给我们几十万元，既能帮我们推广，又能收到授权的费用。"一度，他甚至幻想腾讯企鹅会像米老鼠或 Hello Kitty 那样流行。不过，从后来的情况看，这似乎不是一门好生意，并没有太多的用户在用 OICQ 聊天的时候，愿意在身旁摆上一只不声不响的胖企鹅。

"你可以不还钱，不过我不要你的股票"

在 1999 年，类似授权东利行这样的让人高兴的事情并不太多，相反，马化腾被一桩又一桩的烦心事所困扰。

就在参加高交会的 10 月份，腾讯公司突然收到一封厚厚的、来自美国的信件包，打开一看，居然是美国在线的英文律师函，它已向美国的地方法庭状告 OICQ 侵犯了 ICQ 的知识产权，要求腾讯停止使用 OICQ.com 和 OICQ.net 域名，并将之归还给美国在线。拿到这份律师函，马化腾当夜把其他四位创始人召集到一起商量对策，大家面面相觑，不知道如何应对。

读过法律专业的陈一丹对大家说："我们根本没有钱去打这个官司，即便去打了，也是凶多吉少，天要下雨，娘要嫁人，只好随它去了。"他们还商定，这个消息必须保密。

到 11 月，马化腾正焦头烂额地坐在自己的小办公室里，张志东和陈一丹同时走了进来。他们坐到他的对面，带来了一个好消息和一个坏消息：

好消息是，在距离发布之日仅仅 9 个月之后，OICQ 的注册用户就已经超过 100 万，开始要放七位数的用户号了，CICQ、PICQ 和网际精灵都被远远地甩在了后面。

坏消息是，腾讯公司的账上只剩下 1 万元现金了。

在开源无望的情况下，此时的马化腾只有两件事可做：一是增资减薪，二是把腾讯卖掉。

股东们一致同意把股本从 50 万元增加到 100 万元，几位创始人工作没几年，自身并没有很多储蓄，但都咬牙再次投入了。5 个人的月薪也拦腰减半，在过去的一年里，马化腾和张志东每月领薪 5000 元，其他 3 人为 2500 元，现在分别减少到 2500 元和 1250 元，这在当时的深圳，只够填饱肚子。

相比增资减薪，把公司卖掉，也许是一个更痛快的办法。马化腾的开价是 300 万元，他与曾李青开始四处寻找愿意出钱的人。日后，马化腾等人都不太愿意谈及这一段十分不堪的经历，不过，从不少人的回忆中还是可以看出当时的窘迫。据不完全统计，起码有 6 家公司拒绝购买腾讯公司的股份。

马化腾寻求的第一批投资人中，就包括腾讯公司的房东——深圳赛格集团。时任赛格电子副总经理的靳海涛回忆说："马化腾找了我们好几次，那个时候也没有投，没有投的原因是什么呢？这玩意儿看不明白。当年如果投了，起码增值几千倍，那就非常开心。"曾李青则找到了自己的老东家——广东电信，曾在广东电信旗下的 21CN 事业部担任高级经理一职的丁志峰，向《沸腾十五年》的作者林军回忆过一个情节：当时，腾讯向 21CN 提出收购的申请，前来洽谈的就是马化腾和曾李青。"当两个人走进会议室的时候，我们所有人都把曾李青误认为马化腾，这很显然是因为曾李青的派头更足。即便是在讨论过程中，曾李青也比马化腾更具攻击性，更像是拿主意的人。"在靳海涛或丁志峰看来，OICQ 也许是一个看上去增长很快的项目，"然而，全世界没有一个人知道它怎么赚钱"。

除了深圳当地的企业之外，马化腾还跑到北京和广州，先后找了 4 家公司谈判购买腾讯的事宜。

张志浩后来担任过腾讯北京公司总经理，当时他在华北地区最大的寻呼企业——中北寻呼集团工作。中北向腾讯采购了一套网络寻呼系统，马化腾亲自以工程师的身份到北京总部调试设备。在机房里，马化腾顺便教张志浩怎样使用 OICQ，学习计算机应用出身的张志浩直觉地感到这可能是一个巨大的市场机会，也是中北寻呼集团转型的好方向。他向集团高层推荐 OICQ，并怂恿他们把腾讯买下来。"可是，他们觉得我讲了一个并不太好笑的笑话。"

几乎所有接待过马化腾或曾李青的企业都表示"不理解腾讯技术和无形资产的价值"，有的则提出只能按腾讯"有多少台电脑、多少个桌椅板凳来买"，对公司的估值，最多的出到了 60 万元。马化腾后来沮丧地说："谈判卖腾讯的时候，我心情非常复杂和沮丧，一连谈了 4 家，都没有达到我们预计的底线。"

当现金几乎断绝的时候，几位创始人都不得不腆着脸四处找朋友们借钱，深圳城里稍稍认识的人都被他们借了一个遍。至少有两位有钱的朋友分别借给腾讯 20 万元和 50 万元。马化腾向他们提出，能否用腾讯的股票来还债，他们都婉转地表示了拒绝。有一位甚至慷慨地说："你真的没钱了，不还也可以，不过我不要你的股票。"

陈一丹还找了银行问贷款的可行性，银行问有什么可以抵押的固定财产，然而看了看几台折旧的服务器，贷款之路只能是"杯水车薪"。

在出售公司无门之后，曾李青向马化腾提议，换一批人谈谈。

"我们之前找的都是信息产业里的企业和人，他们其实都看不见未来。现在要去找一些更疯狂的人，他们要的不是一家现在就赚钱的公司，而是未来能赚大钱的公司，他们不从眼前的利润中获取利益，而是通过上市或再出售，在资本市场上去套利。他们管这个叫 VC，Venture Capital，风险投资。"

这是马化腾团队第一次听到"风险投资"这个名词。

救命的 IDG 与盈科

在中国商业界，"风险投资"这个名词，是在 1999 年年底突然热起来的。这种由美国人发明的高风险、高收益的投资模式，在 1994 年前后就进入了中国，可是由于政策以及产业环境的不配套，一直未得到发展，随着互联网公司的崛起，风险投资终于找到了合适的对象。

当时中国仅有的几家风险投资公司中知名度最高的，是美国国际数据集团 IDG。这家在美国属于中小型的投资公司早在 1991 年就在中国开展业务。1996 年，IDG 委派王树到深圳寻找项目。他整天在深圳、珠海、中山等地的科技园找项目，到了科技园，打开企业花名册，凡是公司名称里有"科技"两字的，都去拜访。当时令他很尴尬的是，和企业家的见面往往要从风险投资的来历，以及最基本的常识讲起。在两年多时间里，王树先后投资了中科健、金蝶等企业。

曾李青很快通过中间人联系到了王树。"我的湖南大学校友、创办了 A8 音乐的刘晓松找上门来，说有一家叫腾讯的公司，开发出第一个'中国风味'的 ICQ，注册人数疯长，已经有几百万用户了，但因为没有收费模式，没钱买服务器，公司快撑不下去了。"王树决定去看看。

曾李青知道，与 IDG 的谈判也许是拯救腾讯的救命稻草，他写出了一份 20 页的商业计划书，洋洋洒洒，但是到了盈利预测这一段，怎么也写不明白，前后修改了 6 遍，还是语焉不详。他还承诺刘晓松，如果撮合成功，可以送他 5％ 的腾讯股份。与王树约定见面那天，马化腾腰椎间盘突出发作，正卧病在床，曾李青硬是将他从病床上拉起。

那是一次很戏剧性的见面。坐下来不久，王树很快意识到，这是一个前途未卜的项目。"如果我们 IDG 不给钱的话，腾讯可能马上死掉；给钱的话，前景也不明朗。"他一边翻着商业计划书，一边漫不经心地问马化腾："你怎么看你们公司的未来？"病恹恹的马化腾沉默了好一会儿，说："我也不知道。"曾李青在一旁脸色大变。很多年后，王树回忆说，正是马化腾的这个回答让他对马化腾另眼相看："我由此判断，这是一个很实在的领导者，值得信赖和合作。"

腾讯项目被上报到 IDG 北京总部后，高级合伙人王功权带队南下考察，他回忆说："我们一起飞到广东，坐在那里，就逼着马化腾说这个东西到底怎么赚钱。那个时候，OICQ 大家都在用，可是用户在哪里不知道，用户是谁也不知道，所以这个钱怎么收呢？我们几个人拷问了马化腾一个晚上，都过了凌晨，他只是表示，知道这个东西大家喜欢，但不知道向谁收钱。"

最后促使 IDG 冒险投资腾讯的原因有两个：第一，OICQ 的确是个受欢迎的好东西，尽管没有人知道它如何赚钱；第二，也许是更重要的一点是，在 1999 年的 3 月，如日中天的美国在线斥资 2.87 亿美元买下了以色列的 ICQ。作为中国最成功的 ICQ 仿效者，OICQ 也许真的值一些钱。

在 IDG 表示了投资意向的同时，曾李青又通过香港商人林建煌搭上了香港盈科，这是华人首富李嘉诚的二公子李泽楷创办的企业，当时正因数码港项目声名鹊起。盈科一直试图进入内地市场，投资腾讯也许是可以试验的棋子之一。

在那份给 IDG 的商业计划书上，马化腾和曾李青将腾讯估值为 550 万美元，愿意出让 40％ 的股份，即募资 220 万美元。而这几乎没有什么盈利根据。

　　王树问马化腾："腾讯凭什么值 550 万美元？"

　　马化腾答："因为我们缺 200 万美元。"

　　马化腾后来解释说："我们是按未来一年需要的资金来估算的，购买服务器加上发工资，预估需要 1000 万元，这样倒算出公司估值为多少。我们不愿意失去公司的控制权，所以能让出的股份，最多是一半。曾李青写的是 200 万美元，我咬了咬牙，又加了 20 万美元，因为还要送一些股份给两个中间人。"

　　整个融资谈判进行得还算顺利，曾李青奔波于深圳、广州和香港三地，对 IDG 说盈科那边很积极，对盈科则说 IDG 马上要签字了。"盈科比较犹豫，抱着可投可不投的姿态，相比之下，IDG 还算积极。其实，他们都看不清楚，就互相壮胆，说一家投，另一家也跟投。在最后时刻，王树提出了对赌条款，在协议签订后，先投一半的资金，我们在一年内须达到一定的用户数量，否则另外一半的钱就不给了，而他们仍然占 20％的股份，我们答应了。"曾李青说。

　　就在协议敲定的过程中，腾讯的账上已经弹尽粮绝了。王树回忆说："我现在还记得，因为要起草各种法律文件，而且公司的钱在境外，进入中国需要报批外管局，手续很复杂，至少要一个月钱才能到账。可腾讯这边等不及啊，于是我拜托广州的一个朋友，请他个人先垫资 450 万元给腾讯救急。"

　　投资协议是在 2000 年 4 月签订的，三方没有坐在一起举办任何仪式，只是通过传真机，各自签字了事。那天，5 个创始人默默地围在传真机前，看着协议一页一页传过来，马化腾问曾李青："就这么签了？"曾李青督促说："就这么签了吧，再迟就来不及了。"

　　真的再迟就来不及了。

　　IDG 与盈科投资腾讯的那个时刻，正是互联网世界由大晴转大阴的

"窗口时间"。

在过去的一年多里，互联网经济突然成为全球资本市场最炙手可热的投资概念。主要以互联网公司股票构成的纳斯达克综合指数在 1991 年 4 月只有 500 点，到 1998 年 7 月跨越了 2000 点大关之后，猛然走出一波痛快淋漓的跨年大行情，到 2000 年的 3 月 9 日，纳斯达克指数赫然突破 5000 点，举世一派欢腾，市场的繁荣把人们对互联网的热情推到了沸腾的高度。美国商业战略家加里·哈梅尔像先知一样地宣称："当下正是改写游戏规则的千载良机。"

与世界资本市场相呼应，中国的股市也在 1999 年的 5 月 19 日突然出现井喷行情，在不到两个月的时间里，上证综指一举冲到 1700 点，涨幅超过 50%，形成了著名的"5·19 行情"。中国仅有的几家互联网公司也受到了北美投资人的青睐，1999 年 7 月 14 日，由香港商人叶克勇创办的中华网抢先在纳斯达克上市，融资 9600 万美元。中华网除了收购过几家国内网络公司之外，并无重大作为，然而它却靠"中国概念"在美国股市大受追捧。1999 年 11 月，中美达成 WTO 准入协议，中华网股价一天之内飙涨 75%，其股价一度被推高到令人咋舌的每股 300 美元，公司市值 50 多亿美元，相当于电信制造业巨头爱立信当时的市值。2000 年 4 月 13 日，中国最大的门户网站新浪获准在纳斯达克正式挂牌交易，融资 6000 万美元。网易与搜狐也即将在未来的三个月内完成上市（它们分别于 7 月 5 日和 7 月 12 日登陆纳斯达克）。甚至有确凿的消息透露，深圳证券交易所正在紧锣密鼓地筹划"中国的纳斯达克"——创业板，届时中国的互联网公司将有机会在本土资本市场获得融资机会。可以说，IDG 与盈科在短短的三四个月里，决定对毫无盈利模式的腾讯进行投资，正是这股超级大热浪中的一个极小的插曲。

然而，崩溃在谁也没有预料的时刻发生了。

从 2000 年 4 月的第二个星期开始，一直高傲地一路上飙的纳斯达克指数在毫无预兆的情形下突然调头下坠，综合指数在半年内从最高的5132 点跌去四成，8.5 万亿美元的公司市值蒸发，这个数值超过了除美国之外世界上任何国家的年收入。仅美国在线一家公司就损失了 1000亿美元的账面资产。几乎所有知名的互联网公司都遭遇重挫，思科的市值从 5792 亿美元下降到 1642 亿美元，雅虎从 937 亿美元下跌到 97 亿美元，亚马逊则从 228 亿美元下跌到 42 亿美元。

在这轮大股灾里，在纳斯达克上市的几家中国公司也不能幸免，新浪的股价跌到 1.06 美元的低点，搜狐跌至 60 美分，网易更惨，它的股价一度只有 53 美分，遭到交易所发出的"退市警告"。泡沫破灭了。互联网的冬天将持续到 2001 年的 5 月，期间，哀鸿遍野。

很多年后，回顾这段经历，腾讯的几位创始人仍然心有余悸。

从 1999 年 11 月出现资金危机到 2000 年 4 月完成融资，同时，纳斯达克泡沫破灭，留给腾讯的时间其实只有 6 个月。在这 6 个月里，如果马化腾和曾李青没有及时地找到 IDG 和盈科，如果 IDG 不愿意冒险，如果盈科不那么有钱，甚至，如果王树没有在协议签订之前就"超出责任"地划出了 450 万元——当时有很多投资协议在执行过程中作废，也许，失血殆尽的腾讯将倒在 2000 年的那场互联网股灾中。在所有的商业故事里，运气是最神秘的那一部分，几乎有一半的创业者"死"在运气这件事上，而且，你无法解释。

从 OICQ 到 QQ

任宇昕是在腾讯最缺钱的时候进入公司的。他于 2000 年 1 月入职，是严格意义上第一个从社会上招聘来的员工。

1975 年出生的任宇昕从小在四川成都长大，早在小学四年级的时候，他就在少年宫学会了计算机编程。上初中二年级时，他编写了一个飞行射击的游戏软件，被刊登在一家电脑报上，得到了 20 元稿费。从成都电子科技大学计算机系毕业后，他南下入职华为，担任程序员。

1999 年 12 月，他有一位同在华为上班的中学同学编写了一个棋牌游戏软件，想要卖给刚刚有点火起来的腾讯，挂到 OICQ 上。在一个周六的晚上，任宇昕陪他到赛格科技创业园的腾讯公司上门主动推销，那时的马化腾和张志东对游戏毫无兴趣，四人坐在办公桌上东拉西扯起来。张志东问："你们华为是怎么管理的？"任宇昕说："我们从来不允许坐在办公桌前。"临分手时，马化腾突然问任宇昕："你愿意来我们这儿上班吗？"第二天一早，整宿未眠的任宇昕给马化腾打电话说："我愿意。"

在任宇昕的记忆中，初到腾讯时，有两个印象最为深刻。

第一是上班没有时间观念。华为公司推行的是军事化管理，军人出身的任正非要求每一个制度的执行都必须像军队一样严明，可是在腾讯却大有不同。任宇昕第一天上班，按通知在 9 点准时到公司，却发现大门紧锁，枯等了大半个小时，才有人姗姗来迟，而马化腾则过了 10 点才出现在办公室里。到了下午 5 点的下班时间，整个公司没有一个人离开，还没有正式入职的许晨晔和陈一丹在这时才来公司处理事务，马化腾一般会工作到 10 点以后，很多人就一起陪着。

第二是称呼没有等级观念。全公司没有一个人被叫作"总"，所有人都有一个英文名字，马化腾叫 Pony，张志东叫 Tony，曾李青叫 Jason，陈一丹叫 Charles，许晨晔叫 Daniel，吴宵光叫 Free，大家都直呼其名。任宇昕也为自己起了个英文名，叫 Mark。这在腾讯成了一个传统，每个腾讯员工都有一个英文名，后来者的名字若与老员工有重复，则会加上一个中文姓，比如 Mark Li，Tony Liu。

任宇昕被分配到张志东领导的开发组，负责编写腾讯的第一个基于网页的 BBS 社区软件。那时的腾讯正挣扎在生死边缘，有几位早期的员工相继离开了公司，其中包括"夜猫"等人。3个月后，任宇昕就当上了网页 Web 组的小组长。

也就在这段时间，美国国家仲裁论坛（NAF）对美国在线对腾讯的仲裁案做出裁决。2000 年 3 月 21 日，仲裁员詹姆士·卡莫迪签署了仲裁判决书，判定腾讯将 OICQ.com 和 OICQ.net 域名归还给美国在线公司。对于腾讯来说，这不是一个意外的结果，在 1999 年 10 月收到律师函之后，张志东就着手新版本的开发。让大家苦恼的是，用什么新名字来代替 OICQ。

根据几位创始人的回忆，新名字的诞生经过是这样的：有一天，吴宵光在公交车上听两位网友在聊起他们的 OICQ 号，将之叫作 QQ。他回到公司后说起此事，立即得到马化腾的回应，"就叫 QQ 了"，从此定名。

不过，我在查询当年报纸时，也发现了另外一种可能性。2000 年 9 月 7 日的《南方都市报》刊出过一篇题为"将聊天进行到底"的新闻稿，记者写道："支持成千上万的网虫们乐此不疲的是网络聊天软件，这类软件中以 ICQ 和 OICQ 最为著名，因此聊天软件理所当然地被一些业内人士亲昵地称作为 QQ。"也就是说，在早期的一段时期里，QQ 是所有聊天软件的非正式统称，它后来被腾讯大胆地"据为己有"。

2000 年 11 月，腾讯推出 QQ 2000 版本，OICQ 被更简洁的 QQ 正式取代，原来的 www.oicq.com 域名也被放弃，代之以新的 www.tencent.com。

QQ 2000 版是 QQ 迭代历史上的一个经典版，在这个版本中，第一次采用了多种级别的保密选项，增强了个人资料和保密信息功能，推出了 QQ 资讯通和腾讯浏览器（Tencent Browser），这意味着 QQ 由一款纯粹的即时通信工具向资讯门户和虚拟社区悄悄转型，日后 QQ 的种种变化都基于这一理念。此外，张志东还消除了一个法律隐患：之前的版

本中，腾讯肆无忌惮地采用了唐老鸭、大力水手、米老鼠等迪士尼公司
的卡通形象，此次也被全数去除，换上了东利行设计的企鹅系列卡通
形象。

MIH 的意外进入

在整个 2000 年，腾讯的处境仍然是让人担忧的。在泡沫破灭的阴
影里，投资人渐渐失去了信心。

首先萌生退意的是 IDG。在过去的 3 年里，IDG 先后投资了 80 多
家创业型公司，总计投资额约 1 亿美元，即每家投资 50 万到 150 万美
元左右，采取的是广种薄收的战略，其中投资于财务软件公司金蝶一案
算是成功，这家企业于 2001 年 2 月在香港联交所创业板上市。其余投
资的数十家互联网类公司，在本次大寒冬中几乎全数遭到重创，尤其是
重资进入的电子商务网站 8848，倒在上市前的最后一道门槛上。而原
本寄予期望的深交所创业板也无人提及。在最为暗淡的时候，IDG 需要
一次套现存活。

在 IDG 看来，腾讯的商业模式并不受主流的资本市场青睐，而且，
它实在太烧钱了。马化腾将融资所得的资金几乎全数用于服务器的添
置，可是，在用户急剧增加的同时，盈利仍然遥遥无期。到 2000 年年
底，腾讯再次出现资金危机，曾李青不断地约王树见面，希望能够追加
投资。磋商几次陷入僵局，马化腾坚持创业团队必须保持控制权，而
IDG 和盈科不认为在当前的形势下，腾讯还有溢价增发的空间。

于是，王树提出了一个折中的方案，两家股东对腾讯提供 200 万美
元的贷款，以可转换债券的方式执行。不过谁的心里都清楚，如果这笔
钱也花完了，就再也不会追加投资了。IDG 开始张罗着帮忙寻找新的

买家。

"当时觉得，最可能的买家是已经上市的那几家门户网站。IDG 去找了搜狐的张朝阳，被拒绝了。我和张志东到北京，去找了新浪的王志东和汪延，也被拒绝了。在互联网业内的技术人员看来，腾讯的活，他们自己都能做，干吗要花几百万美元去买呢？而且当时纳斯达克的股价'嗖嗖'地跌，大家谁也不敢轻举妄动。"马化腾说。

除了新浪和搜狐，IDG 还牵线找了雅虎中国，被拒绝。马化腾去拜访了同样在深圳，也是由 IDG 投资的金蝶，被拒绝。曾李青还辗转找到大名鼎鼎的联想集团，当时的联想正与美国在线合力推广门户网站FM365，当然也拒绝购买。

另一家投资人盈科也加入了拯救腾讯的行动中。他们与有国资背景的中公网谈判，试图投资中公网，并由其收购腾讯，实现业务整合，这个方案中途夭折。接着，盈科把腾讯推荐给自己控股的 TOM.com，被管理层拒绝。盈科甚至还找来香港著名导演王晶，想把腾讯的用户与电影业结合，看看能否有盈利模式的创新，这一超前的构想当然也不了了之。

2000 年第四季度在四处碰壁之中一天一天地过去了，腾讯的用户数仍然在惊人地猛增，注册用户很可能在半年内就要突破 1 亿的惊人纪录，可是全中国却没有一个人愿意购买它的股份。

眼看着到了山穷水尽的地步，马化腾的好运气又开始"发功"了。

2001 年 1 月，一位美国人带着一个中国人突然出现在赛格科技创业园的腾讯办公室里，他操着一口流利的汉语，自我介绍说叫网大为，是南非 MIH 中国业务部的副总裁，随同者是 MIH 投资的一家中国公司世纪互联的总裁。马化腾与曾李青第一次听到 MIH 这个名字。

在中国，了解 MIH 的人不超过 100 人。这是一家总部在南非的投资集团公司，是南非最大的付费电视运营商，当时是纳斯达克和阿姆斯特丹两地的上市公司，它多年在新兴国家投资新媒体，自称是"全球前五位的媒体投资集团之一"。1997 年，MIH 进入中国，参与投资了《北京青年报》和脉搏网。

网大为是在无意中发现腾讯的。"我每到一个中国的城市，就去当地网吧逛，看看那里的年轻人在玩什么游戏。我惊奇地发现，几乎所有网吧的桌面上都挂着 OICQ 的程序，我想，这应该是一家伟大的互联网企业。在 2000 年年底，我接触几家想接受投资的公司总经理，发现他们的名片上都印有自己的 OICQ 号码，这更让我激动，想要看看这是一家什么样的公司。"

直觉是通往真理的一条捷径。网大为在直觉的引导下找到了赛格科技创业园东栋四层的腾讯公司。

马化腾坐在电脑前，让网大为看 QQ（此时新版本上线，OICQ 已经改名 QQ——编者注）的用户增长曲线，告诉他，每天的新增注册用户约有 50 万人，相当于欧洲一个城市的人口。而腾讯与中国移动正在进行的"移动梦网"计划，更是让网大为隐约看到了盈利的可能性——我们将在下一章对此进行细致的描述。

双方很快进入实质性谈判。网大为开出了两个条件：第一，对腾讯的估价为 6000 万美元，MIH 愿意用世纪互联的股份来换；第二，MIH 希望成为第一大股东。

对于这两条，几位创始人当即表示不同意。在股份比例上，他们的底线是绝不放弃控制权。不过，让他们高兴的是，"至少第一次有这么高估值的价格出来了"，腾讯的估值比一年前整整高出了 11 倍。

两个月后，网大为做出让步，MIH 的投资将全部以现金支付，不过，在股权比例上，希望得到腾讯的帮助。

IDG 听到 MIH 的报价大喜过望，仅仅投资不到一年的项目，竟能得到 11 倍的退出溢价，这在互联网大寒冬中是不可思议的战果。IDG

北京总部同意出让所有 20％的股份，可是深圳的王树却提出异议，在他的坚持下，IDG 出让 12.8％，保留了 7.2％。

盈科方面却犹豫再三，它既不想追加投资，也不愿意出售股份，MIH "哄抬物价"让它进退两难。马化腾与曾李青前往香港同 "小超人"李泽楷见面。

"那天，'小超人'在花旗大厦的餐厅里请客，很多人像追明星一样围着他。我们在旁边找了张桌子坐下来，他抽出一点空隙跑过来聊了十来分钟，然后又像蝴蝶一样飞走了。他实在太忙了，简直就是商业界的'刘德华'。"曾李青回忆说。到 2001 年 6 月，盈科因收购香港电讯举债过多，连续两个季度出现巨额亏损，这才不得不将全数 20％股份售予 MIH，套现 1260 万美元。

就这样，峰回路转、让人窒息的腾讯股权交易案尘埃落定。偶然闯入的 MIH 以 32.8％股份成为腾讯的第二大股东。腾讯估值为 6000 万美元，与新浪在纳斯达克的融资额相同。获得投资的腾讯从此摆脱了资金短缺的困扰。

与第二次融资成功相比，同时还有几件值得记录的事情发生：5 月，纳斯达克指数在这个月触底反弹，互联网的大寒冬即将结束；也是在这个月，QQ 的注册用户达到 1 亿。

这就是创业到第 20 个月的腾讯：在走了一段弯路之后，它找到了核心产品，拥有了一支志同道合的团队和一个可爱的品牌形象，它还不知道该如何盈利，不过已经有人愿意为它的未来买单。在一场突如其来的漫天雪灾中，它被命运眷顾，挣扎着熬过了生死线。

第 4 章

梦网：意外的拯救者

市场在不停地变化，企业所在行业的利润来源区也不停在变，企业必须随着利润区的变化而变换自己的企业设计和盈利模式。

——亚德里安·斯莱沃斯基（美国管理学家），《发现利润区》

电信运营商意外地拯救了中国互联网产业。

——马化腾

"影子国王" 的梦网计划

在"大雪灾"降临的最后时刻，腾讯融到了救命的钱，这让它在灾难中得以侥幸逃脱。但是真正让腾讯活下来的，并不是IDG、盈科或MIH，而是一种新的业务模式。

2000年年初，日本电信运营商NTT DoCoMo公司的一项新尝试引起了马化腾的注意。这家企业在1999年推出以"i-mode"为品牌的增值服务，它与一些内容提供商合作，向客户提供各类有价值的内容，诸如漫画、游戏、图片下载及听音乐等等，由NTT DoCoMo代内容供应商收费，然后两者进行利润分成，由此形成了通话业务之外的无线增值业务。

"这不正是我们在咖啡馆里谈过的事情吗？无非是把寻呼机改成了手机。"马化腾对张志东说。他描绘出了一种生意模式：鼓励拥有手机的OICQ用户通过短信的方式进行注册，开通"移动OICQ"，这样就可以把电脑与手机打通，实现双向交流；腾讯把用户引导到手机上去，产生内容，然后与移动运营商分成。这是从来没有人尝试过的模式。

在一旁竖着耳朵听的曾李青当即决定找手机运营商谈谈。他找到了有朋友关系的深圳联通，联通的人觉得可以一试。此时OICQ的同时在线账户数已达到 10 万，是一个不错的促销平台。每年的 5 月 17 日是国际电信日，这一天，电信运营商都会推出一些优惠活动。于是，在 2000 年 5 月 17 日，深圳联通向深圳市民推出了名为"移动新生活"的促销方案。其中，"移动 OICQ"是与腾讯公司联合展开的，OICQ 的用户在自己的联通手机上注册一个移动 OICQ 号，即可通过短信平台，发送信息，并实现手机端与电脑端的实时信息互通。"当时搭了一个试验性的系统，但是联通并没有把收费功能开发出来，不过，我们还是高兴的，因为至少能跑起来了。"马化腾回忆说。

腾讯与深圳联通的这项合作，引起了曾李青的另外一些前同事的注意。

就在 2000 年 4 月，一家新的、专业从事移动通信业务的手机运营商正式从中国电信公司剥离了出来，它的名称是中国移动通信集团公司。此时的中国电信是一家年营业收入高达 2295 亿元的高营利性垄断企业，被剥离到中国移动的均是一些入职不久、从事边缘业务的年轻人。谁也没有料到，它在不久后将迅速膨胀为一家巨型公司。

中国移动成立之后，便开始研究增值业务模式。广东移动的深圳分公司同时注意到了 NTT DoCoMo 公司的模式以及腾讯与深圳联通的合作。2000 年 8 月 15 日，成立不久的深圳移动即与腾讯签订了"即时通——移动 OICQ"业务的试运行协议。协议规定，该业务先在深圳地区运行一个半月，随后正式在广东移动全面推出。

约 4 个月后，中国移动全面拷贝"i-mode"模式，正式推出了移动互联网业务品牌——"移动梦网"，中国移动向社会征召电信增值业务合作伙伴，收入以 15 比 85 分成，增值服务商得大头。在首批签约的三家合作商中，包括腾讯、灵通和美通，全部是注册于广东的中小企业。

在技术上，短信增值服务并没有什么突破，甚至它只是运营商在现有技术水平上的应用性试验，而且在西方国家——尤其是被视为标杆市场的美国——并没有先例可循，因此在一开始它并不被看好。然而，谁也没有想到"移动梦网"在未来的几年内竟然出乎意料如野花绽放，不仅成为中国移动成功崛起的关键之一，而且还意外地救活了在亏损泥潭中无所适从的、年轻的中国互联网公司们。

中国的手机用户对手机短信的热情也许是全世界最高的，尤其是与美国用户相比，呈现出极端的反差。

美国人爽朗直率的个性使得大多数人更喜欢直接通电话，在他们看来，用短信的方式向人表示祝贺是失礼的。有数据显示，在美国手机用户中，利用手机发送并接收文字短信息的比例只有 5%。用户在办理手机入网手续的时候，只关心通话质量、通话资费，对手机的样式和短信、上网等增值功能几乎不关心。2000 年前后，很多人用的手机都是特别老的型号，根本没有短信功能。因需求不足，美国各大电信公司对提供短信服务也无热情，长期以来，不同的移动通信公司之间无法实现短信息互换，这与亚洲或欧洲运营商的开放有明显区别。另外，美国手机付费大多是每月固定金额，从 20 多美元到 100 多美元不等，并且从晚上 7 点或者 9 点就全部免费，而手机短信大多需要单独付费，发一条信息的费用高达 10 美分，其过高的费用也成了阻碍手机短信发展的因素。

而在中国，情况恰恰相反。这里的手机通话费很昂贵，一角钱一条的短信显然更加合算。中国人含蓄的个性，也使得人们更乐意用短信的方式互相问候、表达自己的情感。这种消费特性上的微妙差异，造成了不同的商业模式。随着手机的迅速普及，这种反差变得越来越有戏剧性。在 2002 年，全美的手机用户发送短信息的总数为 81 亿条，但中国人仅在 2004 年春节 7 天长假期间就发送了 70 亿条。到 2006 年，美国全年的短信量都比不上中国春节一天。正是中国人对短信的热情，给予了中国移动以及内容供应商们以极大的创新空间。

当然，这种景象在 2000 年下半年还很少有人能够看得清，在这一年，中国移动的短信收入仅有 1 亿元，即 10 亿条次的发送量。不过，对于腾讯来说，他们似乎看到了一丝希望的微光。"我们好像看到钱了。"曾李青说。

梦网拯救中国互联网

于 2001 年 11 月 10 日正式开通的"移动梦网"计划，先是在广东移动试点，而后四川、浙江等省相继跟进。中国移动采取了非常开放的姿态，它承诺将 85％的短信增值收入分给合作商。为了鼓励各家参与，它还设计了一个"赛马机制"，积极性越高的合作商可以得到越多的资源分配和政策扶持。

在后来的几个月里，曾李青带着他的市场部人员疯狂地奔波于各地移动公司，一家一家地洽谈和签订开通"移动 QQ"的业务。曾李青在自己的小办公室里挂了一张全国地图，用红蓝两色作标记，红色代表联通，蓝色代表移动，拿下哪个省份就用颜色标记出来。"我们的人常常自己扛着服务器，跑到移动公司的机房里去安装，好像是跟时间在赛跑。"他回忆说。

2001 年 2 月，具有标志意义的北京移动成为第九家开通这项业务的分公司，这意味着腾讯完成了全国主要市场的布局。到 3 月，"移动 QQ"的手机短信息发送总量已达 3000 万条，可为腾讯带来超过 200 万元的月收入。

2001 年 6 月，也就是 MIH 正式入股腾讯的当月，马化腾把全公司的 10 多个人召集起来，向大家宣布：因"移动梦网"业务顺利开展，腾讯在财务报表上第一次实现单月盈亏平衡。到年底，腾讯实现营业额近5000万元，净利润超过1000万元，其盈利全部得益于中国移动的"移动梦网"项目。

"对于大多数网虫来说，IT界的明星既不是网易、搜狐、新浪，也不是丁磊、张朝阳、王志东，而是由深圳腾讯公司发明的小企鹅——QQ（原名OICQ）。" 2001年6月25日，广东当地的一家新闻门户网站大洋网在一篇报道中写道。这样的论断，在当时并不被广东以外的主流媒体所接受。不过，腾讯确乎是最早盈利的互联网公司。此时，在纳斯达克上市的新浪、网易及搜狐三大门户均深陷亏损漩涡，网易的净亏损更是从之前公布的1730万美元上升到2040万美元，纳斯达克以财务报表存在疑点为由，一度宣布网易股票停止交易。马云的阿里巴巴尽管宣称拥有了400万网商用户，却将融到的2500万美元几乎烧尽。他不得不相继关闭境外公司，遣散外籍员工，把公司总部从上海又迁回了家乡杭州。

在三大新闻门户网站中，第一个投入梦网项目的是网易。2001年1月，因股价跌得惨不忍睹而灰心丧气的丁磊与广东移动签订了合作协议，宣布开展手机短信业务。他后来说："广东移动找我谈'移动梦网'的合作时，大家心里其实都没有底。好比一个溺水的人，能胡乱抓住一根稻草也是好的，没有想到的是，这根稻草居然长成了一根大树枝。"正是在短信业务的推动下，网易于一年后的2002年第二季度走出亏损，季度盈利3.8万元，在其收入构成中，短信、下载铃声和图片等的收入超过1500万元，占到整体收入的40%。《亚洲华尔街日报》评论认为，网易是互联网泡沫破灭之后第一家实现盈利的门户网站。在网易的启示下，新浪和搜狐相继宣布与中国移动合作，全力开拓手机短信业务。

在"移动梦网"计划的推波助澜之下，中国手机用户的短信发送量突然井喷。2001年，中国移动的短信发送量暴增16倍，达159亿条，2002年更增至793亿条，中国的短信量占到了全球短信量的

1/3。在中国移动收入中，数据业务收入所占比例从 2001 年前的 2.1％上升到 2002 年的 6.4％。

2002 年 8 月，中国移动在广州举办了一场"'移动梦网'共同发展策略研讨会"，100 多家内容供应商与会。在会上，知名度颇高的丁磊被当成合作典范，而真正得到最大收益的却是当时还默默无闻的马化腾。相对于新闻门户网站，作为即时通信工具的 QQ 显然对用户有更强的绑定性，被使用的频率也更为频繁。数据显示，通过移动 QQ 发出的短信数量约占整个"移动梦网"短信数量的 70％。

第一次组织架构调整

随着"移动梦网"业务的展开，创始人们对腾讯的组织架构进行了第一次改造，整个公司被划分成三大部门，分别是市场部门（M 线，Marketing）、研发部门（R 线，Research）和职能部门。在各项任命中，马化腾为首席执行官（CEO），曾李青为首席运营官（COO），张志东为首席技术官（CTO），陈一丹为首席行政官（CAO），负责所有行政事务包括后勤，许晨晔则为首席信息官（CIO），负责新闻媒体事务并兼管门户网站。

一大批优秀的专业人才也在此时被引入腾讯，如财务部经理王齐，行政部经理郭凯天，以及如今的首席财务官（CFO）、集团高级副总裁罗硕瀚。

R 线下设三个部门：无线开发部负责手机端的短信业务，经理是邓延；基础开发部负责底层技术和服务器维护，经理是李海翔；产品开发部负责 QQ 客户端的技术开发及维护，经理是吴宵光。

M 线下设综合市场部和移动通信部。前者负责全国销售队伍的建设及管理，后者负责与三大电信运营商的业务对接，经理分别为邹小旻和唐欣。

在公司决策上，腾讯形成了总办会议制度。每两周召开一次，参加者为 5 位创始人和各核心业务部门主管，人数为 10～12 人。这个人数规模一直没有被突破，一直到 2013 年，腾讯的总员工人数已超过 2 万人，总办会的参与者也不过 16 人。

总办会是腾讯最为核心的决策会议，马化腾要求所有与会者无论日常工作多么繁忙，都务必前来参加。每次会议都在上午 10 点准时开始，一般都要延续到凌晨 2～3 点，因此是一种非常考验体力的马拉松会议。

"Pony 喜欢开长会，每一个议题提出后，他都不会先表态，而是想要听到每一个人的态度和意见，所以会议往往开得很漫长。"好几位与会者对我透露过开会的情景。"在总办会上，几乎所有重要的决议都是在午夜 12 点以后才做出的，因为到那个时候，大家都太疲劳了，常常有人大喊'太困了，太困了，快点定下来吧'，然后就把一些事情定了下来。"

一个比较特殊的惯例是，腾讯的总办会没有表决制度，根据人力资源部门主管奚丹等人的记忆，"十来年里，没有一次决策是靠表决产生的"。在部门业务事项上，相关责任主管的意见很受重视，"谁主管，谁提出，谁负责"。在关系到公司整体战略的事务上，以达成共识为决策前提，若反对的人多，便会被搁置，而一旦为大多数人所赞同，反对者可以保留自己的意见。在这一过程中，马化腾并没有被授予"一票赞同"或"一票否决"的权力，他看上去更像是一位折中者。

不成功的收费试验

眼瞧着无线业务部门月进百万的火热局面，负责 QQ 客户端的产品开发部则像一个捧着金饭碗的乞丐，马化腾融来的钱几乎都砸在 QQ 上，可是却找不到直接获利的办法。

第一个被想到的模式，当然是广告。

早在 2000 年 8 月，QQ 的页面上第一次出现了旗帜（banner）广告，客户每投放一天需花费 2 万元到 9 万元不等，按打开次数来计算，每天的广告曝光可达到 4 亿次，周末达 5 亿次，按 "千人成本" 来算是非常的划算。"当时的投放客户几乎都是正在烧钱的互联网公司，大家互相投放，我在你那里投广告，你也在我这里投一些，大家就都有了收入，其实是骗投资人的。我们也找很多消费品公司谈过，只有宝洁和诺基亚尝试性地投放了一些。"

与新浪等门户网站相比，腾讯的广告价格非常低廉，往往只有前者的 1/5，曝光率却非常高。可是，因为 QQ 的面积很小，广告的展现效果并不好，而且，QQ 用户的年龄偏小，商品购买力令人怀疑，因此，广告的推广不顺利。到 2000 年的 12 月，腾讯名义上的广告收入曾一度达到 150 万元，可是到第二年的 2 月，在互联网寒流的袭击下，愿意到 QQ 上投广告的企业越来越少。

吴宵光想到的第二个模式，是会员制。

"我们当时算了一下，QQ 用户已将近 1 亿，如果有百分之一的用户愿意购买我们的服务，就是一笔非常可观的收入。"2000 年 11 月，腾讯推出了名为 "QQ 俱乐部" 的会员服务，向付费会员提供免费用户享受不到的服务，包括具备网络收藏夹和好友列表保存等功能，还可以选到一个较好记忆的 "靓号"，会费为每月 10 元。

这项业务被寄予厚望，腾讯自称这是 "中国互联网史上的第一个增值服务业务"，曾李青负责的市场部还专门印制了数十万张名片大小、标明 QQ 号码与密码的 "腾讯会员卡"，雇人在闹市区和大学校园去大量派送。

可是，在强力的推销之下，"QQ 俱乐部" 受到空前的冷落，每个月只有几百个用户愿意加入，月收入仅两三万元，半年内只发展了区区3000个会员。这个结果让腾讯上下非常沮丧，马化腾将失败的原因归咎于支付方式的缺失。"当时的中国青年消费者几乎没有人拥有信用卡，他们必须要跑到邮局去汇款，很少有网友乐意为了每月10元往邮局跑的。"由于付费者寥寥，腾讯之前承诺的服务也没有开发实现，这是腾讯历史上非常尴尬的一次业务尝试。

第三个被尝试的业务，是企业服务。

在相当长时期内，马化腾坚定地认为，面向企业收费将是QQ最重要的获利渠道之一。在2000年年底，腾讯推出面向企业的BQQ（即Business QQ）版本，这一版本保留了QQ的文字、音频视频通信、文件传输等功能，又做了权限设定，可以控制上班聊天现象。同时，增加了视频网络会议、讨论组、短信群发等功能。深圳的一些知名企业，如万科等，成为BQQ的首批试用者，它们似乎欢迎这一服务，可是仍然拒绝为之付费，腾讯只能从集团短信中获得一些分利。还有一些企业主则认为QQ太"幼稚"了，他们在日常生活中用QQ与朋友聊天，可是在工作中坚持用看上去更商务化的MSN。

到3年后的2003年11月，在经历了6个版本的升级后，腾讯宣布免费的BQQ"试用版"用户已经达到了7万家，在此基础上，腾讯与IBM、用友、金蝶等软件供应商合作，提出升级的腾讯通（RTX，Real Time eXchang），可是这一产品的推广业绩仍然令人失望。在之后的10年里，腾讯一直在商用市场上碌碌无为。

QQ收费风波：第一次舆论危机

产品开发部推出的第四个收费业务，是QQ号码注册收费，它使得腾讯遭遇创建以来的第一次舆论危机。

2001 年 2 月，QQ 的每天新注册人数达到了创纪录的 100 万，腾讯的服务器受到巨大的压力，张志东说："当时每天发放数十万个号，很多人抢注，形成重复操作。本来 100 万个号码，只需要 100 万次操作，因为重复操作，出现了上千万次的申请，成功率降低到 2% 左右。"在这种供不应求的情况下，腾讯开始对用户注册进行限制，并逐月减少放号，由 100 万降低到 60 万，再降到 40 万左右，同时，鼓励用户通过拨打 168 声讯台或发送手机短信的方式获取 QQ 号，拨打 168 声讯台的费用是每分钟 0.8 元，通过手机发短信息注册则每次收费 0.5 元，用户获得一个 QQ 号约需支付 1 元钱。腾讯并没有明确地宣布注册收费，可是，用户从此几乎不可能注册到免费的 QQ 号。

这一政策很快引起用户的不满。7 月，有网友发帖《腾讯 QQ，你做得太绝了!》，文章警告说："假如还有第二家可以与 QQ 对抗的在线即时通信软件，腾讯推出这种用户不欢迎的注册方式代表着自杀。"作者继而号召大家抵制腾讯的收费行为，作者认为："这可能会使腾讯在收费的路上走得更远，可能在将来你登录一次 QQ 即要付一定的使用费，甚至你发送一条信息都要收费，如果没有谁能够狙击腾讯的话，这并不是没有可能的，垄断可以滋生一个企业无止境从用户身上剥夺利润的欲望。"此文在各个新闻网站和论坛被迅速传播开来。

到 8 月 20 日，对腾讯的怒气被发泄到了传统的纸质媒体上，北京发行量最大的消费类周报《精品购物指南》以几乎一个整版的篇幅刊出《要学邮箱注册收费，腾讯上演东施效颦》一文，记者以亲身体验写道："在早、午、晚、夜四个时段各花了 20 分钟从页面注册，但是全部失败。因此，有理由怀疑，腾讯公司已经在服务器上对页面注册进行了全面限制，要想申请新的 QQ 号码，只能花钱用手机注册或者是打 168 声讯电话。"文章对腾讯表达了强烈的不满："网民对腾讯的做法很是伤心和恼火，有网友说，我们已经容忍了腾讯弹出式广告条和窗口闪烁的广告，现在又用这种做法来增加收入，事先也未有任何通知，实在是太不光明磊落了……腾讯公司在不恰当的时候，以不恰当的方式，在不恰当的项目上收取了费用以至于遭到了网民的非议。也许，腾讯该反思一下了。"

《精品购物指南》的报道让腾讯一下子处于舆论的风口浪尖。

"从来没有那么多记者打电话来，我们根本不知道如何应付，电话铃声响了，谁也不愿去接。"负责公关事务的许晨晔回忆说。马化腾拒绝接受任何媒体的采访，在很长时间里，性格内向的他一直不知道如何与新闻记者交流。法律专业出身的陈一丹受命起草一份"公开信"，此信在两天后，被《精品购物指南》全文刊出。

腾讯在公开信中为自己辩护说："参考过国外其他互联网即时通信服务商的新注册用户数量指标后，我们有充分的理由认为，注册用户增长过快，是对免费资源的极大浪费。有见于此，腾讯才开始对注册用户的数量有所限制，把每天的放号量控制在 20 万到 30 万……腾讯公司开启诸如手机注册和拨打声讯台注册服务，是为了给真正有需要的用户提供一个可行的渠道。"

腾讯的这份律师气息严重的公开信对平息用户的怒火，几乎没有起任何的作用，甚至在很多人看来，"是傲慢而无理的狡辩"。有网友反驳说："为什么国外的 ICQ 或 MSN 都没有因注册用户的增加而收费？而用户增长与免费资源的浪费，更是没有一毛钱的关系。"

在腾讯内部，就是否要继续执行收费政策也形成了对立的意见。有人担心腾讯会被用户的口水"淹没"，也有人担心会出现新的竞争者。马化腾坚持了收费的策略："我们那时刚刚拿到 MIH 的投资，'移动梦网'的业务虽然有点起色，但前景并不确定。腾讯不会被骂死，但是肯定会因找不到盈利模式而失血致死。"在他看来，让腾讯活下来肯定是最重要的。

　　顶着漫天骂声，腾讯于 2002 年 3 月宣布将推出"QQ 行靓号地带"业务，出售 QQ 号码使用权，选择该项服务，能获得 5 位、6 位、8 位靓号以及生日号码的使用权，并享用 QQ 会员功能。到 9 月，"QQ 行"号码正式向全国用户发售，每月收费 2 元，免费号码和一次性号码申请基本停止发放。

　　腾讯的收费战略果然把"竞争之狼"引了进来。

　　就在"QQ 行"号码正式发售的 9 月，一家叫朗玛的创业公司推出朗玛 UC 客户端，它以独特的场景聊天、动作语言、动画图释等众多新颖的功能赢得了用户的喜爱，在短短的 3 个月时间里注册用户数就突破800 万，在线用户数超过 3 万。在朗玛 UC 面世的几个月里，几乎所有的门户网站不约而同地推出了自己的即时通信工具——网易泡泡、新浪聊聊吧、搜狐我找你、雅虎通、263 的 E 话通、TOM 的 skype，市面上出现了 30 多款类似的产品，腾讯引爆了一场针对自己的围剿战。

　　到 2003 年 6 月，马化腾如梦初醒，决定重回免费之路。腾讯以"庆祝移动 QQ 三周岁生日"为名，宣布新开通移动 QQ 的用户，可以获得免费长期使用 QQ 号码一个。至此腾讯再次打开长期使用号码发放之门。两个月后，QQ 重新开放免费注册。可是，群狼对腾讯的围攻之势已然生成，在之后的两年多里，腾讯不得不疲于应付。

　　在腾讯史上，2002 年的"靓号收费"在日后很少被提及，事实上，这是一次非常危险的歧途经历。

Q 币：虚拟货币的诞生

　　在整个 2002 年，尽管腾讯在 QQ 收费模式上的试验一直非常不顺利，可是，还是有一项创新如种子一般被保留了下来，它在日后成为腾讯产业的一个基础，那就是 Q 币的诞生。

由于金融信用体系的缺失——这是中国与美国互联网产业最大的差异之一——长期以来，如何建立自己的支付体系困扰着所有的经营者。最早想出解决之道的，是网络游戏的从业者，而这正是 2002 年前后发生的事情。

在互联网泡沫的寒冬时期，所有人都在寻找可以实现盈利的市场，网游很快被认定是一项"刚性需求"。早在 1998 年 3 月，UCDOS（一种曾被广泛使用的汉字操作系统）的开发者鲍岳桥与简晶、王建华在北京创办了中国最早的棋牌休闲网游平台"联众游戏"，仅一年多的时间就拥有注册用户 2000 多万，每月活跃用户数高达 300 万，1999 年，联众被中公网以 1000 万元人民币收购 79％的股份。1999 年，郭羽等人在杭州创办另一家棋牌休闲游戏平台"边锋"，一时形成"北联众，南边锋"的格局。然而，联众与边锋在很长时间里都没有找到让游戏玩主付费的办法。

2001 年年初，一家规模比联众和边锋都要小得多的游戏公司"九城"却"意外"地闯出了一条路子。外贸业务员出身的九城创办人朱骏建起了一个支付平台，与电信公司达成 163、139 主叫分成协议，通过电信拨号上网的用户，只要上了九城，ISP 的上网费三七开，九城还与上海电信发行联名卡，100 元的上网卡中含 15 元的"九城游戏币"。朱骏发明了"九城点数"，玩主可以用联名卡里的货币购买"点数"，去玩一款需要付费的游戏，或在游戏中押注，以赢取与真实货币等值的"游戏币"。由此，九城形成了两种收费模式：与电信公司分成上网费，发行专属的虚拟货币。到 2001 年 7 月前后，九城的月收入达到 200 万元，300 万注册用户中的付费用户竟高达 10 万人。

腾讯在 2002 年年初开始讨论发行虚拟货币。在推广"QQ 俱乐部"

会员服务和"QQ 行靓号地带"业务的时候，马化腾、曾李青深感支付系统的拖累，"有了自己的虚拟货币，也许情况会好一些"，这是很多人都意识到的。

据回忆，第一个提出"Q 币"这个概念的是许晨晔。"在 3 月份的一次讨论中，许晨晔无意中说出了'Q 币'这个词儿，大家都觉得不错，于是就定了下来。"Q 币的规则也非常简单：一元人民币可以购买一 Q 币，付费用户通过等值面额卡的卡号、密码与 QQ 号关联进行"充值"。

在一开始，Q 币并没有进入 QQ 的软件系统服务之中，它只是被当成一种营销工具。曾李青负责的市场部门于 5 月正式向用户推出 Q 币，可是在 4 月发布的 QQ 软件最新版本——QQ 2000C 中，却找不到任何对 Q 币的描述。这一新版本与之前的相比，最大的变化是将无线 QQ、BQQ 等一系列增值服务整合到 QQ 客户端软件中来。腾讯认为，"整合了各种功能的腾讯 QQ 2000C，已经完全超越了一个'网络即时通信工具'的范畴，也许把它称之为'移动互联时代的通信工具'更为适合一些"。很显然，这是一个超前了至少 10 年的"自我期许"。

最初的一年里，Q 币的月发行量约为 50 万元，几乎都是出售 QQ 靓号所得。随着 QQ 注册重回免费之路，Q 币一度成为一块食之无味的"鸡肋"。可是到了 2002 年的下半年，由于一款革命性的收费产品的横空出世，Q 币突然变成了一柄利器。

第 5 章

QQ 秀：真实世界的倒影

我们会因为混淆了虚构和现实而相视一笑，我们感到这种幻象已经控制了我们。

——奥尔罕·帕慕克（土耳其作家）

网络也是一个世界，一个我们可以实现现实中不可能实现的梦想世界，"阿凡达（Avatar）"提供了这种可能。

——腾讯"阿凡达项目"计划书

群聊:"社区" 的第一次出现

2002 年 9 月,马化腾受阿里巴巴的马云之邀,去杭州参加第三届"西湖论剑"大会,这是他第一次在全国性的行业领袖论坛露面。

"西湖论剑"由擅长表演的马云发起,是早年互联网业界最出名的行业领袖峰会。2000 年 9 月,马云和著名的武侠小说家金庸联名发出"英雄帖",邀请天下豪杰到西湖边"品茶论剑",受邀到场的有三大门户网站以及电子商务公司 8848 的掌门人——王志东、张朝阳、丁磊和王峻涛,这是当时公认的互联网界的明星创业家。2001 年 9 月,第二届"西湖论剑"举办,受邀领袖有 6 人,除了马云、张朝阳和丁磊之外,新浪的王志东已因业绩不佳被董事会驱逐,代替他来的是新任首席执行官茅道临,王峻涛尽管还是来了,但是他已被迫离开了危机中的8848 公司,新增加的一位是盈科旗下的 Tom.com 的行政总裁王兟。

到了 2002 年,由于三大门户网站还没有从寒冬中彻底苏醒过来,掌门人都拒绝与会,马云不得不退而求其次,受邀来到杭州的 5 位嘉宾全数是新面孔:搜索网站 3721 的周鸿祎、求职网站前程无忧的甄荣辉、游戏平台联众的鲍岳桥、在线旅游网站携程网的梁建章,以及马化腾。他们被认为是泡沫破灭后的幸存者,也是互联网业界的"二线人物",

当时被称为"五小龙"。

在这次论坛上，马化腾表现得有点心不在焉。从当时的报道看，他的出现并没有引发媒体的热情，当地的《钱江晚报》记者在一篇报道中如此描述见到的马化腾："马化腾，作为 QQ 的创造者，被冠以'QQ 先生'的称号。和 QQ 给人的先锋、前卫的感觉很不一样，马化腾一点儿也不新潮，虽然一身休闲西装的他看上去还挺年轻的，那副金丝眼镜也给他增添了几分文绉绉的气息，但怎么看怎么不像那个造出那可爱的小家伙的网络大侠。即使他在脖子上挂条红围巾，也没有半点 QQ 的样儿。"

也是在这次论坛上，马化腾第一次见到了比他年长一岁、日后的宿敌周鸿祎。相比拘谨寡言的马化腾，个头矮小精干的周鸿祎显得活泼外向得多，他常能妙语如珠，赢得掌声一片。在大会论坛上，他调侃说："我们 5 个人中，只有马化腾最不成熟了。"所有的人都听得一惊，周鸿祎慢悠悠地说："因为我们 4 人都结婚了，他没有。"

此时的马化腾，还没有学会如何在公众面前表现幽默感。在接受采访时，他除了描绘腾讯的"远大前程"之外，重点介绍了上个月 25 日推出的 QQ 新版本。在这个升级版本中，第一次出现了群聊功能。

这个功能的灵感来自于腾讯内部的"饭友团"文化。那时候，腾讯内部存在很多"饭友团"，中午下班前大家通过邮件讨论并决定午餐如何解决，由于邮件存在延迟，且回复意见比较混乱，很难迅速达成一致意见，经常还会出现人员遗漏问题。针对这些问题，便有人提出这样一个设想："能不能在 QQ 上面建立一个固定的人员列表，列表中人员可以同时参与即时讨论呢？"

主管技术开发的张志东和吴宵光及时地抓住了这个灵感。在 8 月的新版本中，QQ 用户可以自主建立 QQ 群，邀请好友加入，随时进行聊天、分享文件、图片以及音乐，同时，群动态功能还能帮助用户即时了解群里的大事件和群友们的最新变化，此外还有群成员名片、群备注、群动态、群消息接受方式设置、群聊精华等多个展示性、互动性功能。张志东在功能定义中写道："QQ 群是为 QQ 用户中拥有共性的小群体建立的一个即时通信平台。比如可创建'我的大学同学''我的同事'等群，群内成员有着密切的关系。QQ 群功能的实现，一下子改变了您的网络生活方式。您不再一个人孤独地待在 QQ 上，而是在一个拥有密切关系的群内，共同体验网络带来的精彩。"

群聊功能的开发，可以看作是腾讯在即时通信领域中的一个突破性创造。

它开创性地将传统的一对一的单线索关系链升级为多对多的交叉型用户关系链，突破了原有的交流模式的局限。QQ 群的发明，彻底改变了网民维系关系链和在线互动交流的方式，标志着社交网络概念在中国的出现，而这比 Facebook 要早 18 个月。张志东日后说，在推出群聊功能后，QQ 实际上已经建立了一个类熟人的社区圈，尽管它不是实名制的，可是邀约以及集体聊天的过程，意味着用户之间的关系是"熟悉"的。

群聊功能的出现，让 QQ 的活跃度在 2002 年年底得到了惊人的提高。接下来的一个让人感兴趣的话题是：腾讯如何让这个日渐形成的虚拟社区具有人格化的特质，并因此创造出一个盈利模式。

市场部的"阿凡达计划"

就在技术部门研发出群聊功能的同时，2002 年 8 月中旬，市场综合部新报到的许良成了"腾讯历史上的第一个闲人"。

1999 年毕业于武汉大学经济系的许良，此前创办过一家软件公司，两年下来，一败涂地。而后他投简历进了腾讯，原本给他的职位是全国网吧推广经理，可是因为他的手机丢了，报到晚了两周，职位被另外的新人顶替了，于是，邹小旻给了他一个"产品经理"的职务。"产品经理是做什么的？"许良问。"就是研究产品，等着分配新的工作。"邹小旻答。

许良不知道应该研究什么产品。有一天，同事闲聊，有人提起韩国有一个 sayclub.com 的社区网站，开发出一个叫作"阿凡达"的功能，用户可以根据自己的喜好，更换虚拟角色的造型，如发型、表情、服饰和场景等，而这些"商品"需要付费购买。这一服务推出后，很受韩国年轻人的欢迎。言者无心，听者有意，许良回到电脑前就去搜 sayclub.com，觉得挺新奇，他看不懂韩文，就花 400 元请人把网站内容翻译了出来。

直觉告诉许良，这也许是一款不错的产品，于是，他很快写出了一个需求文档，抄送给公司所有的上级。然而，一个多月过去，没有一个人回复他。

正在这时，许良遇到了同样到岗不久的王远。王远是资深的互联网人，此前两年在中国移动旗下的卓望公司里担任销售总监和商务拓展总监，被曾李青挖来担任其助理。卓望是"移动梦网"的业务支撑平台，王远目睹了中国整个无线产业奇迹般地崛起，并深入研究了日韩的无线数据业务。王远了解了许良的项目后，觉得很有意思，他让许良重做调查。

通过深入的调研，许良得到了更多的数据。2000 年 12 月，在 sayclub.com 上购买虚拟道具的付费用户为 6 万人，一年后，便暴增到 150 万人，每个用户平均每月支出折合人民币为 4.94 元，盈利非常可观。在 sayclub.com 的流行引领下，韩国排名前五的聊天和社交网站都已经"阿凡达化"，网络化身被广泛应用在聊天室、BBS、手机、E-mail、虚拟社区等突出在线交流的网络服务里。

更让许良着急的是，这一流行趋势也已传入中国。2002 年 5 月，丁磊的 163.com 尝试性地在自己的即时通信工具网易泡泡中推出了网络化身产品。另有一家名为"友联"（ViaFriend.com）的网站则在 6 月份推出了一个"阿凡达"品牌——i 秀，宣称是"中国第一家提供个性化网上虚拟形象服务的网站"。也就是说，"这次腾讯又迟到了"。

许良连日制作出一份长达 80 多页、逻辑缜密的演示文本（PPT），同时还设计出了最原始的虚拟形象系统。在这份演示文本中，许良提出了几个富有创建性的观点，根据他的调研，"'阿凡达'是网民在互联网上的一个形象化的可变的标识，此外，'阿凡达'是在线交流类网络服务中最现实可行的一种收费模式"。从韩国的数据看，购买"阿凡达"的网民中，18 岁到 25 岁的年轻人为主流人群，其中 20 岁以下的占到一半，男性与女性比例约为 2∶1，这一人群特征与使用 QQ 的中国用户十分吻合。在国内，尽管友联和网易都已经推出了类似"阿凡达"的产品，不过，友联的用户基础不足，支付手段落后，网易也没有作为主力产品来推，而且，根据许良的判断，"中韩两国网民在交流习惯上存在差异，韩国人习惯交流于网站型社区，而中国人则喜欢 IM。因此网易也不是一个好的'阿凡达'载体"。

进而许良得出的结论是："理论上说，对'阿凡达'这个市场而言，腾讯比任何其他公司都具有先天优势！'阿凡达'像是一个专门为腾讯准备的高速成长的在线市场……腾讯将利用'阿凡达'技术和'阿凡达'形象系统将整个腾讯社区重新整合，最终使腾讯社区变成一个大规模的模拟现实的在线虚拟社区或者虚拟游戏平台。'阿凡达'服务内容也将随着这个社区的拓展而不断拓展，它不是一个一劳永逸的创收工具，而是一个确认方向后不断追加投入、丰富内容的过程。"

在收到许良的 PPT 之后，曾李青决定把决策层召集起来，听一次专项汇报。

　　"我们市场部门其实都看好'阿凡达'，可是，上新产品是研发部门的职权，于是，都得看瓜哥的态度。"曾李青回忆说。没想到，在汇报会上，第一个表态的就是"瓜哥"张志东，许良演示到一半的时候，从来谨慎的张志东就站起来打断他："我觉得这是一个好产品，应该马上做。"马化腾随之应和。

　　当场，"阿凡达小组"就成立了，许良受命领衔，张志东抽调了三位程序员和一位美工给他。第二天，程序员徐琳就设计出了第一个原型。许良认为"腾讯在内容策划上力量薄弱，与内容相关的服务一直不是强项"，便委托一家韩国公司设计虚拟道具，两个月里设计出 800 多款，"阿凡达小组"的程序员开发出 QQ 商城。这套虚拟形象系统，被称为"QQ 秀"（QQ show）。

　　2003 年 1 月 24 日，QQ 秀上线试运营，许良派送给所有 QQ 会员价值 10 元的 Q 币，使他们成为 QQ 秀的种子用户。

　　两个月后，腾讯宣布"QQ 秀"——QQ 虚拟形象系统正式收费，QQ 用户可以用 Q 币购买衣物、饰品和环境场景等设计自己的个性化虚拟形象。在 QQ 秀商城中，有各种虚拟物品——仙女装、职业装、墨镜、项链，它们的售价在 0.5 元到 1 元之间……这些虚拟物品可以依照自己的需要随时更换，也可以作为礼品送给自己的 QQ 好友。这一个性化的虚拟形象除了在 QQ 头像上显示之外，还将在 QQ 聊天室、腾讯社区、QQ 交友等服务中出现，也就是说，QQ 秀让一个网民在虚拟世界里重建了一个虚拟的自己和表达情感的方式。一个 QQ 秀形象有效期为 6 个月，之后用户需继续付费购买。

　　QQ 秀受欢迎的程度，出乎所有人的意料，在 QQ 秀上线的前半年，就有 500 万人购买了这项服务，平均花费为 5 元左右，支出远远大于购买一个"靓号"。而且，这次并没有引起用户的反感和舆论的攻击，因为，这是一次用户完全主动的自愿行为。

"QQ人" 与 QQ 现实主义

当腾讯推出 QQ 秀的时候，它的仿效对象 ICQ 一直没有找到实现盈利的方式，在北美以及欧洲，它的市场份额被微软的 MSN 和雅虎的雅虎通瓜分。某种意义上，QQ 秀再造了即时通信客户端的性质、功能与盈利模式，是腾讯对 ICQ 的一次华丽的告别。

在腾讯的历史，乃至中国互联网史上，QQ 秀都堪称一款革命性的收费产品，它可以被视为全球互联网产业的一次"东方式应用创新"。腾讯不是这一创新的发起者，可是它却凭借这一创新获得真正商业上的成功。而比商业利益更有价值的是，QQ 秀让腾讯与它的亿级用户建立了情感上的归属关系。

马化腾是第一批 QQ 秀的用户。他在 QQ 商城购买了如下道具：一头长发、一副墨镜、一条紧身的牛仔裤，由此打扮出一个年轻牛仔的形象。而在现实生活中，他从来没有留过长发，不戴墨镜，也几乎不穿牛仔裤。这是一个极具寓意的现象：一个人在虚拟世界里对自我身份的认定，也许正是现实生活的倒影。

西方的很多互联网研究者，对于中国网民愿意花钱购买虚拟道具来装扮自己这一点，感到非常的不可思议。在这里，可以透视出东西方社会人在角色认知上的巨大差异。

中国社会历来是一个充满了压抑感的等级社会，它既表现在宗族的内部，也体现在公共社会层面，人们在现实生活中战战兢兢，情感生活十分苍白和乏味。而虚拟社区的出现，如同一个突然出现的新世界，让压抑日久的人们可以戴着面具，实现一次不需要节制的狂欢。中国人在现实中的含蓄与在虚拟中的狂放构成了一个十分鲜明和讽刺性的反差。

　　QQ 的早期使用者，大部分是 15 岁到 25 岁的年轻人，这是一群在现实生活中没有身份，却渴望得到认可的焦虑的人。他们在家庭里被严厉管制，在社会组织里被忽视和边缘化；因荷尔蒙的作用，他们又渴望得到认可，渴望确认自我，渴望寻找到属于自己的族群。这些在现实世界中不可能达到的目标，在虚拟世界中却可以轻易实现。

　　QQ 秀的诞生，让这种需求得到了一次展示的机会，正如美国舆论专家沃尔特·李普曼所揭示的："人的特征本身总是模糊不清、摇摆不定的，要想牢牢记住它们，就得借助一种有形的象征。图像始终是最可靠的观念传达方式。"人们在 QQ 商城里购买虚拟服饰的过程，本质上就是一次自我性格及身份确认的过程——当我们看到马化腾的那个年轻牛仔形象的时候，几乎可以确认，在他的内心里生长着一个"不羁的牛仔"，或许连他自己也是第一次意识到。这是一种非常美妙而怪异的生命体验，你无法在其他的场合，以其他的方式实现。

　　在一次接受记者采访时，吴宵光已意识到了这样的需求存在，他说，腾讯出售的其实不是"服饰"，而是"情感的寄托"，"代表了一个人在别人眼中的形象，朋友看到我在 QQ 上面的形象，就能够知道我是一个什么样的人"。

　　这是腾讯真正的秘密之一。

　　自 OICQ——日后的 QQ——诞生的第一天起，中国社会中就出现了一个新的群体，他们大多出生在 1985 年之后，可以直接被命名为"QQ 人"。这个称谓背后有四个共同的特征：

　　第一，他们都在少年的时候，即在拥有身份证之前，就申请了一个QQ 号，这成为一个独立的符号，是他们与世界单独对话的入口。

　　第二，QQ 提供了一个与真实世界相对剥离的虚拟世界，互联网让人的生活超越了地理疆界，"QQ 人"不再是传统意义上的"本土中国人"，而是从未出现过的、消除了地方性的一代人。"QQ 人"结交朋友的半径与前一代完全不同，其扩大的倍数与 QQ 的交际广度呈正比例的关系。

第三，QQ 改变了一代人表达态度和感情的方式，QQ 和 QQ 秀比信函、电话乃至电子邮件更加直接、快捷和短促，这造成了一个即时、快餐型的时代；同时，习惯于 QQ 方式的人则可能在真实生活中丧失某种能力。我曾去一个"搭讪学习班"做调研，教练告诉我，来这里学习的青年，很多人在 QQ 上很活跃，可是在真实生活中无法与人当面交流，"因为没有'QQ 表情'，所以不会聊天"。

第四，"QQ 人"的世界是一个碎片化了的、缺乏深度的世界，人人都是信息的传播主体，传播的速度及广度大多取决于表达的戏剧性。而与"知识的深刻"无关。"QQ 人"更敢于表达自己的态度，可是也更容易被情绪和偏见所吸引。

QQ 秀是一个了不起的创新，从此，QQ 不再仅仅是一个单纯的、没有温度的通信工具，而是蜕变成一个有虚拟人格、自己的价值观及族群规范的虚拟世界。

在未来的几年里，我们即将看到，几乎所有的互联网大公司都推出了自己的即时通信工具，发动了一场针对 QQ 的围剿战，但是腾讯非常轻易地获得了胜利。除却商业竞争上的策略之外，其最大原因正在于，所有竞争者都从技术的层面展开攻击，而没有一家在情感上对用户进行诱惑，当人们在一个世界——无论是现实的还是虚拟的——里完成了自我身份的认定后，"迁徙"将是一个非常困难的任务。

围绕"QQ 人"，为他们提供各种服务是腾讯商业模式的本质。

腾讯一直在寻找一种方式，可以让"QQ 人"为服务买单。"靓号"是一种尝试，但是它过于粗暴和直接。QQ 秀则要委婉得多，那些标价为 0.5 元或 1 元的道具人人都买得起，它们便宜得可以忽略不计，但是提供的情感满足却又是那么不可替代，它为那些对自我认知最为敏感，也最不确定的年轻人，提供了一个购买欲望的廉价柜台。

对于腾讯而言，QQ 秀也是一个"蜕变之秀"，从此，这家即时通信服务商成为一个发掘人性、出售娱乐体验的供应商。腾讯构筑了一个"现实版的虚拟世界"，在这里，一切的角色、地位、秩序及兑付方式，都是现世的和物质主义的，并且因更便捷、更廉价，所以更加的现实，我们不妨称之为"QQ 现实主义"。马化腾是这个虚拟世界的创造者，当它成型之后，便构成了惊人的、能够自我繁衍和变型的能力，日后，给腾讯带来巨大商业利益的 QQ 空间、QQ 游戏，无一不是这一逻辑的延伸。

2003 年：三个战略级的衍变

QQ 秀让腾讯在"移动梦网"业务之外，寻找到了互联网增值业务的盈利模式，这一获利完全来自于 QQ 用户，因而是腾讯可以全面主导的。在 2003 年前后，QQ 秀所产生的收入仍然无法与移动 QQ 相比，大约只有后者的 1/8，但是，它所带来的可能性和想象力却要大得多。从此，QQ、QQ 会员、QQ 秀以及 Q 币，构成一个独立的、闭环式运转的 QQ 世界，腾讯的组织体制内部也诱发出一系列战略级的衍变。

衍变之一：与工程师文化相交融的产品经理制。

从创业的第一天起，腾讯就是一个被工程师文化统治着的企业，马化腾、张志东们迷信技术的驱动力，几乎所有精力都投注于研发和迭代。"阿凡达计划"带来了两个变化：首先，它是第一个由市场部门——而不是技术部门提出的项目；其次，对用户体验的定义由物理层面提升到了情感层面。在执行上，QQ 秀不再分 R 线和 M 线，而是以项目为主体，采取了产品经理制的新模式。

从此以后，产品经理制被确立了下来，"谁提出，谁执行""一旦做大，独立成军"成为腾讯内部不成文的规定。这一新模式无形中造就了"赛马机制"，我们将看到，后来为腾讯带来众多"意外"的创新，如QQ空间、QQ游戏乃至微信，都不是顶层规划的结果，而是来自基层的业务单元的独立作业。工程师文化与产品经理制在内在的驱动力上有天然的冲突性，然而，却在腾讯实现了无缝融合。

衍变之二：以Q币为流通主体的支付体系。

在卖靓号时期，Q币的价值非常有限，可是，QQ秀诞生后，刚性需求被激发了出来。2003年2月，曾李青从华为的无线业务部门挖来业务经理刘成敏，由他牵头搭建Q币销售体系。4月，刘成敏便与杭州电信旗下的声讯台签订了代销Q币的协议，电信开通了16885885声讯服务，拨打这个电话便可以购买Q币，电信代为扣费，所得收入，腾讯与声讯台以五五比例分成。

这一模式被迅速复制到全国的300多家城市声讯台。同时，刘成敏还与1万多家网吧建立了Q币销售的渠道关系。再加上腾讯自有的在线支付系统，腾讯在一年多的时间里，拥有了三种支付渠道。日后，因市场开拓有功，刘成敏被提拔为无线增值业务部门的大总管。

对于腾讯来说，建立一个属于自己的支付系统是战略性的成功，这也是中美两国社区型网站在盈利模式上分道扬镳的标志性事件。在日后的演进中，我们将看到，几乎所有美国新闻门户或社交网站的盈利都依赖于广告，而中国同行们的选择则要丰富得多。

衍变之三：以特权和等级制为特色的会员服务体系。

与支付体系同样具有创新意义的是，QQ秀在收费和服务模式上进行了独特的探索，新的会员运营理念逐渐形成。尽管在当时，中国的互联网从业者没有提出网络社区或社交网络的概念，但其实，QQ从诞生的第一天起，就是社区与社交的产物，只不过它是以即时通信客户端的方式呈现出来的。也正因此，它在广告的承载和展现上有先天不足，逼迫着它寻找新的用户互动方式和盈利出路。

顾思斌是 QQ 秀小组的早期成员，归属于吴宵光和许良领导。他毕业于北京邮电大学，实习期间就进入腾讯，是真正意义上的"科班子弟兵"。他回忆说："自从有了 QQ 秀项目之后，腾讯在服务内容上的丰富性和机动性都大大增强，我们发现，QQ 秀与 QQ 会员从本质上来说都是产品，需要建立体系和进行流程化的运营，互联网产品的收入增长取决于对用户情感需求的挖掘和对整个服务流程的掌控。"

腾讯在会员体系的建设上抓住了两个要点：一是"特权"的设计，二是等级的差异。会员支付了不同的费用，就可以享受到不同的特权服务，而不同的服务内容又是有等级上的差别。这种从传统的宾馆经营中借鉴过来的思路，在互联网增值服务中同样有效。

2003 年年底，QQ 秀一改单件销售的模式，推出了"红钻贵族"——一开始称为"红钻会员"，后来因其容易与 QQ 会员混淆，改为"红钻贵族"，这是日后为腾讯带来重大获益的"钻石体系"的发端者。

"红钻"是一种包月制的收费模式，用户每月支付 10 元，便可以享受到多项"特权"，其中包括：获得一枚红钻标识，每天领取一个"红钻礼包"，每天免费赠送 5 朵"鲜花"，可设定每天自动换装，赠送好友 QQ 秀不花钱，在 QQ 商城享受超额的折扣等等。这些"特权"的含义在于，挂上了"红钻"的 QQ 秀用户将是一群在虚拟世界里被特别照顾的"贵族"。

在 QQ 秀的成长史上，"红钻"服务的推出是一个引爆点，在此之前，每月的虚拟道具收入约在 300 万元到 500 万元之间，而"红钻"推出后，包月收入迅速突破了千万。

进入网游： 没有"凯旋" 的《凯旋》

2003 年，马化腾迎来了创业以来最为丰收的一年。

腾讯成为"移动梦网"最大的合作商，移动 QQ 带来 1000 万名短信用户和意想不到的巨额盈利，而 QQ 秀的诞生，使得腾讯找到了另外一个独有的盈利空间。此时，精力充沛的马化腾决心进入两个新的领域：网络游戏和新闻门户。他的决定在腾讯内部引起了不小的抵触，而在一开始，这些领域也的确拓展得非常不顺。

就在 QQ 秀正式上线的那个月，2003 年 3 月，王远和李海翔被派到上海，组建成立游戏运营事业部，办公地点在浦东陆家嘴的电信大厦。王远租了 400 多平方米面积的办公室，招募了 30 多名员工。

早在 2002 年的春夏之际，腾讯就开始讨论是否要进入网游领域，5 位创始人发生了分歧。与马化腾的意见相反，张志东明确表示反对，在他看来，QQ 根基未稳，不宜开拓新的战线，他对马化腾说："我们谁都不是玩网游的人，对此一窍不通。"许晨晔和陈一丹不置可否，曾李青也表现得很是犹豫。

然而在马化腾看来，网游是一个不可被错过的机会。在 2001 年，中国网络游戏市场的规模只有 3.1 亿元人民币，到 2002 年就扩大为 10 亿元，网络游戏用户数超过了 800 万，每一个用户每月在网络游戏上的平均花费为 18.8 元。这组数字甚至让有些人做出乐观的预测：网络游戏使中国获得了在世界主流产业里领先的机会。

在市场上，确实已有人夺得了先机。在 2001 年，陈天桥创办的上海盛大公司以 30 万美元取得韩国 Actoz 公司旗下网络游戏《传奇》在中国的独家代理权，仅用一年时间就创造了 60 万人同时在线的惊人纪录，盛大的日收入达到 100 万元人民币。几乎与此同时，网易的丁磊也投身网游，他收购《天下》的研发团队，在 2001 年 12 月推出了自主开发的《大话西游 Online》，接着在第二年的 6 月推出更成熟的《大话西游 2》，这成为网易继短信业务之外的另一个利润池。

一向与丁磊惺惺相惜的马化腾对这位同龄人的直觉很是敬佩，在他看来，QQ 的年轻用户群与网游有"天然的契合度"，腾讯不应该错过这一眼看着就将火爆起来的新市场。

早期腾讯有一个不成文的约定，任何一项新业务，如果 5 位创始人中有一人反对，就不得执行。2002 年 5 月，一年一度的 E3 电玩展在洛杉矶举办，马化腾想带张志东和曾李青一起去看看，借机"给他们开开眼、洗洗脑"。张志东借口很忙不愿意去，同样很忙的曾李青拧不过马化腾，只好答应与他同行。曾李青回忆了一个有趣的细节："在去美国领事馆办签证的时候，马化腾居然被拒签，轮到我的时候，就跟签证官大谈腾讯公司的远大前景，签证官被我说动了，便问，还有谁一起去。我指着刚被他拒签的马化腾说，还有他，他是我的老板。签证官把马化腾叫回来，重新给他盖了章。"

洛杉矶之行，让曾李青对网游的看法大为改观，回国后，他说服张志东，从技术部门和市场部门分别抽调出李海翔和王远，两人搭档进军网游领域。

被远派上海的这支网游团队，成了试错的牺牲品。

为了快速切入市场，游戏部选择了代理模式。有"第一韩国通"之称的王远选中了 Imazic 公司开发的《凯旋》，这是一款在当时最为先进的 3D 角色扮演游戏，比 2D 的《传奇》升级了一代。日后李海翔回忆说："我们当时觉得，要引进就引进最好的，开发《凯旋》的韩国团队是全亚洲技术水平最高的专家组合，游戏采用了 3D 引擎中最为强悍的 Unreal II 引擎来开发。我们第一次看到游戏时，都被画面的华丽程度给镇住了，甚至可以说直到 2005 年也少有其他的 3D 游戏能超越其水准。"

然而，最好的却未必是合适的。

从一开始，《凯旋》就被不祥的气息所笼罩。腾讯早在 2003 年 4 月份就对外宣布了即将在 5 月 20 日进行内测的消息，有 20 万玩家注册报名。可是，由于程序汉化的复杂程度超出预期，到 5 月 16 日晚，游戏部门被迫发表"内测推迟"的声明，士气在开阵之前便已折去一半。到 8 月 1 日晚 7 点，《凯旋》的公测版发布，谁料在 12 小时内，脆弱的服务器就被撑垮，张志东不得不紧急派人进行重建。

《凯旋》所采取的 3D 技术，对电脑配置及网络宽带的要求相当高，这对当时中国的网络环境提出了极大的挑战，因此，尽管腾讯的技术团队对底层程序和服务器进行了多次优化，但仍然无法保证游戏的流畅性，画面锯齿和马赛克现象始终无法解决，这导致《凯旋》成为一款叫好不叫座的鸡肋型产品。盛大公司的发言人以揶揄的口吻对媒体说："我们对腾讯进入网游领域表示敬畏，不过，腾讯也要对网游本身产生敬畏。"

腾讯第一次试水网游，便以尴尬的结局告一段落，马化腾对游戏部门进行大清洗，王远和李海翔都被调离，游戏运营事业部撤回深圳。"我要重新找一个指挥官，他至少应该非常喜欢玩游戏。"马化腾后来说。

QQ. com:"青年的新闻门户"

同样是在 2003 年，马化腾着手创建新闻门户。据曾李青回忆："他很早就想做门户，可是被否决过好几次，最终大家勉强同意试一下。"

腾讯之前有一个社区型的网站 www. tencent. com，主要是为 QQ 用户提供帮助服务及发表交流信息，其每天的页面浏览量（PV）有 70 万到 100 万，已是一个不小的门户。规划中的新闻网站便是在它的基础上搭建的。

就在这时，天上"掉下"一个让马化腾日思夜想的域名：www. QQ. com。

负责法律事务的郭凯天回忆了这个戏剧性的过程：当公司决定做新闻门户的时候，法务部去检索了一下，发现 www. QQ. com 这个域名在很多年前就被一位做视频生意的美国人给注册了，他在域名交易市场给它挂出了约合 2000 万元人民币的出让价，腾讯当然不愿意出那么多的钱。因引进 MIH 而立下功劳、此时已担任腾讯海外业务副总裁的网大为便以个人名义试探性地给那个美国人发出了一份信函，没料到很快得到了回复。此时，美国互联网还没有从泡沫中恢复过来，域名价值大幅缩水，最终，网大为以 6 万美元——当时约合 50 万元人民币的价格买进了 www. QQ. com。

2003 年 7 月，由 40 多人组成的网站部成立了，曾经在网易和 TOM 在线担任过内容总监一职的孙忠怀被招揽进腾讯，他与翟红新一起被任命为网站部的总编辑和总经理。编辑中心被设在了"离新闻源最近"的北京。仅 3 个多月后，网站内测，到 12 月 1 日，便正式上线了。

马化腾在公开的场合表示了对新诞生的腾讯网很大的期望，他认为，有了这个新闻门户，腾讯就有机会形成"一横一竖"的业务模式，即在即时通信工具之外，以门户为另一个入口，将所有的互联网服务囊括进去。

日后来看，2003 年的这个腾讯网是一个没有多大特点的网站，其门类几乎完全拷贝了其他的新闻门户，"别人有的，它都有，别人没有的，它也没有"。沃尔特·李普曼曾对媒体的功能进行过精准的定义，在他看来，一个合格的媒体首先要在第一时间告诉它的读者发生了什么，同时再告诉他们，正在发生的新闻意味着什么，这是"我们的工作"。也就是说，媒体追求的核心能力唯有两个：一是速度，二是态度。若有前者，可获得读者和商业价值；若有后者，便可卓尔不群。2003

年的腾讯网，离这两条无疑都比较遥远。

在 2004 年 8 月的雅典奥运会期间，腾讯第一次将 QQ 流量导入 www.QQ.com。在深圳大梅沙召开的一次业务会上，吴宵光给孙忠怀提了一个绝妙的主意：由网站部制作一个"迷你首页"，将奥运会金牌的最新动态在 QQ 客户端向用户推送，点击即可进入腾讯网主页。

"迷你首页"的创意，第一次将 QQ 客户端与新闻门户无缝衔接了起来，它一推出就给腾讯网带来了浏览量几何级的上涨。有媒体很敏感地评论说，在"门户大战"中，一个新的强人出现了，在重大事件及突发新闻上，腾讯通过自家持有的中国最大即时通信软件及时弹出新闻提示，要比人们登录新浪网获取新闻更及时、更"突发"。根据 alexa.com 发布的数据显示，在奥运会结束后，腾讯网的每日浏览量已冲到了国内门户网站综合排名的第四位。

10 月，腾讯网全新改版，提出了"青年的新闻门户"的新定位。马化腾宣布，在三年内要冲进门户网站的前三强，有记者让他预测一下，谁将留在三强内，马化腾说："有一家是新浪，还有一家是腾讯，另外一家，不知道。"

尽管腾讯以"独门武器"实现了流量上的胜利，不过后来几年的事实将证明，流量并不等于影响力和广告价值。

腾讯所拥有的上亿 QQ 用户大多数为 25 岁以下的青少年，并非社会舆论的主流传播力量，而这些用户在广告主——当时在门户网站上投放广告的前 5 个行业分别是汽车、金融、房产、IT 数码产品和互联网公司——的眼里也属于"低含金量人群"。更致命的是，腾讯一直没有寻找到自己的"媒体态度"。

在相当长的时间里，腾讯网的媒体价值与它的流量一直不能匹配，它的公共影响力无法与新浪相提并论，在广告收入上也不及新浪、搜狐和网易。

第6章

上市：夹击中的"成人礼"

除非一个人摈弃细枝末节，具有更广阔的视野，否则，在科学中就不会有任何伟大的发现。

——阿尔伯特·爱因斯坦（物理学家）

上市这个事情有很重要的里程碑意义，有一种舒一口气的感觉。我们一直危机感比较强。变成了公众公司以后，腾讯会走得更稳健、更长远。

——陈一丹

为什么选择高盛

刘炽平第一次见到马化腾，是在香港港丽酒店的大堂咖啡吧，时间是 2003 年一个秋雨的下午，与马化腾同行的是公司另一位创始人陈一丹。

刘炽平当时的身份是高盛亚洲投资银行部的执行董事，主管电信、媒体与科技行业的投资项目。他们此次见面是 MIH 从中牵的线，谈的话题是腾讯上市。"马化腾不太爱讲客套话，说话的逻辑性很强，同时，他也是一个不会轻易亮出底牌的人。"这是刘炽平对马化腾的第一印象。

MIH 在进入腾讯之后，继续努力于股份的增持，同时开始谋划上市事宜。在香港律师事务所的安排下，2002 年 6 月，MIH 通过可换股债券投入等方式，让腾讯的注册资本得到了更充裕的支持，腾讯的 5 位创始人的股份也随之相应降低。上市前，腾讯股权结构变为创业团队占46.5%，MIH 占 46.3%，IDG 占 7.2%。2003 年 8 月，腾讯赎回 IDG剩余的股份和 MIH 少量的股份，至此，MIH 与腾讯团队分别持有50%的股份。

正是在这一时期，由于中国互联网在泡沫破灭后的优异表现，国际资本市场对中国企业表现出了浓厚的兴趣，从而引发了又一轮"中国概念股"的小高潮。从 2003 年 12 月到 2004 年 12 月间，有 11 家互联网公司获得了海外上市的机会，其中包括从事无线业务的 TOM 在线、空中网和掌上灵通，以及在线招聘网站 51job、在线旅游网站艺龙网、财经门户金融界、网络游戏公司九城和盛大。腾讯因在即时通信领域的垄断性地位以及在移动增值业务中的获利，也成为这波集体上市热中的一员。

刘炽平对互联网业务非常娴熟，对中国市场也很熟悉。他从小在香港长大，1991 年赴美留学，先后就读于密歇根大学、斯坦福大学和西北大学凯洛格商学院。他当年有一位经常在一起打球的朋友谢家华，后来创办了网络鞋店 Zappos，被亚马逊以 8.5 亿美元的价格收购。硕士毕业后，刘炽平先在麦肯锡工作，1998 年入职高盛亚洲。在高盛期间，他参与了广东粤海集团重组案，中间涉及 100 多家债权银行、400 多家公司。刘炽平在两年多时间里几乎每天工作到凌晨两三点，亲自跑了 20 多家公司，"我对中国企业的认识都是在粤海重组案中得到的，做完这个项目，基本上再做任何项目都觉得容易了"。

刘炽平早在 2000 年前后就听说过腾讯，高盛收到过腾讯的融资提议书，"那时的融资规模很小，大家也看不清它的未来，就放过去了"。此次，当 MIH 把腾讯介绍给高盛的时候，盛大也同时找上了门。高盛的高科技部门分成两个小组，"背靠背"地争取这两个项目，其中刘炽平负责与腾讯的谈判。在工作开始之初，他要求本案同事必须做的第一件事情是：先去申请一个 QQ 号。

在腾讯方面，马化腾等人对上市的意义并不是非常清晰，只是觉得"是个公司大概都要去上市的"。同时，马化腾对选择哪家承销商也没有概念，之前他已见过了不少的投资银行，包括摩根士丹利、美林、瑞银和德意志银行等等，所得到的建议大同小异。

与刘炽平见面时，马化腾对他的第一个观感是，"他是我见过的香港人中，普通话讲得最好的一位"。此外，刘炽平的名片上居然有一个QQ号，这让马化腾感觉很亲切。在接下来的谈判中，刘炽平提到的两点建议给他留下了很深的印象。

首先，刘炽平直率地认为，腾讯现在的收入过度依赖"移动梦网"业务，"这是一种寄人篱下的业务模式，会让投资人觉得腾讯缺乏可塑性，对未来没有信心和想象力。所以应该在公开募股的时候，强调网络效应，发掘即时通信工具的发展潜力"。刘炽平的这一观察，顿时让马化腾有一种找到了知音的快感，就在那一时期，他力排众议，冒险进军网络游戏和新闻门户，正是基于对这一隐患的担忧。

其次，刘炽平提出，在公司的估值上不妨保守一点，与其一下子就把市值飚得太高，倒不如慢慢地把公司的价值做出来，让那些购买了腾讯股票的股民能享受到增长的福利。马化腾回忆说："他的这个想法也与我们的风格比较接近，之前见过的投行，都给出了很进取的估值建议，让我们觉得有被忽悠的感觉。"

刘炽平的平实姿态，让马化腾最终下决心将上市的事务交给高盛，并对这位与众不同的投行经理颇有认同感。

纳斯达克还是香港

在谋划上市的过程中，有一个选择曾引起不小的争论，那就是：在美国还是在香港上市。

当时绝大多数的中国互联网公司都选择在纳斯达克上市，那里被认为是"全球互联网的摇篮"，之前的"三巨头"新浪、搜狐和网易无一例外都在那里登陆资本市场。然而，刘炽平却提出了在香港联交所上市的建议，他的理由有三点：

第一，腾讯的商业模式在北美找不到一个可类比的标杆企业，美国的所有即时通信工具，从 ICQ 到雅虎通，再到 MSN，都不是一个独立的公司，也均没有找到盈利的模式。美国人认为，所有的互联网创新都应该首先出现在硅谷或波士顿六号公路，而全世界其他地方无非都是对美国式创新的一种回应，这就是布罗代尔所谓的"世界的时间"①。现在，腾讯讲了一个美国人从来没有听过的故事，他们也许不愿意为一个中国人的故事买单。这是纳斯达克的悲哀。

第二，香港更接近腾讯自己的本土市场，香港的分析师和股民显然比美国人更了解腾讯。理论上，一家立足于服务大众用户的公司，它的上市地点越贴近它的本土市场，公司价值就反应得越为真实。香港联交所对互联网公司的估值肯定没有纳斯达克高，但是发生股价大起大落的情况也比后者要少，对于追求持续增长的腾讯来说，这也许是一件好事。

第三，在香港上市还会带来一种可能性，就是作为红筹股，在未来有可能回归中国内地的资本市场。最了解腾讯的，始终是它的亿万用户，可惜在当时，内地的证监当局对互联网公司视而不见，关闭了申请的窗口，在刘炽平看来，这是一种与纳斯达克相映成趣的偏见。

除了这三条与市场有关的理由之外，最终让马化腾下决心选择香港的原因还有一条，就是员工期权的兑现。腾讯在创办后不久就向早期的核心员工承诺了期权，马化腾想要以较低的价格在上市前完成购买，可是这在美国的资本市场会被看成是一种"降低公司利润的不恰当行为"，而在香港，这一做法则是被普遍认可的。在马化腾看来，后者的规则对员工更为有利。

---

① "世界的时间"是法国年鉴派历史学家费尔南·布罗代尔提出的概念，意即人类文明并非均衡地发生在地球的每一个地方，每个时代都有少数两三个地区代表着那个时代人类文明的最高水平，每个民族都应该谨慎地寻找自己的方位，判断自己到底是与"世界时间"同行还是被远远抛弃在后面。

据刘炽平的回忆，在上市地点的选择上，腾讯高管内部发生了比较激烈的争论，而最终，马化腾拍板接受了高盛的建议。

被光环掩盖了的上市

在 2004 年的集体上市热中，腾讯显然不是最耀眼的那一家，它的风头被其他更有炒作题材的公司所掩盖。

春节过后不久的 3 月 11 日（纽约时间 3 月 10 日），TOM 互联网集团在美国和香港两地正式挂牌交易，一举创造了两个纪录：它是第一家在香港上市的内地互联网企业，也是首家在纳斯达克和香港创业板同时挂牌上市的中国互联网企业。此次上市，TOM 净融资额约为 1.7 亿美元。TOM 由香港首富李嘉诚家族控制，总裁是年轻的王雷雷，他的祖父王诤是中华人民共和国第一任中央军委电信总局局长，也是第一任邮电部党组书记。正因如此，TOM 的短信收入先后超过腾讯、网易以及新浪等，成为梦网业务中的"SP 之王"。

5 月 13 日，中国最大的网游公司上海盛大网络在纳斯达克上市，得到国际投资者的大力追捧，短短半小时之内，成交超过 150 万股，股价由 11.30 美元高开后一路升至 12.38 美元。在后来的半年内，盛大股价一度摸高至 44.30 美元，成为市值最高的中国互联网企业。31 岁的陈天桥以超过 150 亿元人民币的身家，取代丁磊，跃升为新的中国首富。

在 TOM 和盛大两大明星企业的笼罩之下，没有光环"加持"的腾讯则显得低调不少。

有一次，在香港长江中心召开的上市策略讨论会上，高盛与腾讯在融资规模和市盈率上发生了分歧。高盛认为腾讯提出的方案"起码应该缩水 1/5"，而马化腾则认为香港人对内地市场所知甚少，腾讯的价值被严重低估了，沟通陷入僵局。刘炽平见状，便把马化腾从 67 层的会议室叫出来，两人坐进电梯，跑到大厦外面抽起烟来，他向马化腾耐心解释了投资人的心态，两根烟过后，马化腾的心情才有点平复下来。

在紧张的工作中，刘炽平开始慢慢喜欢上了腾讯的这些创始人，他回忆说："他们都是一些特别较真的人，很单纯，甚至有点书呆子气，与我之前接触过的企业家或职业经理人都不同。在写招股书的时候，有些部分是例行公事，比如行业现状、趋势分析等等，可是马化腾和其他创始人一字一句地斟酌，有时还会激烈地争论。在对于未来的预测上，他们不愿意写上可能做不到的数字。"

6 月 2 日，腾讯与高盛证券联合在香港举行了第一次投资者推介会，宣告已通过联交所的上市聆讯，即将招股上市。招股文件显示，腾讯在过去的 2003 年实现营业收入 7.35 亿元人民币，利润为 3.22 亿元人民币，公司将发行 4.2 亿新股，相当于 25％股权，每股招股价 2.77 至 3.7 港元，约为 2004 年预期市盈率的 11.1 至 14.9 倍，集资总额将达 11.6 亿至 15.5 亿港元。

在后来的两周里，腾讯高管们开始了魔鬼拉练式的全球路演，他们分头参加了 80 多场投资人见面会。曾李青甚至飞到南非去做路演，"印象最深的是，要硬背很多拗口的英文单词，而事实上，很多南非人根本不知道有深圳这座城市"。刘炽平陪同马化腾主攻美国市场，"整天在美国各个城市飞，最痛苦的是倒时差，每到一地，我们就预订一个很早的早餐，服务员来敲门，就不得不起床了"。

在一次飞行旅途中，筋疲力尽的刘炽平闭目斜躺在座位上，邻座的陈一丹突然把他拍醒，提出一个邀请："喂，你愿意加入腾讯吗？"在上市筹备过程中，刘炽平的聪明、坚毅和快速学习能力得到了腾讯创始人团队的一致认可，"土鳖＋洋龟"结合产生的化学作用更是值得期待。

6 月 16 日，股票代码 00700.hk 的腾讯公司正式挂牌上市，上市交易价定在招股价的最上限 3.7 港元。开市时股价表现还不错，一度最高曾见 4.625 港元，午后即遭大规模的抛盘打压，收盘时跌破发行价，当天共有 4.4 亿股成交量，以发行 4.2 亿股票计算，换手率高达 104％。也就是说，绝大多数购买腾讯股票的股民在第一个交易日就选择了抛售，很多年后，他们将为之懊悔不已。

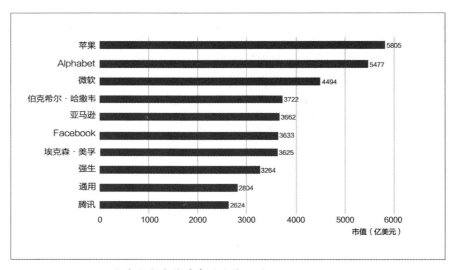

全球十大市值最高的上市公司（2016.09.06）

通过上市，腾讯共筹集资金 14.38 亿港元，同时造就了 5 个亿万富翁和 7 个千万富翁。根据持股比例，马化腾因持有 14.43％的股权，账面财富是 8.98 亿港元；张志东拥有 6.43％的股权，账面财富为 4 亿港元；曾李青、许晨晔、陈一丹共持有 9.87％的股权，三人的财富合约 6.14 亿港元。腾讯的其他 7 位高层拥有另外 6.77％的股权，7 人共有 4.22 亿港元。

整顿风暴中的"跛脚企鹅"

日后查阅 2004 年 6 月前后的中国财经媒体报道，没有一位评论员认为腾讯正在创造历史。相反，很多都是对腾讯不太有利的消息，这也是造成上市当日换手率很高、股价跌破发行价的客观原因之一。

就在上市前的一天，6 月 15 日，北京的信息产业部发布了一则"通知"，它如同一枚投掷在水面上的炸弹，顿时击起惊人的波澜。

这则《关于开展移动短信服务自查自纠活动的通知》，要求各地移动公司针对短信业务市场准入、业务宣传、订制申请、服务提供、方便退订、收费透明化、处理投诉、违规处罚等多个环节，进行严格的自我纠查，经过整改如果仍然存在问题，相关服务商将被吊销有关经营资格。早在 4 月 19 日，信息产业部已经发布过《关于规范短信息服务有关问题的通知》，严令整顿混乱的短信服务市场，6 月份的"通知"正是整顿实施的开幕。

在过去的 3 年多时间里，各家增值内容服务商为了增加收入无所不用其极，最恶劣的行为有两种：一是不经用户同意就随意扣费，有一些服务商从移动公司的数据库中抓取出一批用户名单，直接扣取费用，当时称为"暗扣"，实质与盗窃无异。二是发送大量黄色、暴力信息，诱惑用户订阅。而中国移动公司则对此采取了纵容的态度，有些地方分公司甚至积极配合，其目的或是为了完成业绩提升，或是为了从中收受贿赂回扣。在移动公司每年接到的投诉中，对短信业务的投诉量占到了七成，而其收入只占整个移动公司年收入的 3%。

一个无法回避的事实是，在暴利惊人、泥沙俱下的那些年里，腾讯的 SP 业务中，诱发用户冲动订阅的事情也时有发生，包括腾讯在内的十几家大型 SP 公司都曾被信息产业部门公开警告。不过，与绝大多数的 SP 公司不同，马化腾、张志东等人对此的警惕心非常之大，在两周一次的总办会上，常常因此而发生激烈的争执。马化腾把 SP 业务划分为红色业务、黄色收入和绿色收入三种，其中，"红色"即处于警戒线上的收入，"黄色"为灰色地带的收入，"绿色"为正当收入。据不少高管回忆，他多次对曾李青等人提出要增加"绿色收入"，"宁可减少甚至没有红色、黄色收入，也不能冒道德和法律上的风险"。

在他的钳制之下，腾讯在梦网中的收入排名从第一位跌落，一度排在了第四、第五的位置上。

对 SP 服务商的愤怒，在 2004 年的中央电视台"3·15 消费者权益保护日"直播晚会上得到了总爆发。在那次晚会上，三大电信运营商成为众矢之的，民调显示，电信企业乱收费被列为最被痛恨的商业行为之一，其得票仅次于正在高涨中的房价。在巨大的社会舆论压力下，信息产业部发动了严厉的整顿行动。

对短信业务的整治，使得一路狂歌猛进的"移动梦网"进入政策拐点。这个曾经拯救了中国互联网产业的创新项目露出了难堪的"底裤"。6 月底，网易率先发布收入预警，宣称来自短信的收入将在第一季度的基础上猛降 37％至 41％，这一消息引发在纳斯达克上市的 12 家中国科技股的股价出现集体下滑。

因为把上市的地点选在香港，腾讯侥幸逃过了股价狂跌的命运，不过仍然受到不小的冲击。在腾讯的整体收入中，来自电信增值服务的收入占到了总收入的 56％，而其他归入互联网增值业务的收入也有一半与此相关，所以，如果精确计算的话，刚上市时的腾讯几乎是一个被"移动梦网""绑架"了的寄生型企业。开始于 6 月份的整顿，让腾讯在接下来的一年多里，陷入收入增长乏力的困局。

对 QQ 的集体围剿

另外一个比收入增长乏力更让人胆战心惊的事实是，几乎同时，互联网领域发生了一场针对 QQ 的围剿运动，几乎所有门户网站都开始推出自己的即时通信工具，"诸神之战"一触即发。

就在腾讯上市的两周后，有两位重量级人物先后出现在北京国际俱乐部酒店，他们各自向腾讯发出了挑战。这两位的名声和财力均在马化腾之上，分别是网易的丁磊和微软的比尔·盖茨。

2004 年 6 月 29 日，一向很少在媒体上露面的丁磊北上进京，举办了一场大型记者见面会，高调为网易泡泡做推广。这是丁磊与马化腾——两位同年同月出生、中国互联网最优秀的产品经理——第一次如此近距离地对峙在同一个战场上。

网易在 2002 年 11 月就推出了网易泡泡，它对 QQ 进行了"无差异化的跟进战略"，腾讯首创的群聊、发送表情以及截图等功能被一一移植到泡泡中，甚至，泡泡的语音引擎也与腾讯一样，采用了 Global IP Sound 技术。一年后，丁磊将之升级为战略产品，项目经理直接向他汇报。2003 年年底，网易泡泡推出"挂泡泡送短信"的大型促销活动，挂一天泡泡，能兑换 120 条短信，这导致泡泡用户迅猛激增，其后一年里，带来 1500 万注册用户，最高同时在线 50 万人，网易泡泡成为市场占有率仅次于 QQ 的第二大国产即时通信工具。

在 2004 年 6 月的那场记者见面会上，丁磊还带来一个爆炸性的武器，他宣称网易已研制成功一款类似于 Skype 的即时语音沟通工具，"我们真正的突破点是在任何环境下均可通信，语音质量达到了 GSM 的质量，下一版本我们的语音通信质量会超过电话的通信质量。网易在实验网中已完全通过测试，跟传统电话互通在技术上完全没问题。而且现在这个版本的泡泡已有这样的功能，软件已装在里面了，只要政策允许就可推出"。这是一个值得被记录下来的事实，它表明，中国的互联网企业早在 2004 年就完成了即时语音通信上的重大突破，若非遭到国有的电信运营商的蛮横阻挠，2011 年的微信将早出生 7 年，而且这个机会应该属于丁磊的网易。

在丁磊召开发布会的三天后，前来参加首届"中国国际服务业大会和展览会"的比尔·盖茨出现在同一个酒店，这是他的第 9 次中国之行，盖茨宣布微软将加大在中国的研发和推广力度。当记者问及微软对它旗下的即时通信工具 MSN 在中国的前景时，他暗示："也许我们的步伐会更快一些。"两个多月后，微软悄悄在北京和上海分别组建了 MSN 中国的市场和研发中心。

2004 年前后，冲入即时通信领域、试图与腾讯一决雌雄的，远远不止网易和微软两家。

6 月 7 日，雅虎中国正式推出雅虎通 6.0 中文版，其中增加了"巧嘴娃娃"的发声动画功能，此外，还在聊天窗口内整合了雅虎搜索、在线相册及多款互动小游戏。此时出任雅虎中国总裁的是不久前在"西湖论剑"上调侃过马化腾的周鸿祎，3721 网络实名在 2003 年 11 月被雅虎以 1.2 亿美元收购，周鸿祎担负了重振雅虎中国的责任。他预测随着市场的细分化，QQ 一家独大的格局不可能持续，在接受《21 世纪经济报道》记者的采访时，他还对马化腾的多元化战略提出了质疑："腾讯的多元化发展可能也是一个软肋，做门户、做邮箱、做游戏，可能就会分散推动实力。之前 QQ 的成功因为它专注，而多元化发展之后，它集中在即时通信上的力量还有多大，这无疑是它给自己下的一个挑战。"

7 月 7 日，新浪宣布以 3600 万美元收购朗玛公司。朗玛 UC 在喜欢新潮的都市青年中很受欢迎，注册用户已增加到 8000 万，最高同时在线人数为31万，市场占有率仅排在QQ、MSN和网易泡泡之后。新浪将之更名为"新浪UC"，取代之前一直没有起色的"聊聊吧"。

10月25日，上市不久的TOM在线宣布与Skype签署了战略合作协议，"将把当今世界最领先的互联网语音沟通工具和即时通信服务带给广大的中国互联网用户"。

甚至连电信运营商也进入了这一领域。11月，中国电信推出了电信级互联网即时通信软件——Vnet Messenger（简称VIM），用户只要拥有一个VIM号码，就能够连接固定电话、小灵通甚至手机，实现通话、传输文件、开电话会议等功能。

此外，搜狐推出了"搜Q"，263推出了"E话通"，网通推出了"天天即时通"，连从事电子商务的阿里巴巴也有了自己的"贸易通"。当时《证券时报》的一篇报道披露，全国出现了200多款类似的产品，对腾讯的围剿之势赫然形成。

更让腾讯被动的是，在当时的业界内外出现了"互联互通"的呼声。周鸿祎在上任之后，就努力推动雅虎通与MSN"互联互通"，以期打破腾讯的垄断。《通信世界报》在一篇长篇评述中认为："即时通信软件的互通性不解决，受难的会是整个行业。从发展角度来看，联合也许是最好的出路，因为'沟通无极限'是人类对信息沟通交流的理想。"

这样的声音，对于腾讯来说，无疑非常不利。

告别少年期

在2004年夏秋之际发生的这一连串行业事件，让马化腾几乎没有时间消化上市给他带来的喜悦。

从股票挂牌的那一天起，腾讯就告别了青涩的少年期，它如同一个接受了"成人礼"的青年，将面对一个更为凶险和辽阔的人生。它的生命机能将发生变化，而所有的竞争对手都视之为成熟的敌人。伊查克·爱迪思在《企业生命周期》一书中描述道："在企业生命周期的青春期，企业得以再生。这是一个充满了痛苦的过程，而且时间也拖长了，冲突与行事缺乏连续性。创业者发现自己面临三个方面的挑战：职权的授予、领导风格的转变和企业目标的替换。"爱迪思的这些话正是腾讯当时的写照。

7月，腾讯搬出了给它带来好运的赛格科技创业园，迁入南山区的飞亚达大厦，全公司的员工已增至760多人。马化腾每天被各种会议和决策所包围，一位员工回忆说："他的办公室门口常常排起很长的队，经理们拿着文件、报表和单据，默默地等着他签字。"在10月份过生日的那天，董事会决定送给他一件特别的礼物，那是一架专业级的高倍天文望远镜，所有的创业同伴都期待着小马哥在埋头签字的同时，能够看清更远的未来。

当然也有让马化腾高兴的事情发生，他和妻子在深圳威尼斯酒店举办了一场不太张扬的婚礼，从此告别了悠闲的单身生活。在一开始，他的那些创业同伴除了替老板高兴之外，也暗自替自己高兴，在过去的几年里，马化腾几乎每天都到晚上10点之后才离开公司，结婚以后的他，开始按时下班，大家也就"解放"了。可是，没过多久，新的"折磨方式"很快出现了，大家常常在午夜12点之后收到他的工作邮件。

在12月，为上市立下汗马功劳的刘炽平正式决定加入腾讯，他向马化腾申请了一个专设的职位：首席战略投资官（CSO）。

当时负责全公司人力事务、当初在飞机上向他发出邀请的陈一丹很抱歉地告诉刘炽平，他在腾讯得到的薪水将要比在高盛少2/3。对数字超级敏感的刘炽平笑着说："也许哪一天，腾讯的股票会上涨100倍哩！"

PART 2

出击：2005—2009

第 7 章

调整：一站式在线生活

战略性决策的最终产物是虚假而单纯的，企业将市场与产品结合起来，通过新的要素组合，抛弃一些旧东西，并从现有的地位扩张而达成新目标。

——伊戈尔·安索夫（美国管理学家）

在未来几年，马化腾试图全面接管中国网民的网络生活。

——《互联网周刊》，2006 年 1 月

"虚拟电信运营商" 的幻灭

在相当长的时间里，马化腾对腾讯的战略规划是建立在"想象"基础上的。

随着 QQ 用户数的增加，他一度试图搭建一个开放式的"黄金平台"。2001 年 1 月，在 QQ 注册用户超过 4000 万之际，马化腾对《中国计算机报》记者说："腾讯的战略是架构一个平台，欢迎各个垂直行业，如游戏、资讯、电子商务、ISP、IP 电话等架构在上面，构成一个包罗万象的应用环境。到那时，QQ 既是一个即时通信工具，又能给它的用户提供更多实用的商业资讯，这样，QQ 就成了一个'黄金平台'。"

这个战略还没有来得及实施，中国电信产业的变局就为腾讯打开了另外一扇门，对于在"移动梦网"业务中大获其利的腾讯，外界猜测其会很快进入电信领域，实行"虚拟电信运营商"战略。

早在 2000 年 9 月，为了推进固定电话与移动电话的业务分家，信息产业部颁布《电信管理条例》，将电子邮件、语音信箱、在线信息存储和检索、电子数据交换、在线数据处理与交易处理、增值传真、互联网接入与信息服务、可视电话会议服务等列为电信增值服务的内容，将转售电信业务列为基础电信业务的一类。这一新条例被认为是电信管制开放的一个信号，北京邮电大学教授吕廷杰在当时便评论说："新条例是向网络元素出租的方向发展，这就导致了虚拟运营商的出现成为不可避免的潮流，有可能促成中国电信产业可操作性的竞争。"

不久之后，"一无所有"的中国移动公司便以不寻常的开放姿态，推出"移动梦网"业务，轰开了短信增值服务的大门。到 2003 年前后，通过梦网项目"曲线"进入电信领域的民间公司清晰地看到了一种新的可能性。网易和腾讯相继提出成为"虚拟电信运营商"的战略目标。

2003 年 9 月，腾讯与上海电信合作，推出"电话 QQ"业务，用户拨通 96069 或上网登录"电话 QQ"的网站页面，获取 QQ 账号后，根据语音提示，便可以与普通电话相联通，公告称："这一业务的开放范围包括上海电信所属的所有电话门类，以及移动和联通的手机用户、铁通和网通的固定电话用户。电话 QQ 业务免收开户费和信息费，使用固定电话或卡类电话的资费分别与现行普通电话、卡类电话的资费标准相同。"也就是说，腾讯通过与上海电信的合作，进入了最核心的话音业务领域，由 QQ 直拨普通电话，只剩一步之遥。

2004 年，丁磊在网易泡泡的新版本中植入了网络电话的技术，媒体报道认为："一旦政策允许，网易可以通过点数卡或泡泡'金币'支付通话费用。这时候，点数卡就变成了电话充值卡，网易将有机会成为一个真正意义上的虚拟电信运营商。"

腾讯、网易的这些行动引起了垄断的国有电信企业的集体警惕。2005 年 7 月，信产部下发通知，明确规定："除中国电信和中国网通能够在部分地区进行电脑到电话（PC to Phone）方式的网络电话商用试验外，任何单位和个人都不得从事这项业务。"

民间互联网企业的"虚拟运营商"之梦就此破灭。

通过"移动梦网"实现了阶段性战略目的的中国移动也开始"收

网"。后来的事实表明，开始于 2004 年下半年的内容服务商整顿，最终成为一次清逐行动，中国移动从此关闭了合作开放的大门。当国有的电信运营商用政策管制的手段，将网易和腾讯阻挡在门外的同时，它们自身其实也"自我阉割"了创新进取的动力。在未来的几年里，它们靠政策的庇护赚得盆满钵满，一直到 2012 年年底，腾讯用微信再次从一个意想不到的角度对它们的电信垄断提出了挑战。

被中国移动"驱逐"的日子

从 2004 年下半年开始，腾讯的无线增值业务就遭受到严重的冲击。马化腾后来说："无线增值业务在腾讯的业务收入中占比太高，而我们与电信运营商的业务关系又很紧密，在清理过程中，我们的压力也许是最大的。"

在持续的"不活跃用户"清理行动中，短信用户数量出现了急剧的缩水。

很多年后，刘成敏仍对当时的景象心有余悸，他谈到了一个细节："2004 年 10 月，我们突然接到中国移动数据部的电话，要求立即到京谈事。到了北京，他们就把一张新的协议书递到了我们面前。中国移动提出要重新商议'161 移动聊天'的分成比例，否则就中止这一项目的合作。'161 移动聊天'是无线增值业务中的一个明星项目，占到了业务总收入的三成左右。因为所有的通道资源都在对方那里，我们几乎没有任何讨价还价的余地。"

12 月，中国移动宣布与腾讯合作开展的"161 移动聊天"业务协议到期，分成比例重新商议，根据新的规则，腾讯每月净利润将大幅减少约 400 万元人民币，一年高达 4800 万元。此外，中国移动还逼迫腾讯调整了短信收入的分成比例，从 15 比 85 调整为 5 比 5，进一步压缩了腾讯的利润空间。

受到这些不利消息的影响，联交所的腾讯股价在低位徘徊，投资人信心缺失。2005 年 4 月，腾讯董事会为了表达信心，不得不宣布回购占已发行股本 10％的股票，按当时股价计算需要约 9.74 亿港元。到 11 月，腾讯又宣布了一项金额最高为 3000 万美元的股票回购计划。

到 2006 年，中国移动再出"撒手锏"，直接对移动 QQ 动手。

腾讯之所以能够在"移动梦网"项目中获得最大、最稳定的收益，关键在于庞大的 QQ 用户基数，因此它对运营商的依赖度比其他内容服务商都要小得多。其中，移动 QQ 是最核心的产品，拥有 700 万的用户，占到了腾讯全部短信用户的七成左右。过去几年里，中国移动对即时通信工具一直垂涎三尺，在它的规划中，如果能够拥有一款属于自己的、类似于 QQ 的产品，便可以顺利地向运营商与内容供应商的结合转型，由此形成一个闭环的、无须与任何其他公司分利的业务模型。

到 2006 年年初，两家终于到了摊牌的时刻。中国移动自行外包开发了一款名为"飞信"的即时通信工具，同时向腾讯提出了两个强制性要求：第一，移动 QQ 与飞信进行"业务合并"，否则，将把移动 QQ 从梦网业务中踢出；第二，整个 QQ 体系与飞信"互联互通"。

由于担心用户体验不佳，而且成本费用也难以分摊，腾讯以条件不成熟为理由拒绝了中国移动。

6 月，飞信测试版上线，中国移动宣布："飞信绝非只是一个产品那么简单。它是未来战略的重要一步，通过飞信平台，中国移动可以推出许多增值服务，如在线游戏、在线购物、虚拟社区、手机支付等。"同时，中国移动发布了《关于规范"移动梦网"聊天类业务的通知》，内容是：对于现存的聊天社区类梦网业务，不再与此类业务开展任何形式的营销合作；移动 QQ、网易泡泡将被允许开展到 2006 年年底，相关 SP 的合作协议续签到这一时间点终止。

2006 年 12 月 29 日，就在终止合作的最后一天，腾讯在香港发布公告，移动 QQ 将与飞信在 6 个月内"合并"，其业务将逐步过渡到飞信平台，过渡期的产品被称为"飞信 QQ"。

在历时两年半的清逐行动中，腾讯赖以为获利之本的无线增值业务遭遇到了空前的打击。

在整个 2005 年度，腾讯总收入同比增长 24.7%，至人民币 14.264 亿元；净利润增长 10%，至人民币 4.854 亿元。其中，互联网增值服务收入同比增长79.2%，在总收入中的占比由 38.4%上升到了 55.1%，而无线增值服务收入则同比下降了 19.3%，在总收入中的占比从上一年的 55.6%下降到了 36.3%，首次被互联网增值业务超过。

到 2006 年 3 月，腾讯宣布第三次回购股票，回购金额最高达 3000 万美元。为了增加收入，腾讯还收购了无线增值服务提供商卓意麦斯（Joyman）科技有限公司 100%的股权。到年底，无线增值业务的收入由 5.17 亿元增到 7 亿元，其中卓意麦斯贡献了 1 亿元，年度财报承认"收入增加主要反映来自卓意麦斯所提供的基于内容的短信服务收入的增加"。而在公司的全部收入中，无线增值业务的占比继续下滑到25.0%，互联网增值业务的占比则上升到了 65.2%。

在手机上"自立门户"

中国移动对昔日合作伙伴的"清逐"，再一次证明了"入口"在信息产业中的不可挑战的地位：谁拥有了"入口"，谁就拥有了话语权和资源配置权。马化腾在后来对拥有入口级产品的企业十分警惕，其教训及心得应是得自于此。

在政策性排挤之下，"寄生"于梦网的内容服务商出现了集体雪崩的景象，各家慌乱纷飞，作鸟兽散。其中最为坚决的是丁磊，网易及早撤出，躲进了网络游戏的"避风港"。最为狼狈不堪的是"SP之王"、在香港上市不久的 TOM，在短信收入大幅下滑的时刻，它"剑走偏锋"，推出了一些灰色业务，调查记者赵何娟在《天下有贼》一书中披露："TOM 最出名的就是在北京郊外租了一栋房子，雇用了上百个女子，通过 1259 * 的电话号码进行陪聊，聊的都是黄色内容。"这种黄色陪聊有一个非常文雅的专业名称：互动式语音应答（IVR）业务。几年后，TOM 一蹶不振，其他的内容服务商，譬如空中网、掌上灵通等也相继衰落。

与网易或 TOM 相比，腾讯的处境稍稍好一些，然而也可谓危急。

在过去的几年里，腾讯决策层一直对 SP 业务保持着一种克制的态度，马化腾之所以"一意孤行"，相继投入游戏、门户等业务也与内心的恐惧有关。然而，无线业务部门表现出强烈的自救欲望，在巨大的业绩压力之下，市场营销部提出了一个折中的方案："如果担心灰色收入影响到腾讯的声誉，那么，是否可以在体系之外收购或另建一家新的公司，即便出问题，也能起到防火墙的作用？"这一提议在总办会上引起了激烈的争执，马化腾在 2005 年年底下决心制止了这一计划，其直接后果是导致了部门负责人唐欣的离职。

"那时真的很艰难，看上去几乎无路可走。短信是我们当时主要的收费渠道。"马化腾日后回忆说。在再三斟酌之后，他决定"回到腾讯的核心能力"，利用 QQ 资源，在移动市场上重新布局。

2006 年年初，顶替唐欣主管营销业务的刘成敏陪同马化腾秘密会晤中国联通总裁，试图改换门庭，另谋战略合作。马化腾向联通高层演示了一款新研发成功的一键通（PTT，Push-to-Talk）功能，这是一种新的移动技术，在美国高通提供的 Brew 移动平台上运行，可以快速地进行"一对一"或者"一对多"通话，就像使用对讲通话机一样——这便是 2012 年的微信"对讲"功能的雏形。马化腾希望与联通合作，在联通手机中内置 QQ，向用户提供一键通服务，以此与中国移动形成差异化竞争。联通拒绝了腾讯的建议，它当时的战略重心是 CDMA 业务，而联通版的即时通信工具"超信"也发布在即，QQ 对联通的利用价值似乎不大。

在合作未果的情况下，马化腾迅速做出了自立门户的决策。2006 年，腾讯相继推出超级 QQ 和手机 QQ 两大产品。

超级 QQ 是进化版的移动 QQ，它对用户提供短信包月服务，每月费用为 10 元，腾讯将它与电脑端的 QQ 号码实现了无缝对接，提供菜单式服务，用户可以在手机上累积 QQ 在线时长、短信设置 QQ 资料，此外则有收看资讯、天气、笑话等。后来，腾讯更把 QQ 会员的特权功能植入，推出了 QQ 特权、游戏特权、休闲特权和生活特权等 4 大类 100 多项 VIP 特权服务。刘成敏称之为"短信门户"。

手机 QQ 是安装在手机上的 QQ 软件，操作界面类似电脑版 QQ。腾讯与诺基亚、摩托罗拉等手机制造商合作，在其手机中预装软件。在一开始，手机 QQ 收取每月 5 元的服务费，后来取消，所有用户均可以免费下载和使用。腾讯的收入主要来自于简单的手机游戏和短信增值服务。

超级 QQ 和手机 QQ 在 2006 年的出现，有相当重要的战略意义。

腾讯借此摆脱了对中国移动的"入口"依赖，建立了完全属于自己的两个移动门户。到 2007 年年底，腾讯终于走出了"移动梦网"的清理阴影，移动增值业务收入恢复性地突破 8 亿元人民币。在圣诞晚会上，无线业务部门的员工表演了一个小品，"地主傻儿子企图强娶喜儿，最后喜儿家里凭借家资殷实、财大气粗，拒掉了这桩不对等的婚事"。据员工回忆："剧情高潮处，大屏幕镜头切换到了正在台下观看节目的无线业务高级执行副总裁刘成敏脸上，刘成敏咧着嘴开怀大笑。"

　　另外一个尤为深远的意义是，手机 QQ 为腾讯在日后的智能手机时代赢得了战略性的先机，在后来的几年里，无线业务部门下属的 3G 产品中心相继开发出手机 QQ 游戏大厅（2006 年）、手机腾讯网（2006 年）、手机 QQ 浏览器（2007 年）以及手机安全管家（2010 年），形成了一个成体系的移动门户矩阵。2013 年 5 月，已经退休的刘成敏在他的北京寓所对我说："腾讯在手机端的布局和投入比所有的互联网公司都要早，而且要早很多年。在当年，乔布斯的 iPhone 还在实验室里，很多人看到了智能手机的未来，可是谁也不知道它将以怎样的方式引爆。我们是被逼到了一条正确的道路上。"

新战略："像水和电一样融入生活当中"

　　在更多的时候，战略转型是激烈竞争的结果，而未必是事先成熟规划的产物。

　　与中国移动在梦网项目上的争执，让马化腾不得不放弃了"虚拟电信运营商"的战略企图，转而回到互联网，重新寻找定位。这时候，他非常需要在腾讯内部找到一个可以谈战略的人。

　　刘炽平正式到飞亚达大厦上班，是 2005 年春节过后。他搬进一间空旷的办公室，除了一个秘书，没有人向他汇报任何事宜，连马化腾也不清楚，"首席战略投资官"的日常工作是什么。刘炽平说："我管三件没有人管的事情，一是战略，二是并购，三是投资者关系。"

　　他的作用很快显现出来，在腾讯股价风雨飘摇的时候，他多次到香港向机构投资人阐述公司的前景。"把投资者关系做好，你的股价就会有一个比较好的反应，认受度就会提高。"在 2005 年，在他的建议下，腾讯两次回购股票，以显示信心。他还帮助公司完成了一系列的收购案，其中包括邮箱公司 Foxmail、网络游戏公司网域以及内容增值服务商卓意麦斯、网典和英克必成等。"我们还跟金山有接触，我们看好他们在网络游戏和杀毒软件上的能力。"这些都是腾讯之前从来没有尝试，也非常不熟悉的工作。

"5 年商业计划"是初进腾讯的刘炽平拿给外界的第一张证明。2006 年年初，他提出了腾讯的"5 年商业计划"，描绘了腾讯每一个业务的发展蓝图，制定了一个在当时看来遥不可及的目标，即未来 5 年内腾讯公司年收入将达到 100 亿元人民币。

一组可以类比的数据是，2005 年腾讯年收入只有 14 亿元人民币，在纳斯达克上市的百度年收入为 3 亿元人民币。当时发展势头最好的是三大门户网站，其中新浪年收入为 1.9 亿美元，网易为 2.1 亿美元，搜狐为 1.08 亿美元。

后来的事实是，腾讯完成了刘炽平定下的目标，还提前了一年。财报显示，2009 年，腾讯公司全年收入突破 124 亿元人民币。

更多的时候，刘炽平陪着马化腾"坐而论道"。"常常是我在说，他在听，当时他对很多战略概念并不是非常熟悉，但他有很好的感悟力，往往能举一反三，直接到达问题的核心。"在无数次交流之后，他们达成的共识是，腾讯唯一的核心能力是掌握了人际关系网络，由此出发，向用户提供各种在线生活服务，也许是一条走得通的道路。

那么如何定义"在线生活"？马化腾与刘炽平创造出了一个新的英文单词——ICEC。I 代表 Information（信息），C 代表 Communication（通信），E 代表 Entertainment（娱乐），C 代表 Commerce（商务）。"多元化的目的是提供在线生活，在线生活的背后则是社区，上述所有服务都将通过社区串起来。"

到 2005 年 8 月，马化腾第一次向媒体宣布了腾讯的新战略主张：

"腾讯希望能够全方位满足人们在线生活不同层次的需求，并希望自己的产品和服务像水和电一样融入生活当中。腾讯已经初步完成了面向在线生活产业模式的业务布局。"在接受《第一财经日报》的采访时，马化腾更具体地谈及了腾讯的企图心："无线（增值）有 100 多亿元的盘子，我们必须进去；网游有 70 多亿元的盘子，腾讯不能放弃；广告有 30 多亿元的盘子，腾讯不能放弃；腾讯不能放弃的还有搜索、电子商务。"

"在线生活"的提出，让人们看到了一个前所未见的中国互联网公司。不过，并不是所有人都看好马化腾的新战略，在当时的媒体评论中可以听到担忧的声音。

《互联网周刊》在一篇题为"马化腾初显强悍：腾讯包办中国人的网络生活"的报道中认为："马化腾的优势在于其手中相对忠诚的、数以亿计的 QQ 注册用户，但他的难度在于试图完全由自己提供所有的生活娱乐资源。这意味着手握庞大用户的马化腾有可能面临来自所有互联网公司的竞争，而且极易在多元化的扩张中迷失发展的焦点。"

互联网评论员马旗戟则提出了两个问题："第一个问题，'在线生活'究竟是一个怎样的概念？它有边界吗？边界在哪里？腾讯离边界有多远？而且与其他旧门户相比，腾讯网也有极其明显的弱点，那么腾讯网准备如何让'在线生活'更完美？第二个问题更抽象，现实生活本身就是大平台，但至今没有人，也没有机构可以实现"生活—营销"的全面融会贯通，那么'在线生活'靠什么能够做到？"

马化腾对此的解释是："从表面上看，大家可能觉得腾讯什么都想做，但实际上，我们一切都是围绕着以即时通信工具 QQ 为基础形成的社区和平台来做的。"

不过即便如此，在企业战略理论上，这仍然是非常危险的。迈克尔·波特在《竞争优势》一书中曾经对"战略性关联"提出过警告，他认为，某些看上去很美妙的关联并不增强竞争优势，即使关联能创造明显的优势，但是在实践中一系列难以克服的组织障碍也仍然会妨碍关联的获取，这些障碍包括组织结构、文化和管理结构等等。

后来的事实也证明，腾讯将发生一系列的组织及管理变革，其主旨都是为了适应"在线生活"战略。

第二次组织架构调整

在新战略提出之后，首先面临挑战的便是现有的组织结构。

在 2001 年的第一次架构调整中，公司的业务部门被切分为研发线（R 线）和市场线（M 线），但是随着产品类型的增加，这种模式已经变得不适应了，前线的项目越来越多，后方的研发挤成一团。刘炽平回忆说："我那时粗粗算了一下，全公司比较重要的产品线就超过了 60个，每家都对技术有适时性的需求，递交到 R 线之后，几乎无法安排，这已经影响到了正常运转。"在 QQ 秀项目中，R 线与 M 线已被打通，实行了产品经理制，而之后的新闻门户、搜索以及网游，无一不是研发、内容与运营的重新人力组合。

因此，腾讯在 2005 年 10 月 24 日下发"深腾人字 38 号"文件，宣布进行第二次架构调整。公司的组织架构被划分为 8 个序列，分别由 5个业务部门和 3 个服务支持部门组成。

B0：企业发展系统，下属国际业务部、电子商务部、战略发展部、投资并购部，负责战略、投资并购及相关业务，由首席战略投资官刘炽平兼管。

B1：无线业务系统，下属无线产品部、移动通信部、电信事业部和各地办事机构，负责与电信运营商相关的业务，负责人为刘成敏。

B2：互联网业务系统，下属互联网研发部、社区产品部和新成立的数字音乐部，负责 QQ 及相关业务，负责人为吴宵光。

B3：互动娱乐业务系统，下属互娱研发部、互娱运营部、渠道营销部，负责网络游戏业务，负责人为任宇昕。

B4：网络媒体业务系统，下属网站部、广告销售部、搜索产品中心，负责门户网站业务，由首席信息官许晨晔兼管。

O 线：运营支持系统，下属运营支持部、系统架构部、安全中心、管理工程部、研发管理部和客服部，负责服务器、数据库及安全业务，负责人为李海翔。

R 线：平台研发系统，下属即时通信产品部、深圳研发中心、广州研发中心，负责技术研发，由首席技术官张志东兼管。

S 线：职能系统，下属行政、人事、财务、法律、投资者关系、内审、公关及董事会办公室，由首席行政官陈一丹兼管。

刘成敏、吴宵光、任宇昕和李海翔等人被提拔为执行副总裁。

此次调整意味着事业部制度的形成。各事业部以产品为单位，专案开发，分工运营，从此，腾讯"一分为多""兄弟爬山，各自努力"。从业务份额的构成来看，B1 和 B2 为最主要的收入部门，几乎占到全公司总收入的八成以上。B4 的新闻门户业务在此时尚不起眼，但因战略上的意义而受重视。比较特殊的是 B3 系统。在 2005 年 10 月前后，腾讯的棋牌游戏用户已经超过联众，但是并没有找到真正的爆发点。在决策层看来，网游的前景值得期待，因此将之独立成军，原本属于次级单位的互动娱乐事业部被整体提拔，日后证明，这是一个成功的战略安排。

在五大业务系统之外，马化腾认为，电子商务和搜索也是腾讯必须涉足的领域，因此在 2005 年中期便悄悄组建团队，将之分别隶属于 B0 和 B4 系统，期待成熟之后，再行分离。

在这个架构中有一个非常微妙的安排：腾讯所有的业务基础都来自

于流量，然而，在组织架构中并没有一个类似于"总参谋部"这样的机构来进行流量的统筹配置。这一职权其实被掌握在了"总办"手上。也就是说，腾讯的组织架构颇类似于"大权独揽，小权分散"的模式，各事业群的负责人在业务拓展上被授予了最大的权限，但其命脉始终由最高决策层控制。

在一次内部高管会上，马化腾谈及了调整后的管理理念，他说："未来5年，腾讯最大的挑战就是执行力。市场怎么样，大家都看得见，但不一定都拿得住。通过完整的指标体系和组织结构保证压力的传导，通过严格考核和末位淘汰制留住好的人才，而所有这些，能把腾讯打造成一个不依赖个人精英，而是依靠体制化动力的成熟体系。"

在这部不太长的腾讯史上，2005年是一个转折性的年份，在赖以为源的无线增值业务遭遇瓶颈的危急时刻，马化腾团队进行了激进的战略调整，"在线生活"战略的提出以及第二次组织架构调整带有标志性的意义。它意味着这家由即时通信工具起家的企业，在创业7年之后，携带着数亿用户、十几亿元现金以及他们年轻的雄心，踏上了一条充满了不确定性的多元化征途。从此之后，一个陌生的、野心勃勃的腾讯悄然呈现在人们的面前，它几乎涵盖了当时所有的互联网产品形态，在每一个细分领域都蓄势待发。5个业务系统可以被看成5家独立的公司，它们如同5只"章鱼之手"，各凭其力，伸向所有的竞争对手。在此之前，没有一家中国公司或美国公司达到过那个"提供一切在线生活服务"的目的地，它看上去更像是一个不可能的任务。随后腾讯所遭遇到的种种质疑、攻击均与此有关。

为了实施"在线生活"的战略，腾讯自然进入了互联网的各个领域。而腾讯各业务系统强而有效的执行力，对业务产生了积极的推动，其"斐然成绩"不可避免地对同行产生了冲击。此时此刻，腾讯就像一个精力充沛的年轻人，活跃在互联网的各个领域。

蚂蚁搬家：　与淘宝的一场遭遇战

"马化腾到底想要干什么？"这是很多人在问的问题。

2005 年 9 月 10 日，马化腾前往杭州参加第五届"西湖论剑"，马云、丁磊、马化腾、汪延和张朝阳出现在同一场论坛上，主持人、经济学家张维迎用他的陕北普通话问台上列位："除了自己的企业之外，你最看好谁的企业？"这是一个很微妙的问题，沉吟片刻之后，马云选了丁磊，丁磊选了马化腾，马化腾选了汪延，汪延选了马化腾，张朝阳选了丁磊。这样的答案当然有游戏和情面的成分在内，不过，被选中两次的马化腾似乎已成了目标和"假想敌"之一。

在当时同场的 5 人中，马化腾与丁磊、汪延、张朝阳均有竞争关系，看上去唯一与腾讯没有业务交集的是马云的阿里巴巴。然而，仅仅两天后，情势就发生了变化。

9 月 12 日，腾讯发布独立域名的电子商务交易平台拍拍网（www.paipai.com），一个月后，与之配套的在线支付工具财付通上线运营，这被媒体看成是马化腾对马云的宣战。从拍拍上线开始，QQ 流量的导入效应就非常明显，有超过六成的拍拍用户是从 QQ 的各个界面被吸引过去的。2006 年 3 月 13 日，腾讯宣布拍拍网已拥有 700 万注册用户，并在这一天正式进入商业运营。同时，腾讯发布了搜索网站搜搜网（www.soso.com），这意味着腾讯在电子商务和搜索两大领域内均将推行封闭战略。

两个月之后，拍拍与淘宝之间的一场遭遇战突然爆发。

2006 年 5 月 10 日，在与 eBay 的市场争夺中胜出的淘宝网急于变现，马云提出了一项名为"招财进宝"的收费服务，宣布将为那些愿意通过付费推广获得更多订单的淘宝卖家提供竞价排名服务，这一决定违背了马云在前一年做出的"淘宝三年免费"的承诺，引发淘宝卖家激烈反对，卖家自发组织了一个"反淘宝联盟"，鼓动在六一节举行万人集体罢市。

5月15日，拍拍网推出了"蚂蚁搬家，搬出美好前程"的促销活动，卖家只要在拍拍网成功导入自己在第三方交易网站的参考信用度，铺货20款以上，就很有机会获得黄金推荐位。同时，买家在拍拍网购买任何商品并通过财付通完成付款，则可获得最高达600元的购物券奖励。针对淘宝的"招财进宝"计划，拍拍网宣布"未来三年完全免费"。

拍拍的斜刺杀出，在焦头烂额的马云看来无异于"趁火打劫"。他表现得非常愤怒，在杭州的一次记者见面会上，他认定腾讯和eBay是这次罢市风波的幕后推手，他直接点出了马化腾的名字，说："马化腾这招用得很好，这就是竞争的味道。"此外，他还披露"腾讯拍拍网成立之初大量向淘宝挖人"，当记者问及他对拍拍网的看法时，马云认为这是淘宝网的模仿品："在C2C市场，腾讯拍拍网不过是业余选手，拍拍网走上了永远回不来的路（一味模仿），几年以后它会吞下这个苦果，马化腾也会有这样的后果。"

对马云的指控，马化腾在接受记者电话采访时表示无辜："我们私下是很好的朋友，不可能搞这种背后的恶性竞争。"对于腾讯挖淘宝网墙脚的事情，马化腾反驳说："一来，这种人才流动很正常；二来，从淘宝网过来的人一共也才两三个，谈不上挖墙脚。"就在双方隔空交火的同时，网上开始大量流传《原来骂淘宝的声音是这么出来的！》等帖子，直接点名"腾讯公司雇公关公司攻击淘宝网"。腾讯以"名誉侵权"为由，将登载这一系列匿名文章的千橡公司告上法庭，要求赔礼道歉、消除影响，并索赔500万元。

在淘宝卖家和拍拍网的双重打压之下，马云选择了妥协，在"'六一'大罢市"的前夕，5 月 31 日，淘宝网宣布通过全民公投决定"招财进宝"服务的去留，结果投反对票的比例高达 63％，导致这一收费服务夭折。

经此一役，拍拍网声名鹊起，到 2007 年 3 月，其交易额超过 eBay成为第二大 C2C 网站。在后来的几年里，淘宝调整收费策略，再没有给拍拍以太多的进击机会，不过，阿里巴巴上下均视腾讯为自己最危险的敌人，马云曾对媒体说：　"QQ 的确有点可怕，它的攻击总是悄悄的。"

"全民公敌"　马化腾

2006 年 5 月 24 日，腾讯发布第一季度财报，显示调整中的公司正在走出"梦网困境"。在这一季度，其总收入为 6.453 亿元人民币，比上一季度增长 50.3％，比去年同期增长 114.8％；毛利为人民币 4.696亿元，比上一季度增长 62.4％，比去年同期增长 136.5％；其即时通信注册账户总数达到 5.315 亿，比上一季度增长 7.9％。

漂亮的业绩令股价当日涨幅达到 26％，一扫一年前的颓势。

然而，就在业绩冲高的同时，质疑与指责也随之而至。

5 月 25 日，就在季报公布的第二天，《21 世纪商业评论》主笔吴伯凡对马化腾进行了采访，写成《企鹅帝国的半径》一文。这是主流财经媒体较早以"帝国"一词来形容扩张中的腾讯，吴伯凡因而提出了一个"管理半径"的问题。

他写道，腾讯的"事业"被界定为"在线生活"，这显然是一个无远弗届的事业，也意味着腾讯将会"全线开战"。一个僻居深圳、以单一的 IM 业务起家的小公司正在开疆辟土，建立虚拟世界里的中央帝国。最善意的评论者也会为它担心。正如我们从历史上一个个帝国的兴衰中看到的，开辟疆土是相对容易的，但如果统治能力的半径达不到疆域的半径的话，这样的帝国难以持久。腾讯有没有核心能力？如果有的话，它的核心能力的"发射功率"能够覆盖到它所有"从核心出发"的业务吗？从业务的"空间结构"而言，所有这些业务能相互关联且形成"众星参北斗"之势吗？从业务组合的"时间结构"而言，由"种子产业、苗圃产业、果木产业、枯木产业"形成的业务组合能相互接替、左右逢源吗？果木产业在成为枯木产业之前，能承受如此多的种子和苗圃产业之重吗？

很显然，这都是一些没有标准答案的问题。彼得·德鲁克将企业管理视为"艺术"而非"科学"，其潜台词便是对不确定性的警告与尊重。在《企鹅帝国的半径》中，吴伯凡从经营战略、核心能力和管理能力三个方面对腾讯提出了疑问，他的结论是，"腾讯现在看上去没有劲敌，但其实有一个劲敌与它形影相随。这个劲敌就是腾讯自己，如果它把握不好它的业务半径和管理半径的话"。

如果说吴伯凡是站在腾讯的立场上对其"全线开战"的战略提出了警示，那么，另一位财经记者则从行业的角度给予了一个新的、更具耸动性的定义。2006年6月，程苓峰在他供职的《中国企业家》杂志上把腾讯视为"全行业敌人"，他的文章标题是"'全民公敌'马化腾"，这期杂志很快在互联网业界被广为传阅。

程苓峰是一位年轻的互联网观察者，他后来入职腾讯，担任腾讯网科技频道的主编，接着又离职成为一个独立的自媒体人。他在6月发表的这篇报道"定义"了腾讯日后的舆论形象。

程苓峰写道："在中国互联网，有一个人跟陈天桥、马云、丁磊、张朝阳、李彦宏5个人同时过招。他长相斯文行止儒雅，却被叫作'全民公敌'，他掌管着中国市值最高的互联网公司。"程苓峰在文章的"导读"部分就进行了这样的描述，进而他一一列举了腾讯所涉足的、几乎无所不包的领域，感叹道："其实中国互联网横跨多个业务线的企业不在少数，但几乎没有一家互联网公司能在两条以上的业务线中同时做到领先，除了腾讯。"甚至如果把腾讯放置于全球互联网的范围内来观察，它的野心也是令人吃惊的。"互联网'四大天王'谷歌、雅虎、eBay、MSN 干的所有业务，腾讯都干了。"报道称。

在这篇报道中，程苓峰敏锐地窥视出了腾讯多元化战略中的一个特征：紧盯市场动态，以最快的方式复制成功者模式，利用 QQ 用户优势进行后发超越。他引述马化腾的话说："因为互联网市场太新太快，往哪里走都有很多可能。如果由自己来主导可能没有办法证明所选择的就是对的，几个月内都有很多新东西冒出来，凭什么判断哪个是热点？有竞争对手了，人就开始有了斗志；看看别人哪些做得好，哪些做得不好，如果别人杀过来，应该怎么办？是硬顶，还是去别的地方迂回作战？"

马化腾后来将上述这段话概括为一个策略——"后发是最稳妥的方式"。

这种后发策略，势必造成两种情形的出现。

第一，腾讯会被认定为一个"模仿者"而非"创新者"。程苓峰写道："马化腾不以为然。他说，我不盲目创新，微软、谷歌做的都是别人做过的东西。最聪明的方法肯定是学习最佳案例，然后再超越。我不争第一，没意义。新产品一出来就要保证稳定，不能想怎么改就怎么改，要慎重。"

第二，腾讯以天下为敌，同时，天下以腾讯为敌。"无论马化腾愿不愿意，几乎所有互联网公司都在立稳脚跟、完成原始用户积累之后自动向腾讯宣战。IM 对用户有着邮箱、游戏等其他任何服务都无法比拟的巨大黏性，谁不眼馋？"

这两种情形在 2006 年初露端倪，不过日后的演进态势比程文所描述的还要激烈很多倍。程苓峰没有来得及揭示的另外一个事实是，腾讯为了保持后发进攻的优势，必然会在用户资源的垄断上不遗余力。"模仿而不创新""以天下为敌"和"拒绝开放"便成为腾讯的"三宗罪"。

曾李青的离开

任何一家企业在其成长历程中，都会出现若干个"关键时刻"。它们出乎之前的规划，然而又是主动确定的结果，它们被呈现出来的时候往往是陌生的和不可靠的，因而充满了戏剧性。在这一"时刻"的选择，展现了企业家的个人魅力及特质，并决定了这家企业在未来一段时期的命运走向。

在我看来，在这部腾讯史上，第一个"腾讯时刻"是 1999 年 2 月 10 日，OICQ 的发布标志着企业找到了专注的方向，在厮杀激烈的互联网世界里觅到了一寸生存之地。第二个"腾讯时刻"应该是 2005 年 8 月，"在线生活"战略的提出意味着腾讯向全能性、生态型企业的重大转型，它日后的所有成就及争议均奠定于此。如果说，在第一个"腾讯时刻"中，马化腾展现了专业和敏锐的一面，那么，在第二个"腾讯时刻"则展现了他的大胆与谋略。

在每一个"关键时刻"，企业组织内部的业务模块将发生权重变化，组织失衡和权力调整便必然随之出现。2005 年秋季之后，随着新的公司战略的制定和第二次组织架构的调整，一场人事上的地震不可避免地发生了。2006 年 2 月，腾讯发布公告，任命刘炽平接替马化腾担任公司总裁，马化腾仍保留董事会主席兼首席执行官职务。刘炽平的工作分工为日常管理和运营。

这一任命出乎很多观察者的意外，这意味着之前长期负责市场和销售事务的曾李青被边缘化。到 2006 年的 11 月，曾李青向董事会提出退休，腾讯在 2007 年的 6 月对外宣布聘任他为终身顾问。在离开之前，曾李青请广东的一位知名画家画了一幅《五马图》送给他的伙伴们。五匹神态各异的骏马，绝尘于天地之间，寓意腾讯的五位创始人。马化腾将它挂在飞亚达大厦的三楼会议室里，腾讯内部很少有人知道它的来历。

在过去的 8 个年头里，曾李青与马化腾、张志东一起构成腾讯的"铁三角"。他们个性迥异，特长鲜明，马化腾擅长产品，张志东擅长技术，曾李青擅长市场，而这三者几乎是一家创业企业必须拥有的核心能力。而陈一丹总掌公司后方，许晨晔则稳定门户网站，在中国的其他互联网企业中，如此互补的创业组合几乎没有出现过。

尽管是电信专业的出身背景，不过曾李青在行事风格上，却更接近于传统的制造业或服务业人士，在与外界接触时，相比文静腼腆的马化腾，他更像是一个"做决定的人"。早年追随他开拓 Q 币业务的丁珂记得第一次见到曾李青时的景象：从大楼的另一头，一个硕大的身躯摇摇晃晃地逛了过来，他嗓门很大，套着一件西装，打着领带，可是下面却穿着一条齐膝蓝色短裤。在工程师文化浓烈的互联网公司，风格粗犷的曾李青是一个另类。

曾李青一手打造了腾讯的市场和营销体系，其角色很像列宁时期的红军创建人托洛茨基，他所领导的无线增值业务团队一度贡献了超过六成的收入。当他离开的时候，腾讯与电信运营商的关系正降到冰点，无线增值业务收入在总收入中的比例已下滑到 1/4。很显然，处在转型时期的马化腾更需要一位懂得战略、资本运营以及有国际化视野的助手。

曾李青在腾讯的最后一项工作，是推荐了网域公司。网域的创始人张岩是他的大学同学："他在大学时候就知道玩，没想到还玩出了名堂来。有一次我去湖南的网吧做调研，发现很多人在玩网域《华夏》，回来后就建议公司把它买下来。"腾讯以 2990 万元收购深圳网域 19.9％的股权，将《华夏》改造成《QQ 华夏》，这一团队后来又开发出《英雄岛》等网游产品。到 2010 年，腾讯收购网域的全部股份。

离职后的曾李青在休息半年后复出，创办德迅投资，其英文名为 Decent，留有很明显的 Tencent 痕迹。据说凡是从腾讯出来的人创办新公司，曾李青都愿意听一下他们的计划，有机会就投资一点。2013 年 5 月，他在位于深圳 CBD 区的卓越中心德迅投资的办公室接待我，谈及马化腾时仍习惯用"大老板"来称呼，在我们交谈的身后书架上，站着一只硕大的布绒 QQ 企鹅。

第 8 章

战 MSN：荣誉与命运

出于战略上考虑，我选择的第一个征服目标往往不是不堪一击的小公司，
而是最强劲的对手。

——约翰·戴维森·洛克菲勒（美孚石油公司创始人），《写给儿子的信》

创新永远是遭遇的结果。

——郭士纳（前 IBM 董事长）

MSN 来了

2004 年 8 月，在微软公司总部已经工作了 9 年的熊明华受命回到中国，组建 MSN 中国研发中心，他决定把基地建在上海。几乎同时，微软在北京组建 MSN 中国市场中心，负责人为中国区员工、已有 10 年服务经历的罗川。这意味着腾讯历史上最重量级的敌人出现了。

在过去的两年多里，有关 MSN 即将进入中国的消息甚嚣尘上。与大张旗鼓的网易、新浪等不同，微软一直没有专门的 MSN 中国运营团队，可是它的用户数却是网易的 3 倍。来自调查机构易观国际的数据表明，2005 年，在没有任何宣传和本地化支持的情况下，MSN 在中国即时通信的市场份额为10.58％，虽然离 QQ 77.8％的份额相距甚远，但已是当时中国第二大即时通信软件。

更重要的是，在约 2000 万商务人士用户中，腾讯用户约 950 万人，占 47％，MSN 用户约 1075 万人，占 53％，其中在过去的两年里，MSN 新增的用户有 95％来自腾讯 QQ 流失的用户。当这些数据被报告到微软总部时，美国人大吃一惊，在罗川等中国区员工的一力主导下，微软做出了将 MSN 业务独立出来、实施本土化运营的决策。

1965 年出生的熊明华是微软 MSN 业务部门最资深的华人产品经理。

他早年在一家台湾人创办的软件公司工作，从事 Windows 汉化技术的开发，是一位拥有实战经验的设备驱动程序专家，用民间的话说，是开发病毒软件的专家。去美国后，他先在 IBM 工作，1996 年加入微软，彼时，比尔·盖茨正发动对网景的攻击，熊明华在 IE 浏览器部门担任产品经理，参与了 IE 3.5 到 IE 5.0 的版本开发，"目睹了微软如何'绞杀'网景的全过程"。1999 年，熊明华又进入视窗部门，参与了 Windows 2000 和 MSN 的开发。"2001 年以后，我的期权到期了，便想退休或者回到中国创业。"此后，他经常回国，到联想、方正等公司交流访谈，担任浙江大学客座教授，并出版了《软件开发的科学与艺术》和《软件开发过程与案例》两本专业书籍。在一次授课时，台下的学员中便有任宇昕和吴宵光。

熊明华回到上海的两周后，张志东便通过朋友找到了他。

黄昏时，他们在东平路、衡山路交界的藏陇坊餐厅见面，张志东随身带来了两瓶红酒。他们聊了四五个小时，张志东对技术的娴熟给熊明华留下了很深的印象，临告别时，张志东直接问熊明华："你愿意加入腾讯吗？"

这只是两军开战前的一个小细节。对张志东的邀请，熊明华一笑置之。"在当时，MSN 的眼中并没有假想敌。我们没有把 QQ 当回事，它的 UI（界面设计）做得太烂了，软件开发水平也不高。"熊明华很快组建起一支 30 多人的研发团队。

随同熊明华从西雅图回国、后来转投腾讯的郑志昊回忆过一个细节："我们去大学招聘大学生，在每一个招聘现场都被围死，乌压压的都是人，简历堆成了山，他们看见微软的人就好像看见了神一样，把我们彻底吓坏了。"一年多后，跳槽到腾讯的郑志昊再去校园招聘学生，"几乎没有一个 TOP10 的学生愿意来腾讯。我们根本招不到最优秀的人才。这时我突然意识到，腾讯是用'二流'乃至'三流'的人才，在与微软打仗"。

"收购" 张小龙

在 21 世纪开始的那些年，对微软的畏惧几乎是 IT 业界公司的本能。1984 年，全美十大个人计算机软件公司中，微软排名第二，到 2001 年微软排名第一，而当年的其他 9 家公司都已在排名中消失了。微软统治了全球 90％的电脑界面，Windows 操作系统、Offices 办公软件、IE 浏览器以及收购过来的 Hotmail 邮箱、Skype 网络电话，构成了一个令人生畏的巨型平台，比尔·盖茨通过捆绑战略击溃网景的故事更是殷鉴不远。

在中国市场上，盖茨采取了放任盗版的战略。1998 年，他对《财富》杂志说："只要中国人做盗版，我们希望他们可以盗版微软的。他们将会盗版上瘾，在接下来的 10 年，我们会想方法把盗版收回来。"事实正是如此，微软一直到 2008 年才开始着手打击中国市场上的盗版行为。

在微软宣布了 MSN 本土化战略之后，从资本市场到互联网业界，很多人认为腾讯的末日可能要到来了。负责公共事务的许晨晔回忆，有一次他去参加一个互联网论坛，至少有两个人走过来，小声向他求证："听说你们腾讯打算让 MSN 收购？"当时网上还流传一封以比尔·盖茨的口吻写给马化腾的信，其中写道："QQ 群不是社会网络，感谢 QQ 给中国小朋友普及了即时通信的概念，等他们长大了，工作了，有钱了，就慢慢转移到了 MSN，无缝切换。"在腾讯内部，尽管紧张的气氛越来越重，不过，在马化腾和张志东看来，MSN 要动摇 QQ 的基本盘并不是一件容易的事。正如汤因比所揭示的，"高级别的文明体从来都是在异常困难而非异常优越的环境中降生的。挑战越大，刺激越强"。

就在 2004 年 9 月 9 日，腾讯推出 2004 年 QQ 正式版，这是腾讯上市之后 QQ 的第一次大型改版。该版本也是继 2002 年 8 月版之后的又一经典版本，它在技术上有三大特色：第一，强化了网络传输功能，大力提升了传输文件的速度，并支持断点续传；第二，推出 QQ 网络硬盘和互动空间；第三，改进了 QQ 群的组织结构，在群聊的基础上设计了"群中群"。这些改进，对于即时通信的使用者而言都可谓"刚性需求"，因此受到热烈的追捧。尤其让马化腾高兴的是，网盘和传输速度的加快都是工具性的提升，对于商务人士的吸引力非常之大。

在一次高管会上，吴宵光讲了一个听来的真实故事：微软派市场调研员在北京的写字楼里做用户调查，一位用户在问卷的"月收入"一项上填写了 5000 元，调研员一把将问卷抽了回去："对不起，您不是我们的目标用户。"腾讯的所有高管笑得前俯后仰。

最让马化腾担心的是，QQ 在商务市场上的口碑一直不佳——尽管新版本做了不少的改进。在当时的中心城市写字楼里，一个挂着 QQ 的电脑会成为被嘲笑的对象。很多公司明文规定上班时间不得使用 QQ，在他们看来，QQ 仅仅是个聊天和搭讪的工具，MSN 才是办公信息化的必需品。

"我们没有能力短时间解决这个尴尬的问题，不过，如果能够找到一款阻击性的产品，也许情况会好一些。"沿着这条思路往前走，大家讨论到了一个平台级的产品——电子邮箱。"对于商务人士来说，即时通信工具与邮箱有最密切的关联性，腾讯的 QQ 邮箱不够好，1 亿多 QQ 用户中，使用 QQ 邮箱的不到 1%。而微软的 Hotmail 太强了，我们必须要补上这块板。"

补板的最佳办法，就是收购 Hotmail 在中国的最强竞争对手，于是 Foxmail 进入了腾讯的视野中。

Foxmail 的开发人是华南地区一位传奇的软件工程师张小龙。张小龙就读于华中科技大学电信系,1994 年研究生毕业后到京粤电脑工作。在 1996 年前后,他独立写出了 Foxmail。"Foxmail 没有模拟谁,是比 Outlook 更早的一款邮件客户端。我记得我写 Foxmail 的时候,丁磊正在写 Webmail。所不同的是,丁磊的邮箱是基于网页开发的,而我的是基于客户端。当时中国的联网速度很慢,反而客户端比较快。"Foxmail 出来后,中文版使用人数在一年内就超过 400 万,英文版的用户遍布 20 多个国家,名列"十大国产软件"。

张小龙因此被业界视为继求伯君之后的第二代软件工程师的代表人物。张小龙个性内向,不喜欢混圈子,是一位业余网球高手。他对商业的兴趣不大,在 Foxmail 如日中天的时候,他都没有想到要组建一家公司来进行商业化运营。此后,他进入广东科学院下属的灵通公司。1998 年,张小龙以 1200 万元的价格将 Foxmail 卖给了深圳博大。接下来便是互联网泡沫的破灭,博大一直没有找到让 Foxmail 实现盈利的办法,张小龙只好带着 10 多位工程师转而去做企业邮箱服务器,这是一个很小的市场,可谓苟延残喘。

2005 年 2 月,刘炽平代表腾讯前往收购 Foxmail,曾李青与他一起执行。腾讯与张小龙的谈判,因双方的气质接近,对互联网的理解相同,一开始就顺利契合。谈判进展得很快,到 3 月 16 日,腾讯对外公布,已正式签署了收购 Foxmail 软件及有关知识产权的协议,这是腾讯历史上的第一例收购案,准确的收购价格迄今未对外宣布。张小龙不愿意到深圳工作,马化腾做出让步,成立了广州研发中心,由张小龙出任总经理。

也是在 2005 年的 2 月,在主管国际事务的网大为的努力下,腾讯与美国谷歌宣布业务合作。腾讯已经开始为其国内用户提供谷歌的网页搜索服务。同时,腾讯还将提供谷歌在网上针对搜索结果的广告服务

AdSense。谷歌的网页搜索框嵌入腾讯的各主要互联网服务，包括 QQ 即时通信的客户端、网站、TT 浏览器、腾讯 TM 和腾讯通 RTX。

对 Foxmail 的收购和与谷歌的合作，被看成是腾讯应对 MSN 本土化的两个外部性防御。

罗川的三重攻击

尽管做了不少的准备，微软中国在 MSN 上的种种大胆行动还是让腾讯招架得非常吃力。

就在腾讯收购 Foxmail 的 20 多天后，4 月 11 日，微软与联和投资有限公司在上海宣布成立合资企业——上海微创软件有限公司，刚刚履新的微软（中国）有限公司总裁唐骏出任 CEO，上海市市长和微软首席技术官麦格瑞·蒙迪出席了签字仪式。一个月后，在微创的基础上成立了上海美斯恩网络通讯技术有限公司，微软与联和分别注资 500 万美元和 300 万美元，罗川出任总裁。联和投资是一家隶属于上海国资委的投资型企业，这种合资背景引人无数的联想。

从组建的第一天起，罗川的想法就是尽快地实现盈利，因此，在业务拓展上，MSN 采取了最开放的分包合作模式。

美国互联网企业进入区域市场通常会采取两种模式：一种是雅虎模式，即完全交给当地的合作方经营，总部提供品牌和技术支持，最后只是分享利润。另一种模式则是谷歌模式，建立庞大的工程师、营销队伍，采用完全本地化的操作形态。微软不愿意丧失对 MSN 的主导权——在与联和投资的合作中，微软尽管股份比例小于对方，却在协议中强势规定，由微软方控制公司的全部经营权。然而同时，微软没有足够的决心打一场战略性的战役，上海美斯恩的注册资本金仅为 800 万美元，即微软只投入了不到 500 万美元。因此，罗川决定采取一种新的办法，他将之称为频道内容合作的商业模式。

MSN 中国推出了 MSN 中文网网站，由此形成一个门户型的平台，罗川将各个频道以承包经营的方式向社会招标。因 MSN 名声很大，迅速引来了众多专业型的合作伙伴，在第一批的名单中就有淘宝网、上海文广、赛迪网、人来车网、英语村、猫扑网、联众世界、指云时代、北青网 9 家大型网站，罗川以合纵连横的方式，在一夜之间组建起一支"联合纵队"，有人称之为"抗 QQ 联盟"。媒体评论说："MSN 中国的这种合作模式，一方面规避了外资合资公司在内容、政策上的风险，同时又能够迅速将 MSN Messenger 流量导入到网站，转化为收入。"

罗川使出的第二个盈利办法是，快速切入电信增值业务。已在中国市场浸淫 10 年的他，对手机短信的暴利心知肚明。MSN 中国出资收购了深圳的一家从事电信增值服务企业的清华深迅，向 MSN 用户提供 10 元包月的短信服务。在此之前，没有一家国际互联网公司敢于进入这个充满了争议和道德风险的灰色领域。

2005 年 10 月 13 日，罗川拿到了第三张攻击性的好牌：在这一天，雅虎和微软宣布达成了一项"里程碑式协议"，使其全球的即时通信用户之间都能实现互联互通。全球这两大即时通信服务供应商之间达成的业界第一个互通协议使 MSN Messenger 和雅虎通用户能实现互动，从而有望形成全球最大的即时通信社区，共同占领超过 44% 的全球市场份额，因此全球将近一半的 IM 用户第一次实现互通，人数将超过 2.75 亿。

罗川在第一时间做出了反应，他向媒体表态，只要安全性得到保证，MSN 愿意和包括腾讯 QQ 在内的更多 IM 互通。

雅虎与微软的这份互通协议，让腾讯在这个秋天陷入一场非常被动的舆论漩涡之中。几乎所有的媒体及专家都为互通而欢呼，很多人认为："随着 MSN 和雅虎通在中国市场的迅速发展，尤其在商务阶层，两者的实力已毫不亚于腾讯。双方互联互通之后，将进一步加大实力，甚至有可能令 QQ 迅速在商务阶层中沦落为弱小 IM。" MSN 中国的公关部对记者说，请你们转告马化腾先生，罗川总裁愿意在任何时间、任何地点与他洽谈互联互通的事宜。

重新定义即时通信

对于罗川发出的"互通邀约"，马化腾予以了坚决的回绝。他总是能在关键的时刻，表现出潮汕弄潮人血脉中固有的那股不妥协的强势劲儿，尽管这一点也不像他的外表，或者不那么讨人喜欢。

他的理由是：我们不能拿用户价值冒险，这样不负责任。在他看来，用户需求、安全、费用三个因素是联通与否的关键，事实上，安全问题迟早会解决，但还有"成本和利益要谈清楚，如果没有有形价值的互换，那应该有无形价值的互补，这样才有可能双赢，双赢了才会互联互通"。他拒绝与 MSN 谈判，也不打算让 QQ 与网易泡泡等国内即时通信工具互联互通。在他看来，仍没有见到有效"互联互通"的可操作模式。

马化腾的这种以用户价值为理由、以利益为最终考量的态度，在很多坚信"世界是平的"的原教旨主义自由派听来非常不爽，也第一次给人留下"拒绝开放"的印象。然而，这却可能是商业竞争的本质。两年后发生在美国的一个类似的案例可以佐证：2007 年 10 月，为了阻击正在快速崛起中的 Facebook，微软的 Hotmail 将许多来自 Facebook 的邀请信归类为垃圾邮件，导致 Facebook 用户增长下跌了几乎 70%，最终，两家坐下来谈判，扎克伯格答应了微软的投资要求，后者以 2.4 亿美元获得 1.6％的股权。

MSN 利用"互联互通"大造舆论攻势，咄咄逼人，让马化腾有点心烦。2005 年 10 月 27 日，腾讯在北京举办 QQ 2005 版本的新品发布会，腾讯从来没有为一个版本召开发布会的传统，此后也再没有举办过。临时的动议是马化腾提出来的，他决定利用这样的场合"把话一次讲清楚"。

发布会上，马化腾公布了最新的数据：截至 2005 年 6 月 30 日，腾讯QQ 的注册账户数已经达到 4.4 亿，这个数字相当于美国和日本人口的总和，月活跃账户突破 1.7 亿，而最高同时在线用户数量也已经突破了1600 万。接着，马化腾宣布："中国的即时通信应用目前已经领先世界，即时通信的下一个发展阶段也将进入由中国领导的即时通信全面社会化的阶段。"

这是马化腾第一次面对媒体，系统性地阐述他对即时通信产业的观点。"他其实挺紧张的，稿子是事先拟好的，在飞机上，他一直在练习朗诵。"许晨晔说。

马化腾在这个演讲中提出重新定义即时通信。

他认为："以腾讯 QQ 为代表的很多即时通信产品已不再是一个简单的沟通工具，而是一个信息资讯、交流互动、休闲娱乐的平台，语音、视频、音乐点播、网络游戏、在线交易、BBS、Blog（博客）、信息共享等新的应用都可以基于这个平台开展，并正以前所未有的速度改变着人们的生活方式。中国网民已走在即时通信应用的时代尖端，一个新的即时通信时代会由中国带动，而中国的即时通信社区将会在短时间内发展成全世界最大的单一文化社区。"

进而，他提出了即时通信的三个发展阶段：由"技术驱动"模式向"应用驱动"再向"服务和用户驱动"模式的目标转变。在这一转变中，即时通信产业发展将呈现应用娱乐化、社区化和互动化、个人信息处理、无线互联网资源整合、安全性、本地化应用六大趋势。

应用娱乐化——用户对即时通信聊天之外的娱乐需求正在不断增长，更加丰富化的娱乐应用已经成为即时通信未来重点的发展方向。为了满足用户日益旺盛的娱乐应用需求，许多即时通信服务提供商都在不断地开发基于即时通信平台的丰富化应用，虚拟形象、魔法表情以及虚拟宠物等新的应用层出不穷。

社区化和互动性——即时通信服务正和电子邮件、搜索引擎、上网浏览资讯等网络应用一样最大化地融入了网民的日常生活中，在线生活在未来两三年内将成为互联网应用的热点。同时，一个纯粹的通信工具，正在被赋予新的内涵，成为一个丰富的个人空间。

个人信息处理——作为信息传输的终端，即时通信的个人信息处理功能将根本上决定即时通信产品本身的生命力，这其中不仅包括了文字对话、语音通话、视频交流在内的信息交互功能，还包括了文件传输、发送图片的信息共享功能，同时还包括了聊天记录的有效保存、上传下载的信息管理功能。人性化的设计模式将成为即时通信的决胜因素。

无线互联网资源的整合——随着手机的应用在不断地被研究开发，无线上网成为网络用户宠儿，用手机登录或接受来自 Internet 的信息也受到用户的青睐，尤其是即时信息或消息。未来互联网与无线网的融合是必然归宿，即时通信与无线网的互联互通也是必由之路。随着 3G 的开通，即时通信用户的移动需求更高，即时通信的移动增值服务将大有作为。

安全性——安全已经成为未来即时通信保障基础应用的根本之道。由于整个行业尚未制定即时通信安全标准，目前很多流行的即时通信软件都是明文存储、明文传输，密码输入加密简单。对此，腾讯非常愿意与广大同业合作，共同携手制定即时通信安全标准，提高即时通信的抗风险和防病毒能力。

本地化应用——随着即时通信产品个人属性的加强和应用范围延伸，与本地化应用的融合将成为即时通信产品的主要发展趋势。这种融合的趋势将首先体现在即时通信服务商对本地用户资源的管理、分析，对本地文化的理解，以及基于本地用户需求的基础上，对产品应用的不断优化。

日后来看，这是一篇"看见了未来"的演讲，马化腾看见了娱乐对中国互联网经济的巨大财富价值，看见了后来风靡一时的社区化、本地化概念，看见了"互联网手机"的前景，他也看见了安全的重要性——5 年后，正是在这一领域他将遭遇最严峻的挑衅。马化腾唯一没有看见的是开放，这是戏剧性所在，他的此次演讲正是对微软与雅虎互联互通的一次强硬回应。

有超过 50 家媒体的记者受邀参加了腾讯的发布会。没有人关心 QQ 2005 版在功能上有多大改进。马化腾的朗诵字正腔圆，但缺乏技巧，他的演讲内容被刊发在各大新闻门户的科技频道里，却几乎没有引起任何的讨论。记者们唯一关心的是："腾讯为什么不愿意与 MSN 互通？"他对即时通信的重新定义，被解读为"策略性的防御"。《北京现代商报》记者写道："最近传出许多中小即时通信厂商也在寻求和雅虎及 MSN 的互通，打造'抗 QQ 联盟'，这无疑加剧了对腾讯的压力。在不愿违背自己互联互通意愿的前提下，也只有挑起行业标准之争，才是其唯一的选择。"

MSN 做错了什么

腾讯的"避战"策略，没有给微软"借梯上楼"的机会。接下来，就看 MSN 中国的团队能走多远。

自 2005 年 5 月 MSN 中文网上线之后，9 家合作伙伴带来了一定的收入，按照广告收入的分成原则推算，到年底 MSN 平台的广告营收大致在 7000 万元左右，这几乎相当于当时腾讯的网络广告收入，合作伙伴的数量也逐渐增加至 20 多家。然而，跨国企业的"大公司病"很快就让罗川和熊明华举步维艰，越来越难以支撑。作为一种市场竞争的策略，处在品牌高位的 MSN 只需将腾讯做过的事情重新做上一遍，就可以夺走大半的市场份额——这正是腾讯后来屡试不爽的战法，可惜，罗川和熊明华连这样的机会都没有。

首要的问题是，指挥体系的紊乱。

一个令人难以置信的事实是：在微软管理体系内部，罗川的市场部门与熊明华的研发中心分别向两个大区上司汇报，两人之间毫无隶属关系，也就是说，在中国市场上，MSN 没有一个统筹全局的负责人。熊明华团队承担了很多的研发任务，为中国版 MSN 的技术开发只占了其 1/5 的工作。尽管北京的微软中国高调推出 MSN，可是西雅图的想法却未必如此，此时的比尔·盖茨与鲍尔默正全力以赴应对与谷歌和美国在线的战争。由于中国区的业务只占到微软全球业务的 2%，而 MSN 又是一个子工程，西雅图几乎没有任何精力看上海美斯恩一眼。作为区域市场的一个部门总经理，罗川的权力十分有限，根据上海美斯恩的内部报告，即使是总经理，其大多数职能都必须在微软的全球体系里层层上报审批，可自行批准的项目仅限于"总付款金额等于或少于 50 万美元"的合同。

如果说腾讯将它与 MSN 的竞争视为一场战争的话，那么，在微软看来，这连战役都算不上，顶多是一场无关痛痒的局部战斗而已。

其次，微软的全球开发模式很难适应区域性的市场竞争。

MSN 的技术研发方向被微软总部控制，是全球一盘棋，针对中国市场的本地化考虑并不多。对于 MSN 每一项功能的开发，都需要提交到美国总部论证，而各国环境差别极大，作为一个亚洲的区域市场，中国区提出的需求总是无法排上队。这无疑是跨国公司在一个区域性市场里的经典型困境。

譬如，离线消息的功能。中国研发中心的工程师们早在 2005 年年初就提出了这一需求，可是连递交到决策会上讨论的资格都没有。经无数次的争取，一直到 2008 年，微软总部才批准开发，而此时战斗早已落幕。

再譬如，类似于 QQ 秀的虚拟道具功能。MSN 在韩国的版本已有了完全相同的功能，可是，MSN 在韩国是与当地一家公司合资运营的，因版权的谈判旷日长久，导致迟迟无法引入中国区。这种开发机制上的迟滞和羁绊，让 MSN 在用户体验和增值服务的创收上始终棋落一着。

与 QQ 相比，MSN 受到的最严重的诟病是，大文件传输功能的落后。在几乎所有的 BBS 讨论区里，年轻的软件工程师们都在讥笑MSN，而很多商务人士弃用 MSN 也大多是因为这一刚性需求无法满足。对此，熊明华显得无可奈何。

"微软的工程师完全有能力做好这个功能。问题出在 MSN 将所有的用户数据都放在美国的服务器里，而中国政府则对此非常不满，这直接导致我们在与各地的数据中心谈判时，很不顺利。一些城市，特别是上海、北京等中心城市的电信部门不愿意与我们合作或提出很多限制条件，而外资公司则不被允许在中国独立建设自己的数据中心。其后果就是，MSN 的数据通过各地电信的服务器中转时，效率非常的低下。"

MSN 的两款功能曾得到用户的欢迎。一个美国孵化的 MSN Spaces，引入中国之后很受欢迎，它带有社交的成分和最时髦的博客形态。熊明华指定郑志昊为这一产品的负责人。另一个是"MSN 机器人"，可以实现人机对话。然而，在离线消息、文件传输等基础性通信功能上的落于下风，以及统筹战略上的无度，使得 MSN 从来没有真正威胁到 QQ 的基本盘。

其三，罗川独创的分包合作模式在运营中出现了混乱。

被引进到 MSN 平台上的合作伙伴行业不一、诉求各异，且都急于获利，从而造成中文网的频道风格千差万别，价格落差很大，甚至出现互相拆台、压价的现象。上海美斯恩根本没有能力居中协调，久而久之，广告价值便大幅缩水，罗川所谓的"打造白领门户"的愿景彻底落空。时任联众董事长的鲍岳桥曾透露过一个数据：联众出资 600 万元成为 MSN 唯一的游戏平台合作伙伴，可是运营一个月下来，由 MSN 导入到联众的游戏用户竟只有 20 个人！联众在一个季度后就中止了此次合作。

MSN 试图从电信增值业务中抢一杯羹的做法，也遭遇了一个非常不好的时机，中国移动已经开始大规模地清理"移动梦网"中的灰色增值服务，清华深讯被用户投诉存在未经用户同意私自开通收费短信等行为，遭到中国移动的警告，MSN 中国减缓了发展短信包月服务的步伐，其收入几乎可以忽略不计。

其四，微软与雅虎的互联互通没有取得预料中的"里程碑式的效果"。

正如马化腾在一开始就预料的，MSN 与雅虎通能够联通的只是两家的在线状况和基本消息，语音、视频，还有 MSN Spaces 等，联通都很困难，如果联不到位，用户可能仍会觉得是两个网络。渐渐地，这一被普遍看好的模式便少有人问津。

如果说上述被动都发生在机制和制度层面，那么，到 2006 年年初，微软又接连犯下了两个非常华丽的战略性错误。

2005 年 12 月 13 日，微软发布 Live 战略，宣布从下一年开始，将微软的系列服务都整合到一个新的 Windows Live 平台上，"这些改进使得

Live Messenger 更像一个管理连续性信息的管理器以及社群网中心"。

在 MSN 中国区的工程师们看来，Live 战略无异于一场灾难。熊明华沮丧地说："在新推出的版本中，MSN 不见了！它被包裹在一个看上去功能更多，也貌似更强大的系统之中，但它不再是一个独立的即时通信客户端，它由一个平台级的产品，一下子降格为一个插件。"当时负责 MSN Spaces 运营的郑志昊日后说，在本质上，微软始终是一家软件技术公司，而不是互联网公司，它没有运营一个互联网产品的经验。

"当我们看到 Live Messenger 的时候，便知道战争即将结束了。"张志东说。

到 2006 年 6 月，微软中国接着做出了一个让腾讯上下欢欣鼓舞的决定：它宣布终止与雅虎中国在搜索上的合作，微软将上线自己的"Live 搜索"。这意味着一年前大张旗鼓的互通联盟自我解体。

身心疲惫的熊明华和罗川相继离开了微软。

熊明华不久后出现在腾讯公司。在过去的一年多里，他深深地感受到了一家跨国公司在中国生存的艰难，种种无力感让他想要换一下环境。而这段时间，每到节假日，他总能收到张志东从深圳发来的问候短信。"尽管他没有再提及加盟之事，可是我能感受到他的诚意。"加入腾讯的熊明华被任命为腾讯的联席 CTO，与张志东一起主持腾讯的技术部门，在腾讯的最高管理层出现了第二张来自国际公司的面孔。熊明华的 MSN 旧部郑志昊和殷宇也随之来到了腾讯，日后分别担任社交平台和即时通信部门的副总裁。腾讯在此役中的意外收获是，得到了一批高水准的技术人才。

从此之后，在腾讯那份冗长的"敌人"名单中，MSN 被剔除了。根据易观国际的数据，到 2008 年的第二个季度，QQ 的市场份额增至 80.2%，MSN 已萎缩到 4.1%，被移动飞信超越。随着 MSN 的落败，其他那些市场份额更少的企业相继减弱了对即时通信产品的投入，"抗

QQ 联盟"就此瓦解，腾讯在自己的主战场打赢了一场艰难的保卫战。

2010 年 10 月，微软宣布关闭 MSN Spaces 博客服务，全球 3000 多万名用户面临搬迁，而微软提供的博客服务商没有针对中国用户的汉文版，这几乎是弃上百万用户于不顾。郑志昊主持的 QQ 空间部门在第一时间开发出博客搬家工具，打出了"QQ 空间等你回家"的广告，有超过三成的 MSN 中国用户把自己的博客搬到了腾讯。到 2012 年 12 月，微软宣布放弃 MSN，转而支持 Skype 的发展。

2005 年： 中国人统治中国互联网

如果说在 2002 年互联网泡沫之后，中国公司走上了一条与美国同行完全不同的商业运营之路的话，那么，到 3 年后的 2005 年左右，他们的努力在本土市场上得到了检验，在几乎所有的细分领域里，如 C2C（Customer to Consumer）、B2C（Business to Customer）、网上书店、搜索、邮箱、游戏、新闻门户等等，中国公司几乎完胜所有的美国竞争对手，腾讯在即时通信领域战胜 MSN，仅仅是其中一例。

eBay 与淘宝：2003 年 3 月，在北美一家独大的 eBay 以 1.5 亿美元收购当时中国最大的在线交易社区易趣网，由此进入 C2C 市场。几乎同时，马云创办淘宝网，两者爆发对抗性竞争。eBay 很快陷入内部斗争，两个创业者相继离开，而淘宝网则以坚决的免费战略和野蛮的窗口弹出技术，硬生生地从 eBay 手中夺走越来越多的客户。到 2005 年年底，淘宝已抢走 57% 的市场份额，并从此再没有给过 eBay 翻身的机会。

亚马逊与当当：惊人相似的故事同样发生在 B2C 领域。2004 年前后，当当网与卓越网平分中国的网上图书市场，到 8 月，亚马逊以

7500 万美元收购卓越网。卓越亚马逊一改之前只做精品图书和音像制品的经营策略，试图移植亚马逊"大而全"的售货模式，导致经营成本大增，创业团队及 80％的卓越员工陆续离职。在其后几年里，当当在图书领域的市场份额 3 倍于卓越亚马逊，而后者在拿手的信息家电（3C 商品）上竟也毫无建树，被京东商城抢去了几乎所有的市场。

谷歌与百度：1973 年出生的谢尔盖·布林和拉里·佩奇比李彦宏要小 5 岁，不过谷歌的创建却比百度要早 16 个月。谷歌的营业收入来自网络广告，其中关键词广告，即根据受众的浏览或搜索历史将广告推送到特定人群眼前为其核心技术，然而，这一模式在中国却遭到冷遇。2001 年 9 月，百度推出了搜索引擎竞价排名的商业模式，即由企业为自己的网页出资购买排名，按点击次数计费，李彦宏为此搭建了一个庞大的区域代理网络，有超过 20 万人直接或间接为百度服务。百度的这一做法因涉嫌干扰搜索的公正性而饱受争议，然而在商业上却取得了巨大的成功。谷歌搜索于 2005 年 8 月正式进入中国，一直到 2010 年被迫离开，一直未实现对百度的赶超。

Hotmail 与网易邮箱：微软的 Hotmail 曾经是所有中国从事电子邮箱业务的公司的标杆，可是，它从来没有真正获得过较大的市场份额，丁磊的网易邮箱长期坚持技术优化和免费升级的策略，使得 Hotmail 无法找到实现盈利的机会。

在所有的美国公司中，处境最为不堪的是雅虎。因其创办人拥有华裔血统的关系，雅虎早在 1998 年 5 月就开通了中文雅虎，提出"找到任何事，沟通所有人"的宣传口号，它一度是排名第一的中文门户网站，几乎所有新闻门户都以学习雅虎为目标。可是很快，它就因对新闻事件的反应迟缓和模糊不清的定位而被用户抛弃，它在门户、邮箱、搜索和即时通信工具上都有涉猎，可是无一可以挤进前三。杨致远在中国的最大收获是，与孙正义一起投资了面相奇特的马云。到 2005 年 8 月，阿里巴巴宣布收购雅虎中国的全部资产。

上述这些案例，构成了一个"整体性事件"，并十分清晰地表明，当互联网经济进入马化腾所指出的"服务和用户驱动"的阶段之后，区域性的文化、消费及政策特征成为企业竞争的首要考量指标，而在这一方面，用筷子吃米饭、呼吸着乡土的空气长大的黄皮肤本地人当然比远道而来的美国人或欧洲人更有优势。生产安踏牌运动鞋的丁志忠曾经用一个形象的比喻，描述了中美企业对中国消费市场的不同理解，他说："耐克、阿迪达斯的篮球鞋主要是在塑胶地板上穿，弹性是重要考核指标，而安踏的消费者只有 1% 能在塑胶地板上打球，其他都是在水泥地上。安踏更关心的是，在水泥地上打球的孩子如何才能不扭脚。"丁志忠的这段话，用于互联网产业也非常"合脚"。

在很长的时间里，中国的互联网人对美国模式顶礼膜拜、亦步亦趋，然而到 2005 年以后，在每年数以百计的互联网论坛上，已很少能见到对中国市场指手画脚的美国人，他们讲趋势和技术还可以，一旦说到对中国市场的看法，大家都会抿嘴偷笑。

第 9 章

空间：有别于 Facebook 的社交模式

中国的成功——部分归结于腾讯的成功——表明，"虚拟商品"很可能意味着巨大的商机。

——玛丽·米克（摩根士丹利女分析师）

QQ 空间是一个意外，我们很偶然地闯入了社交网络的年代，并形成了自己的风格。

——刘炽平

"一个大号的 QQ 秀"

香港人汤道生于 2005 年 9 月底入职腾讯，那时他一句普通话都不会说。他刚从美国搬回香港时，每天坐大巴来回，路上要花去三个小时，生活上有不少变化。汤道生毕业于密歇根大学电子工程系，其后一边在斯坦福大学修读研究生，一边在甲骨文公司工作，专攻数据库与企业管理应用，也熟悉通信网络与邮件系统技术。

受刘炽平邀约，汤道生加入腾讯，他被分在架构部。"前两个月主要是在熟悉 QQ 的技术架构，并通过拼音输入法学习普通话。"

到年底，主管互联网增值业务的高级副总裁吴宵光突然闯进他的办公室，对他说："Dowson，互联网事业部有一个项目，现在遇到不小的麻烦，你去帮帮忙吧。"

遇到麻烦的是 QQ 空间。架构部已经派过两批人前去增援，都无功而返。汤道生随即被调入互联网事业部，出任 QQ 空间的技术总监。

QQ 空间是吴宵光部门应对新变化的一次尝试，它只是一个部门级的产品，谁也没有料到，腾讯将从这里杀出一条血路。

在整个 2005 年，当腾讯与 MSN 为争夺即时通信客户端打得不可开交之际，互联网世界却在此时发生着另一场更为剧烈的转型，一种被称为社交网络的怪物诞生了，它将从底层上攻，击穿被巨人们控制着的世界。

在中国，最早被网民接受的带有社交性质的产品是博客。2003 年 6 月，一位叫"木子美"的女网民在中国博客网发表网络性爱日志，从而引起全社会对"博客现象"的讨论，从此每一个网民都成为内容的创造者，互联网进入了一个草根狂欢的世代。

在 2003 年年底和 2004 年年初，美国相继诞生了 MySpace 和 Facebook，前者迅速引爆了流行，后者则在 2007 年之后取而代之。在亚洲地区，韩国的赛我网（CYworld）早在 2001 年就设计出了"迷你小窝"的网上个人空间，两年多后，随着博客和交友概念的潮流化，赛我网成为韩国最大的在线社区。

2004 年 12 月，在战略发展部的主导下，互联网增值部门开始立项，团队很快搭建起来，许良作为总负责人，时任 QQ 产品经理的林松涛被调来带领产品开发工作，但在研讨新的产品方向时大家却面临选择。

根据许良的回忆："当时被拿出来讨论的两个模式，分别是博客和赛我网，我们并没有注意到 Facebook。"博客有太强的媒体化属性，与会者几乎都没有这方面的经验，相对的，赛我网模式却并不陌生。

"其实，我们可以做一个大号的 QQ 秀。"一位技术人员叫道。

他的看法得到了大家的应和。但在策划的过程中，林松涛和产品团队逐渐发现，只是加强版的 QQ 秀是远远不够的。首先，即便用户秀自己也是要基于社交的基础，QQ 秀天然成长在 QQ 平台上，而 QQ 空间需要营造自己的社区氛围与互动方式。其次，秀的方式也要与时俱进，不能只是选择图片这么简单，需要用户有更深入的参与和内容贡献。最后，要想让用户为这些装饰性增值服务付费，需要培养用户的归属感，要让用户真的觉得这是自己的家，所以团队决定把 QQ 空间定位成"展示自我和与他人互动的平台"，走上了一条与博客、赛我网都不同的道路。

QQ空间一开始的数据表现出乎意料的好，用户快速增长，活跃度很高，甚至收入也超出预期，但很快问题也出现了。

被研发出来的早期QQ空间产品更像是一个多功能的个人主页系统，拥有换肤、日志、相册、留言板、音乐盒、互动、个人档等10多个功能，在技术上，这算是一个比较大型的网页类项目。然而，对于只做过客户端产品的许良团队来说，没有预料到运营的复杂性。当用户增加到60万人同时在线的时候，系统就跑不动了。尽管看上去QQ空间就是一些网页的集合，可是用户的使用习惯却不同，用户生成内容（UGC）大量产生，尤其是照片的上传量几何级增加，原来的底层设计没有考虑到这样的压力，所以，速度就变得非常慢。

汤道生到了项目组后，首先修改了技术攻关的流程。"之前的做法是头痛医头，脚痛医脚，打到哪里，改到哪里，而我在美国工作中用到的是数据化管理方式，就是系统性地思考问题，把所有细节都排列出来，然后按照先后节奏，精细化地解决，只有这样才能发现'看不见的问题'。"

在汤道生的主导下，QQ空间进入一个快速迭代的阶段：2006年4月，QQ空间发布3.0版，完成全面架构、性能优化；6月，发布4.0版，推出全屏模式；7月，空间日志新版文本编辑器发布，支持动画、音频等多媒体内容；9月，推出信息中心及好友圈。虽然当时行业对SNS产品的定义还不太清晰，但QQ空间已经具备了不少好友间互动的功能，比如在QQ客户端的好友列表上，每当好友更新了日志或发了照片到空间，好友头像旁边的黄星星都会闪动，引导好友去查看与评论。其实这就是后来每个SNS产品都必备的"好友动态"的雏形，说起来比Facebook推出News Feed功能还要早。

也是在 9 月份，在微软中国负责 MSN Spaces 业务的郑志昊也被吴宵光招进了腾讯，协助汤道生推动 SNS 业务的发展与布局。QQ 空间的注册用户数在第三季度突破 5000 万，月活跃用户数约 2300 万，日访问人数超过 1300 万。

黄钻与进阶式会员体系

QQ 空间的成功，出乎腾讯决策层的意料，在后来接受我的采访时，从马化腾、张志东到刘炽平都一再提及这一点。

在 2005 年日趋炙热的社交化浪潮中，中国的三大新闻门户都选择了博客模式，其中尤以新浪最为积极，取得的成就也最大。到 2006 年中期，新浪博客的月活跃用户数超过 2000 万，全面替代门户类频道成为新的用户入口。可是，在商业模式上的先天缺陷却让所有的用户积累价值无法兑现，这使得三大门户在社交化转型上陷入歧途，直接导致了门户时代的终结。

就如同谷歌超越雅虎，并非是因为它的用户基数超越，更主要是关键词广告模式的应用，腾讯靠 QQ 空间异军突起，就本质而言，决定于盈利模式的创新。汤道生日后总结说："到 2006 年的 4.0 版本发布之后，QQ 空间还被定义为 QQ 的博客专区，不过在形态上，它其实已经具备了 SNS 社区的基础。"

当 QQ 空间日渐成为一个战略级产品之后，吴宵光和汤道生开始考虑另一个问题："QQ 空间该如何实现盈利？"

再三推敲之后，他们在广告模式与会员制模式之中做出了选择。

2006 年 5 月，QQ 空间推出"黄钻贵族"服务，这是继 QQ 秀"红钻"之后的第二个"钻石"体系。黄钻的月费也为 10 元，购买者可以享受 10 多项特权，包括个性空间皮肤、花藤成长加速、照片大头贴、个性域名、视频日志、动感相册等等，其运营逻辑与"红钻"如出一辙。

在 2007 年，尽管腾讯的无线增值业务走出低谷，但只能保持低水平的增长，而网络游戏业务还在艰难摸索，是"建立基础的一年"（2007 年腾讯财报中的用词）。在这样的形势之下，QQ 空间的突然发力，无疑让腾讯上下兴奋不已。

在 2007 年度的财报上，有这样的描述："本集团于 2007 年取得的主要成就是将 QQ 空间发展为非常重要的社交网络平台，于年终拥有 1.05 亿活跃用户……QQ 会员受惠于捆绑策略（为订购用户增添功能并令其尊享特权，以提高其忠诚度）而取得强劲的自然增长。"在这一年，腾讯的互联网增值业务收入达到 25.14 亿元，同比增长 37.7％。

吴宵光所领导的互联网增值业务，包括 QQ 会员、黄钻、红钻与绿钻四个包月业务，在后来几年得到了高速的发展，收入不断增长，一度为腾讯最大的收入来源。四个包月业务团队分别在不同产品部门里，每个团队在产品功能与运营上有各自的探索，各自都想成为业绩最好、收入最高的包月业务，同时也有友好的相互学习的氛围，一起复制成功的经验。

同年 9 月，腾讯对 QQ 会员服务进行了全面升级，推出了"QQ 会员成长体系"，设计出"QQ 会员成长值"的概念，加强了会员用户的持续付费的意愿，把最优质忠实的用户沉淀到会员体系中，而 QQ 会员成了 QQ 用户体系内最高价值的用户群体，同时他们也是腾讯各项业务最想争取的目标用户群。

后来，黄钻、红钻与绿钻也相继推出类似的成长体系，并共同摸索出一套包月业务的经营理念与运营体系。腾讯的这项创新被全球互联网所公认。

若放之于全球互联网界来观察，我们可以发现，QQ 空间在获利模式上的创新也可谓独步天下，无其他公司可以比拟。据摩根士丹利的互联网研究报告显示，多年以来，亚洲互联网公司在虚拟商品的探索上一直领先于欧美同行，在 2005 年以前，日本和韩国公司引领创新，而之后，以腾讯为代表的中国公司起而代之，不但将商业规模放大，更在服务体系上趋于丰富化。

在 2006 年，中国的非游戏虚拟商品销售额为 2.52 亿美元，到 2007 年增长为 3.99 亿美元，至 2008 年为 6.23 亿美元，两年翻了一倍多，其主要的贡献者便是 QQ 会员和 QQ 空间的崛起。

有"互联网女皇"之称的摩根士丹利女分析师玛丽·米克在研究报告（2009 年）中专题研讨了腾讯的盈利模式。在她看来，由虚拟商品——不只是小玩具——所形成的小额付款可以形成大额收入，在这一方面，"中国是世界上虚拟商品货币化的代表和领先者，中国的成功——部分归结于腾讯的成功——表明，'虚拟商品'很可能意味着巨大的商机"。

绿钻：与 iTunes 不同

在社交网络中，通过会员制的方式获利，是腾讯成功的秘密之一。

再举网络音乐为例。

腾讯提供音乐服务是从 2005 年 2 月开始的，到 10 月，组建成立了专门的数字音乐部，隶属于互联网业务系统（B2），与互联网研发部、社区产品部并列。吴宵光对部门经理朱达欣说："你也许能在音乐界，当一把中国的乔布斯。"

在西方音乐界，乔布斯是一个"魔鬼兼天使"般的人物。2001 年

11 月 10 日，苹果发布了 iPod 数字音乐播放器，试图改变人们收听音乐的方式。两年后，苹果 iTunes 音乐商店正式上线，乔布斯说服唱片公司将乐曲放在 iTunes 里销售。到 2005 年年底，"iPod ＋ iTunes" 组合为苹果公司创收近 60 亿美元，几乎占到公司总收入的一半。iPod 占据了美国音乐播放器 70％以上的市场份额，iTunes 则超越沃尔玛，成为全球最大、最成功的在线音乐商店。

吴宵光对数字音乐部的期许，便是对 iTunes 模式的期待。

多年以来，中国的互联网一直是盗版音乐的天堂，有无数的"爱好者"把数以百万计的乐曲上传到网上，而各大网站则提供免费的平台以此"黏住"用户，消费者从来没有为收听音乐支付过一分钱，腾讯也许可以开出一片新的天地。

然而，当朱达欣与四大唱片公司——EMI、索尼、环球和华纳分别谈判的时候，得到的是一致的冷漠，尽管唱片公司都对网上盗版音乐深恶痛绝，可是也同样不看好 QQ 音乐的努力，他们都对朱达欣提出了一个同样的问题："如果网民可以在百度 MP3 上免费收听音乐，那么，他们凭什么要付费给腾讯？"

朱达欣显然无法说服唱片公司。于是，QQ 音乐从上线的第一天起就陷入了尴尬的境地，唱片公司给予腾讯的服务权限是：免费用户可以 30 秒试听音乐，只提供每月 10 元的包月服务，不能单曲购买。这样的服务在盗版横流的市场中几乎没有生存的可能。因此，在长达两年的时间里，QQ 音乐奄奄一息，因使用率过低，甚至被吴宵光从 QQ 客户端中撤下。

转机出现在 2007 年。随着 QQ 空间的流行，QQ 音乐决定走一条不一样的路。

"我们开始想一个问题，在怎样的情景和条件之下，网民愿意付费购买正版音乐？我们的答案不是歌曲本身，而是服务。"那么，什么是音乐服务，而且是网民必需的刚性服务？朱达欣们触到了一个新的需求点：场景音乐。

"QQ 空间是用户在虚拟世界里的、独享的私人场所，如同一个家庭的客厅，当客人到访的时候，用音乐款待客人是一种最常见的礼貌。也就是说，存在着这样的一种可能性：人们购买音乐的动机，是为了对特定的人表达情感。"

这样的推理有点曲折，但却非常真实和"东方"。

朱达欣开始了与四大唱片公司的新一轮谈判。"我们跟唱片公司翻脸了，我对他们说，原来的合作模式根本走不下去，必须重新开始。"根据新的合作约定，QQ 音乐提供全曲库免费听，在线收听部分，以广告收入的方式分成，而收费部分则实行保底分成。朱达欣团队设计出了一个名为"绿钻贵族"的服务体系。

2007 年 6 月，在新发布的 QQ 2007 Beta 3 版本中，QQ 音乐包月服务"音乐 VIP"正式升级为"QQ 音乐绿钻贵族"，资费为每月 10 元，购买这一服务的用户可以享有 10 多项服务权限，其中包括音乐免费使用、QQ 免费点歌、游戏音乐特权、演唱会门票打折、获得歌星签名照片以及将自己喜欢的乐曲设置为 QQ 空间的背景音乐。

后来接替朱达欣出任 QQ 音乐负责人的廖珏透露："一半以上的用户是为了 QQ 空间的场景音乐而购买了'绿钻'。"2008 年 7 月，QQ 音乐进而推出了高品质特权下载的服务。

一直到 2013 年年底，在中国互联网上，盗版音乐仍然猖獗，局面没有得到根本性的改善，乔布斯的 iTunes 模式从未出现，然而，腾讯却以自己的方式成为唯一通过正版音乐获得收入的互联网公司。腾讯拒绝对外公布具体的收入数据，根据调查公司易观国际提供的资料显示，到 2012 年第一季度，国内无线音乐市场 80 亿元，其中三大运营商占 96％的市场份额，还有剩余的 4％主要被腾讯拿走。易观国际评论说：

"虽然仅有 4% 左右，但腾讯在没有类似运营商独家垄断资源（彩铃）的情况下，尚能培养出大量付费用户，不得不佩服其市场策划能力。"

此后，QQ 音乐开足马力推进数字音乐正版化，并拓展会员使用场景和特权。至今，绿钻会员已有 39 项特权覆盖不同的场景。与此同时，QQ 音乐总计达成版权战略合作方 200 多家，累积了超过 1500 万首的正版歌曲，付费会员数超过 1000 万。QQ 音乐亦试图在发布数字音乐专辑及举办线上演唱会方面探索新的生态。2014 年年底，周杰伦通过 QQ 音乐独家发行了个人首张数字专辑，不到一周销量便突破 15 万张。继周杰伦之后，鹿晗、李宇春、窦靖童、林俊杰、韩流天团 BIGBANG 以及世界级巨星阿黛尔·阿德金斯等 40 余位音乐人和音乐组合在 QQ 音乐上发布了数字音乐专辑，累积销量突破 2000 万张。在中国数字音乐从无序到有序的过程中，QQ 音乐所开创的正版化战略及构建付费生态的种种行动，逐渐为全行业所接受和普及。

美国大学与中国网吧

在对 QQ 空间的运营模式进行了系统性描述之后，接下来的故事则与竞争有关。QQ 空间的敌人出现在 2006 年年底。郑志昊说，他是在深圳城中村的一间网吧里发现了这一可怕的事实。

与汤道生一样，在加入腾讯之前，郑志昊在美国已经生活了 10 多年，他习惯穿西装打领带、做事有板有眼，喜欢坐在星巴克里与人阔论互联网的未来。入职腾讯后，有同事建议他："你应该去网吧看看。"郑志昊说，他对中国互联网的真正认识，是从那一刻开始的，正是在那个阴暗的角落，他发现了 QQ 空间最凶悍的敌人。

那天晚上，郑志昊独身前往深圳城中村的一家网吧，去之前，他听从同事的意见，脱掉了西装，解去领带，穿上了运动鞋，原因是"如果遇到打劫，可以跑得快一点"。

深圳是一个迅速扩张中的移民城市，随着城区规模的扩展，来不及拆迁的农民和他们的村庄被包围在城市之中，构成一个独特的"城中村"景象。这里街道狭窄，到处是违章建造的铁皮屋，除了原住民，更多的居住者是贫穷的外来打工者、无业游民，甚至还有小偷。因为治安非常差，几乎所有的楼房都装上了铁窗。

郑志昊去的是一家非常不起眼的网吧，那里灯光暗淡，扑鼻而来的是墙纸发霉、劣质烟味和臭脚丫混杂的奇怪气味，几十台电脑发出鬼火般的蓝光，屋里的人都很安静，安静得像一群被欲望禁锢着的少年鬼魂。对于在美国西部生活多年的郑志昊来说，他如同走进了好莱坞电影中的伦敦地下城，这是一个陌生的、见不得光的暗黑世界。

在 2006 年年底，类似郑志昊走进的网吧，遍布中国各地，总数约14.4 万家，拥有电脑 657 万台。而且这个数据每年仍在急速增长，其峰值出现在 2009 年，网吧总数为 16.8 万家，拥有电脑 1260 万台，每年约有 1.5 亿人在这里上网。这些网民的特征是"三低"——低年龄、低学历、低收入，平均年纪为 18 岁到 20 岁，大多为没有收入的学生和打工者。这些网吧大多出现在城郊接合部或大学附近，平均拥有电脑100 台左右，不过也有超大型的。2006 年年底，在山东济南就出现了号称全球最大的网吧"巨龙网吧"，拥有 1777 台电脑，营业面积达到5688 平方米，集超市、美食城、台球等多种服务于一体。

这 10 多万家大大小小的网吧，正是中国互联网的基础盘。"得网吧者得天下"，在很长一段时间里是一个从不被公开讨论的中国秘密。

对于诞生于硅谷及西雅图的美国公司，这是一个不容易理解的事情。

纵观美国的互联网历史，大学是所有技术、消费属性和文化的孵化之地。全美有 2700 多所四年制大学，任何互联网产品只要占领了其中的 1/3，或者在排名前 100 的大学中"引爆流行"，便足以成就一家让资本趋之若鹜的大公司。可是在中国，如果你的产品不能出现在那 10 多万家网吧的桌面上，那你永远是在自娱自乐。

高学历的美国大学生与"三低"的中国网吧人，让这两个国家的互联网世界隔洋相望。

当郑志昊走进深圳城中村网吧的时候，正有一家创业不久的公司，在这里悄悄地发动对腾讯的攻击。在郑志昊的印象中，过去那么多年里，唯一对腾讯的基础用户构成过冲击的，便是这家叫 51.com 的年轻公司。

"他们跟我们争夺每一个网吧"

在高高在上的腾讯的视野里，51 是一个看不见的敌人。很多年后，凯文·凯利对马化腾说："腾讯未来的对手不在你现有的名单里。"马化腾第一时间就想起了 2006 年的 51。

在 2005 年前后，当 SNS 概念悄悄风行美国的时候，中国互联网的大公司正为集体走出了亏损泥潭而举杯庆贺。新闻门户的广告激增以及网络游戏的火爆，让它们急于收获。尽管有远见的观察家们已经瞭望到了 Web 2.0 时代的到来，不过大家都把宝押在博客模式上。新浪网于 2005 年 4 月推出的新浪博客，靠名人效应和娴熟的媒体化运作吸引了所有人的眼球。于是，机会留给了镁光灯之外的几个小人物。

放弃了美国特拉华大学博士学业而提前归国的王兴，2005 年 12 月以 Facebook 为蓝本，创办了校内网（xiaonei.com），这是中国最早的校园 SNS 社区。2006 年 10 月，毕业于美国麻省理工学院的陈一舟将之收购，走上了一条完全拷贝 Facebook 的中国式道路。

与留学美国的王兴、陈一舟不同，1977 年出生于浙江东阳一个小山村、曾在马云的中国黄页公司做过业务员的庞升东却闯出了另外一条草根之路。

庞升东曾对互联网史研究者林军回忆他第一次听到 SNS 这个名词时的情景：2005 年 5 月，靠炒房赚得第一桶金的庞升东决定回到互联网继续冒险，他以 100 万元人民币收购了张剑福创办的个人数据库公司 10770。6 月的一天，庞升东在上海黄浦江边的咖啡吧里参加一次互联网创业者的聚会，客齐集的创始人王建硕突然随口蹦出了 SNS。"我拿出本子想记下来，可是又不会写，就干脆直接把本子递过去，让王建硕写下来，方便自己之后去网上搜索。"在稍稍弄明白 SNS 是怎么一回事后，庞升东决定将 10770 改造成互动社交型的 51.com。

庞升东非常敏锐地意识到，在网络社交中，图片的吸引力远远大于文字，因此，51 在技术开发上重点强化了图片上传功能的优化，并纵容带有色情性质的图片传播。在上线 3 个多月后，51 的注册用户就达到了 500 万。2006 年 1 月，红杉资本对 51 投资 600 万美元。

曾经日夜奔波于县城的乡镇企业、为马云卖过中国黄页产品的庞升东对中国市场的理解，与只会在校园和大都市里"兴风作浪"的海归派截然不同。庞升东从一开始就把目标对准了跟他一样的边城青年，他说："51 要学的不是 Facebook，而是卖保健品的史玉柱，占领柜台比什么都重要。"在互联网世界里，这个"柜台"就是遍布城乡角落的 10 多万家网吧，庞升东组建了一支深入地市的推广经理团队，在各地网吧大量派送 51 鼠标垫、51 文化衫，张贴海报，甚至以很低廉的价格在网吧招牌边刷上 51 的标识。

在庞升东的心中，51 的假想敌只有一个，就是腾讯。

在 51 的界面设计及功能开发上，庞升东采取了全面拷贝 QQ 空间的做法：51 秀、51 商城、51 群组、51 问问。庞升东还建立了与 Q 币相同的网吧支付体系。"只要腾讯出什么新花样，51 在一个月内一定跟上。"

更夸张的是，庞升东甚至想出了一个从腾讯那里吸纳用户的做法：当用户登录 51 的管理中心页面时，会收到系统的一个提示："为便于您的记忆，请将您的主页地址填在 QQ 资料里，这样还能给您的主页增加访问量。"这样，51 的个人页面间接得以在 QQ 平台上病毒式地传播。另外一个让腾讯很头痛的事情是，51 大肆到腾讯挖墙脚，有 10 多名腾讯员工集体跳槽到 51，其中包括几位游戏部门的核心骨干。

这就是郑志昊走进深圳城中村网吧时，正在发生的情景。在 2006 年的大多数月份，51 的用户增长数一直在 QQ 空间之上，这让腾讯非常紧张。"他们跟我们争夺每一个网吧。"郑志昊说。

三战 51

"如果没有 51 的压迫性侵袭，QQ 空间的成长也许没有那么快。"这是很多人日后的共同回忆。在后来的两年多里，汤道生和郑志昊领导了一场保卫战。

战争在三个层面展开：一是技术，二是网吧，三是对彩虹 QQ 外挂的遏制。

尽管在架构和底层设计上进行了重构，可是，相对于急速增加的用户生成内容，QQ 空间的响应速度还是跟不上。对于技术人员来说，每个星期里，最崩溃的时间是周六晚上六点，那是全国 10 多万家网吧最爆满的时刻，也是上网的峰值时间，电脑的登录速度会让人窒息。更糟糕的是，坐在深圳或北京的办公室里，并不能体会到真实的情况，中国的网络布局非常复杂，各个区域的上网速度不同，从而在技术上造成很多难点。郑志昊说："我刚到的时候，听到的都是投诉的声音，QQ 空间无法打开，照片下载速度很慢，我算了一下，打开一个空间，一般需要 5 秒钟。"

于是，郑志昊要求技术人员制作一张全国地图，凡是打开速度高于5 秒的被绘成了红色，低于 3 秒的被绘成黄色，3 秒到 5 秒之间为绿色。地图制作出来后，挂在墙上，大家看到的是"祖国江山一片红"，其中，尤以西北、西南和东北地区的颜色最深。接下来的任务是，技术团队一块一块地啃，在地图上，绿色和黄色一点一点地增加。花了差不多一年的时间，到 2007 年年底，一张黄色的中国地图终于出现在大家的面前。

此次速度优化上的闯关，为 QQ 空间日后流量的倍级增长提供了至关重要的保证。

而网吧的争夺更加白热化。

51 与腾讯都会雇用人员到各个网吧贴宣传广告，两家人常常因此发生冲突。"我贴上去，你派人撕掉，或用自己的广告招贴覆盖上去，然后，我再去撕，再去覆盖。有时候，就会打起来。"后来，郑志昊想出了一个促销的活动：QQ 空间发布促销公告，宣布将在每天晚上的 12 点对网吧赠送"黄钻"，网民可以在那个时刻到网吧的前台认领代码号。"于是每到 12 点的时候，很多网吧的前台就会排起长长的队伍，大家都知道 QQ 空间在派发'黄钻'了，51 没有这样的促销品，只好干瞪眼。"

到 2007 年结束的时候，双方看上去打成了平手。两家均对外宣称，注册用户数突破了 1 亿大关。易观提供的一份报告显示，在排名前十的社交网站中：QQ 空间在流量和访问用户两项上排名第一，在交互性上则排名第五；51 在流量上排名第二，访问用户量排在 QQ 空间、新浪博客和百度空间之后，而在交互性上赫然名列第一。这对于没有任何入口资源的 51 来说，已是非常显赫的战绩了。

然而，在此之后，51 突然犯下了一系列令人遗憾的战略性错误。

首先是创业者团队发生内讧，一直领导产品开发团队的张剑福称病退出，产品部门与市场部门矛盾凸显，各种流言开始涣散军心。

其次是在风险资本的催促下，51 贸然推动"去低端化实验"。继红杉后，Intel 资本、SIG 海纳亚洲以及红点创投相继投资 51，到 2008 年 7 月，史玉柱以 5100 万美元换取 25％的股权，并宣告将在一年半后把 51 推进纳斯达克。庞升东放弃之前的网吧战略，把推广重心转移到了校园和大中城市。

最后是 51 急于增加盈利，匆忙开放应用程序接口（API），引进了 100 多款网络游戏。由于审查不严，游戏质量良莠不齐，虽然在短期内吸引了用户，但是很快因环境破坏导致大量用户流失。

在 51 动作变形之际，腾讯又抓住外挂事件给予它致命一击。

2008 年 2 月，虹连网络科技有限公司在上海组建，它推出了一款名为"彩虹 QQ"的第三方插件产品，宣称拥有 IP 地址探测、显示隐身好友等腾讯 QQ 的"增值"功能，这一插件迅速蹿红网络。日后情况表明，51 正是虹连的投资方，通过这种方式，51 可以轻易地获取腾讯的用户数据，并为己所用。

2008 年 11 月 7 日，腾讯向深圳福田法院起诉 15 名集体跳槽到 51 的原员工，原因是这些员工违反竞业禁止义务。同月 25 日，腾讯宣布彩虹 QQ 为非法外挂插件，开始大规模强制卸载，所有装有彩虹 QQ 的用户均被提示"发现非法 QQ 外挂软件"，声称此类外挂容易泄露用户隐私，建议立即卸载，如果用户不予卸载，QQ 将立即退出，无法正常使用。

庞升东则对腾讯的做法进行了公开的回应，他坚持认为"彩虹 QQ 完全是基于用户的体验需求而推出的产品，并无任何商业牟利目的"。

在 12 月, 他索性将彩虹 QQ 直接更名为 "51 彩虹"。

2009 年, 腾讯向湖北武汉市江岸区人民法院提起诉讼, 诉上海虹连网络科技有限公司以及由庞升东出任董事长的上海我要网络发展有限公司涉嫌计算机软件著作权侵权及不正当竞争, 要求其停止提供 51 彩虹的下载服务, 并赔偿 50 万元人民币。2011 年 7 月, 法院判决腾讯胜诉。此时, 内忧外困的 51 在中国社交网站争夺战中已彻底被边缘化, 每日最高同时在线用户跌至 70 万人左右。

马化腾与扎克伯格

当腾讯在 10 多万家网吧全力阻击 51 的时候, 北美的社交网络领域正发生着另一场 Facebook 超越 MySpace 的战争, 扎克伯格使用的招数是开放。《Facebook 效应》的作者大卫·柯克帕特里克写道: "Facebook 从来都没能够设计出最好的应用软件, 但是, 扎克伯格通过 (成为) 一个平台, 为自身卸下一些负担, 而不用再面面俱到。"

2007 年 5 月 24 日, Facebook 在旧金山举办了一场 "F8 开放者大会", 刚刚度过 23 岁生日的扎克伯格身着 T 恤、脚穿一双露出脚趾的橡胶凉鞋, 向 750 位观众喊道: "携起手来, 让我们掀起一场运动。" Facebook 宣布向所有开发者开放应用程序接口 (API)。

这是一场革命性的运动, 在之后的 6 个月里, 有 25 万名开放者在 Facebook 上推出了五花八门的应用程序。第二年, Facebook 改进了开放审核规则, 引入评分系统, 使得开放生态看上去更有秩序, 流行终于被彻底引爆了。2008 年 5 月, Facebook 的全球访问量首次超过了 MySpace。到 2009 年 9 月, 用户猛增到 3 亿, 来自 180 个国家的超过 100 万名注册开发人员将 Facebook 当成了创业的平台。

Facebook 的轰然崛起，自然让它的中国仿效者们亦步亦趋。2008
年 5 月 30 日，陈一舟的校内网宣布推出 API 开放平台的测试版，成为
国内第一个试水开放平台的本土 SNS 网站，之后 51 也开放了自己的游
戏平台。

在腾讯公司内部，开放一直是一个带有禁忌性的话题——这一景象
到 2011 年之后才有了微妙的改变。"我们并非没有考虑过这个话题，但
是腾讯与 Facebook 不同，中国与美国不同。"马化腾后来说。

腾讯与 Facebook 的不同体现在五点。

其一，Facebook 在实施开放战略的时候，是由下向上攻击的后进
者，它以此颠覆规则，重构秩序，套用马克思的名言，扎克伯格在开放
中"失去的是锁链，得到的是整个世界"。而腾讯自 2006 年之后就成为
用户量最大、市值第一的领导性企业，是既有秩序的最大得益者，在马
化腾看来，开放并不能给腾讯带来决定性的增长。

其二，腾讯与 Facebook 在关系链的底层设计上，有先天的差异性。
Facebook 天生就是一个社交型社区，它的好友关系是公开的，而 QQ
从即时通信工具起家，关系链相对封闭，"好友的好友并不是我的好
友"，全面开放意味着对这一逻辑的背叛。与实名制的 Facebook 相比，
同为 SNS 社区的 QQ 空间尽管没有强制实名，不过，进入空间的大多
为熟人关系，因而能够产生私密性的互动，这与媒体性质的博客有本质
性的差异。比 Facebook 先进的是，QQ 空间与 QQ 先天地融为一体，
因此形成了更为丰富的多样化沟通方式和盈利模式——Facebook 到
2008 年才开通自己的 IM。

其三，Facebook 除了平台以外一无所有，而腾讯则是"平台＋产
品"型，它自身就是中国最优秀的产品开发者，若全面开放，必然造成
"左手搏击右手""裁判与运动员同场竞赛"的尴尬局面，这几乎是腾讯
无法忍受和维持的。

其四，在盈利模式上，Facebook 真正关注的是应用软件在每个平台中产生的信息量，然后通过广告获利，广告占其收入比例高达八成，从第三方应用中获得的分成收入，只是相当于额外的奖金。而腾讯的收入来自于虚拟增值服务和网络游戏，社区广告从来微不足道，而且也未必会受到中国用户的欢迎。

其五，相对于 Facebook 的全球化模式，受意识形态的影响，中国是一个"孤岛型市场"，外来者不能自由地进入，而中国互联网公司出去，也非常不易。所以，腾讯即便克服所有困难，向全世界进发，也完全不可能成为第二个 Facebook。

也许，还可以罗列出更多的差异点，但上述五条，已足以让马化腾对 Facebook 之路视若畏途。一位腾讯高管回忆说，在 2011 年夏天之前，马化腾曾经在总裁办公会议上——这是腾讯的最高行政会议，每两周一次——组织高管认真讨论开放的话题，最终令他们止步的原因是，当时中国开发者面临的环境鱼龙混杂，尚未准备充足就进行开放可能会影响到用户的信息安全。谨慎可能是马化腾和扎克伯格最大的不同，"他挺欣赏扎克伯格，可是，他一定不会穿着 T 恤衫和露出脚趾的橡胶凉鞋去任何公开场合"。

在业务层面上，吴宵光和汤道生仍然做出了防御性的行动。2008 年 12 月，腾讯推出实名注册的 QQ 校友网，在架构和社交场景上几乎完全模仿 Facebook。到 2011 年的 7 月，QQ 校友网更名为"朋友网"，这个社交平台一度排在全国社交网站的前六名。在国内社交网络市场的大战中，腾讯以 QQ 空间与朋友网双社交平台并驾齐驱的策略，给 QQ 用户提供不同形态的社交网络服务，并允许两个社交平台差异化的发展。

后来的事实证明，腾讯在 Facebook 热浪中的另类姿态也许是对的，至少在商业上是恰当的。Facebook 在中国最忠实的仿效者校内网并没

有能够复制前者在美国的巨大成功，陈一舟在 2009 年 8 月将之更名为
"人人网"，并于 2011 年 5 月 4 日在纽约证券交易所上市，可是人人网
在第二年就陷入巨亏，并一直没有寻找到理想的盈利模式，其活跃用户
数与 QQ 空间的差距也越来越大。

美国战略思想家约翰·加尔布雷斯曾经说："以我们在美国所获得
的经验来看待印度或中国，有一半是看不懂的，还有一半是错误的。"
这样的事实，再度在社交网络热中被生动地呈现了出来。在 2009 年 5
月后的一年多里，QQ 空间以一种非常意外的、在美国人看来几乎不可
思议的方式获得了爆炸性的增长。

它的主题是"种菜和偷菜"。

《开心农场》 的爆炸性效应

进入 2009 年以后，刚刚从对 51 的战争中喘过一口气来的汤道生每
天都心神不宁，他上班后的第一件事就是打开 Facebook 以及中国的各
家社交网站。

那段时间，正是社交网络形成统治权的伟大时刻，尼尔森公司在
2009 年 3 月宣告，全世界的互联网用户花在社交网络上的时间第一次
超过了使用邮箱的时间，这种新型的沟通方式已变成主流。同时，
Facebook 的开放效应正在发酵，众多新奇的应用软件层出不穷，而它
们都会在最短的时间里被复制到国内的社交网站上，其中最敏捷和成功
的模仿者是前新浪员工程炳皓创办的开心网。这家开办于 2008 年 3 月
的公司从第一天起就以快速复制为战略，它率先将 Facebook 上最受欢
迎的"朋友买卖"和"抢车位"两个游戏型应用引入中国，一度让都市
白领们趋之若鹜。

　　就在 2009 年的春节前后，汤道生发现在校内网上有一款中国人自主开发的游戏《开心农场》突然火爆起来。它的玩法既简单又有趣，用户扮演一个农场的农场主，在自己农场里开垦土地，种植各种蔬菜和水果，同时又可以去偷取别人的果实。

　　这款游戏由上海一家名为"五分钟"的大学生创业公司开发成功，于 2008 年 11 月在校内网上线，仅一个星期就挤进了校内网的插件应用前 10 名，到圣诞节前后，当天日活跃用户数冲破 10 万，两个多月后又快速突破了 100 万。在 2009 年 2 月，开心网也推出了《开心花园》，进一步将"偷菜种菜"的热浪继续加温。

　　"QQ 空间与 Facebook 或校内网不同，它不是一个开放平台，不过我们可以与'五分钟'合作，将这款游戏引进到 QQ 空间。然而，一个最让人烦恼的问题是，腾讯已经有了游戏部门，如果我们也插足游戏，会不会导致业务分工的紊乱？"这是汤道生当时最大的担忧。

　　4 月的一天，汤道生与同样焦躁不安的郑志昊困坐在办公室里，面面相觑。就在过去的两个月里，随着农场游戏的持续升温，开心网和校内网的用户活跃度迅猛提高，QQ 空间明显有被边缘化的趋势。

　　郑志昊对汤道生说："我们就试试吧。"

　　汤道生用不熟练的普通话说："那就试试吧。"

　　第二天，腾讯的谈判代表就出现在了"五分钟"公司 CEO 郜韶飞的办公室里。之后的几天，双方就《开心农场》入驻 QQ 空间的细节进行了谈判。

　　腾讯提出三种合作方式：一次性购买代理权；全部收入按比例分成；腾讯承诺保底收入，一定基数之后实行封顶。郜韶飞选择了第三种方案，日后来看，这是郜韶飞一生中最大的失误。"谁也没有想到后来会那么疯狂。"这位年轻的创业者说。

　　正是由于对可能性的估计不足，郜韶飞还坚持游戏的服务器由"五分钟"来维护。

《开心农场》于 2009 年 5 月 22 日在 QQ 空间上线，接下来发生的景象出乎所有人的预期。

上线第一天，天量级的用户流量，一下子就把服务器撑爆了，在腾讯的历史上，从来没有出现过这样的先例，"五分钟"不得不把服务器的管理权限让渡给腾讯。郜韶飞团队原来所写的软件根本无法承受如此巨大的流量冲击，吴宵光紧急召集最精锐的程序员对软件进行了重写。

到 6 月 1 日，每天的农场活跃用户已达到 500 万人，分配给《开心农场》项目的服务器全部满负荷运载，技术团队持续优化，但显然又将面临爆棚的危险。郑志昊连夜给张志东写邮件，"恳请服务器上架和扩容上的倾斜支持"，他报告说，《开心农场》对 QQ 空间的活跃及商业化收入都有非常大的拉动。根据他的计算，在未来的两个月里，至少需要再增加数百台服务器。

10 分钟后，张志东就回复："很高兴看到我们的社交游戏（SNS‐Game）开始有商业模式的冒头，且具有相当大的规模效益。"他一次性批复了近千台服务器。

2009 年 8 月，《开心农场》更名为"QQ 农场"，新版本增加了农作物的品种，并将 QQ 会员的黄钻服务体系与"种子""农药"等虚拟道具的购买全面衔接。此后，农场玩家以每天 100 万的数量急剧增加，其在线及挂机时间之长也超出以往所有的经验值。

数年之后，当 QQ 空间的团队回忆当时的情景，每一个人仍然难掩窒息般的神情。

腾讯从来没有对外公布《QQ 农场》的流量数据。

"那是一个不可思议的数字，也许在很长的时间里，都不会被打破。"汤道生幽幽地说。

主管整个后台体系的卢山透露了一个细节：在 2009 年的下半年，

腾讯为《QQ 农场》先后增加了 4000 多台服务器——"这是从来没有发生过的事情"。另外，查询腾讯的 2009 年三季度业绩报告，其中提及：QQ 空间的活跃账户按季增长 33.7％，于第三季度末达到 3.053 亿，增长主要由于推出的新的社交网络应用（特别是基于社交网络的休闲游戏）广受用户欢迎。

按此推算，QQ 空间在一个季度里居然新增了 7000 多万活跃用户，这当然来自于《QQ 农场》的刺激性效应。

《QQ 农场》给腾讯带来的收入也是一个没有公开过的秘密。山东的《齐鲁晚报》曾报道过一位名叫王浩的玩家的支出："狗粮 0.4Q 币一天，化肥有好有差，中等的高速化肥要 1Q 币一袋，一天用两袋化肥就是 2Q 币，但是有黄钻可以全场八折。"王浩最后得出的结果是每天花费 1.92 元，这样连同会员费、黄钻特权费，他一个月在《QQ 农场》上要投入 80 元左右。

这是一位"中等玩家"的每月开支。若全国有 100 万名"王浩"，那么，《QQ 农场》的每月收入便在 1 亿元左右，而这在"全民偷菜"的 2009 年至 2010 年时期，无疑是一个非常保守的估算。

在 QQ 空间的历史上，《QQ 农场》如同把卫星推上既定轨道的、最有力的助推器。它不但让用户数量冲上了 3 亿级——Facebook 也是在 2009 年三季度因开放战略而达到了这一用户数，更重要的变化还有两个：

第一，它让腾讯在社交网络领域找到了有别于 Facebook 的收入模式。《QQ 农场》的盈利来自于用户购买虚拟道具的热情，而这正是腾讯自发明了 QQ 秀之后最为娴熟的获利方式。从 2009 年之后，QQ 空间的收入大幅增加，成为排在网络游戏之后的第二大收入贡献部门，黄钻收入在 2010 年达到峰值。到 2011 年，腾讯在社区增值服务上的营收为 72.21 亿元，其绝大部分来自于各种会员服务与虚拟游戏道具。

第二，在"偷菜运动"最为风靡的一年多里，QQ 空间以"农场"为流量入口，对腾讯全产品线的 38 个应用性产品进行了支持，其中包括 QQ 浏览器、QQ 管家、话费充值以及休闲竞技游戏等等，"充话费，送化肥"的活动也让人印象尤其深刻。QQ 空间因此获得 2009 年度的腾讯合作文化奖。从此之后，QQ 空间成为腾讯在电脑端最重要的入口级产品。这支在组建时只有 20 个人的小团队，以完全不同于 Facebook 的方式，在社交网络热潮中为腾讯立下了战功。

《QQ 农场》的成功让 QQ 空间团队更有信心引入更多社交应用，后来也发展成战略目标更清晰的腾讯开放平台。林松涛再次担起开拓新模式的重要任务，举起腾讯开放平台的旗帜，建立符合中国市场的开放与分成规则，让腾讯迈出了服务行业生态的一大步。后来腾讯开放平台更整合了多个平台产品的流量，让腾讯在页游市场赢得了最大的份额。

第 10 章

金矿："游戏之王"的诞生

挑战不可能的任务，其乐无穷。

——华特·迪士尼（迪士尼公司创始人）

对那些与事先设计的模式不相吻合的事实，要予以特殊的注意。

——阿诺德·汤因比（英国历史学家），《历史研究》

偏师借重任宇昕

在腾讯当了三年半程序员之后，任宇昕终于从马化腾嘴里再一次听到"游戏"这个词。那是 2004 年 4 月的一天，马化腾把增值开发部经理任宇昕叫到办公室，问道："现在有两个业务模块，增值业务或游戏业务，你选哪一个？"

过去的几年里，任宇昕一直在张志东主管的技术开发部门工作。随着 QQ 秀、QQ 会员等产品的开发上线，他于 2002 年被任命为增值开发部的经理，与负责客户端技术开发的吴宵光一起，成为张志东的左右手。

《凯旋》游戏的失利，一度动摇了腾讯继续在游戏上发力的决心，甚至连起初信心很大的曾李青也觉得"游戏业务离 QQ 的核心关系链有点远"。不过，马化腾仍然决定再试一次。这一回，他计划组建一个独立的行动小组。

"按腾讯当时的组织架构，技术开发与产品运营分属于两个部门，也就是所谓的 R 线与 M 线，随着腾讯的产品线越来越长，研发与市场出现了脱节现象，互联网的特点就是一月三变，信息一旦跨部门传递，效率自然下降。新组建的游戏部，要把相关的人都集聚到一个团队里，试行事业部制。"于是,马化腾决定将综合市场部和增值开发部拆分重组,分别组建互联网事业部和游戏事业部,他分别找到这两个部门的负责人邹小旻和任宇昕,背靠背地与他们交流,让他们二选一,任宇昕毫不犹豫地选择了游戏。

在主管人力资源的高级副总裁奚丹的记忆中,这是腾讯第一次按业务模块来组建团队。他把邹小旻和任宇昕约到飞亚达大厦旁边的咖啡馆,摊开一张人员名单,让他们各自挑人。在一开始的一个多小时里,谁也不说话,就干坐着。到后来,性情爽直的邹小旻实在忍不住了,就对任宇昕说:"你挑吧,你挑吧,把你要的人先挑走。"任宇昕容颜大开。

新组建的游戏部人员分别来自三个部门,即《凯旋》游戏组、增值开发部里的棋牌小组和综合市场部的一些运营人员。"丁磊把网易的游戏部门叫作互动娱乐部,我觉得挺贴切的,于是也叫了这个名称。"

任宇昕领命组建腾讯互动娱乐事业部的时候,北京的联众占据了棋牌游戏的半壁江山,上海的盛大士气正盛,《传奇》的付费用户达到史无前例的 6000 万人,几乎相当于一个中等国家的人口。2004 年 5 月,陈天桥将公司送上了纳斯达克。上市当天,公司即成为全球市价最高的专业网络游戏公司,年轻的陈天桥一跃成为新的"中国首富"。在广州,从梦网业务中抽身而出的丁磊迅速投入《大话西游》的开发,此外,第九城市代理了北美最火爆的《魔兽世界》,由保健品行业转战网游的史玉柱也开发出了《征途》。中国的网络游戏市场一时硝烟四起。

"在主管游戏业务之前,我只是一个游戏软件的业余爱好者,对于怎样运营一款游戏毫无概念,整个团队也是凑合而成,我们被安顿在飞亚达大厦的六楼,对前途一无所知。"当这些人第一次坐在一起开会的时候,彼此都看不顺眼,他们中的一些人开发过大型游戏,自认为是江湖上排得上名号的人物,有些人却只懂简单的棋牌游戏,另外还有人则对游戏一窍不通，但却知道东北网吧里的年轻人喜欢玩什么。

作为一支战斗部队的首领，任宇昕做出了两个决定。

首先是如何架构互娱部。"当时有盛大模式与网易模式之争，盛大将开发与运营分列开来，一个团队专事开发，一个团队专事运营，而网易则合二为一，实行的是项目制。后者的模式在一开始很困难，因为负责团队的头儿往往是技术出身，对运营一窍不通，可是长远看，就可以倒逼出一批有运营头脑的技术主管。我选择了网易模式。"这一模式被固定了下来，日后腾讯以一个游戏为独立单元组建专门的工作室，成则报酬丰厚，败则拆散重构，形成了内部的赛马机制。

其次是主战场的选择。"反思《凯旋》游戏的失利，我认为在当时的情形下，腾讯没有具备运营大型在线游戏的经验，因此最可靠的战术是，由易入手，边打边练，我决定主攻棋牌和小型休闲游戏，当面之敌便是联众。"

任宇昕对外宣称，腾讯棋牌游戏将用 3 年时间超过联众。然而事实上，他只用了不到 1 年的时间。

进击联众： 一场事先张扬的比拼

联众的成立时间，甚至比腾讯还早大半年。在鲍岳桥的经略下，到2003 年年底，联众的注册用户超过 2 亿，每月活跃用户数高达 1500万，一度占据棋牌游戏市场约 80％的市场份额。尽管在南方遭到了边锋等网站的骚扰，但其霸主地位却从未被撼动过。

当腾讯在 2003 年 8 月 13 日发布第一个游戏公开测试版的时候，鲍岳桥派人上去玩了一下，做了一个评估，他得到的汇报是：只有军棋、升级、象棋、斗地主和梭哈 5 个游戏，与联众相比，几乎没有任何改进和新意，"都是我们的仿制品，不用怕"。的确，在任宇昕组建互娱部之前，腾讯游戏组只有 4 名开发和运营人员，处在半死不活的状态。

情形在新部门组建之后开始悄悄变化。

任宇昕首先下令重写游戏大厅和增加游戏门类，使游戏的操作体验有了极大提升。同时，QQ 的聚合优势开始发力，在新的 QQ 版本中加入了 QQ 游戏的功能，用户无须注册，直接使用 QQ 号即可登录。任宇昕把 QQ 秀中的"阿凡达模式"引入游戏中，Q 币更成为玩家购买服务的一种最便捷的工具。

一位联众员工回忆了一个当时令他们最为绝望的功能："腾讯在 QQ 上增加了一个显示窗口，提示你的好友正在玩什么游戏，点击之后，直接跳转到游戏室，你就可以加入。QQ 有 2 亿多注册账户，随机产生的游戏玩家就吓死人了。"

棋牌游戏的用户增加也出乎腾讯自己的预料，在一开始，棋牌组的人约定，每增多 1 万人就聚餐一次，结果在一个月里，聚了 13 次餐，之后大家就再也不提这件事了。

很多年后，鲍岳桥认定腾讯用"完全模仿"的卑劣手法将联众用户吸引到了腾讯。他回忆当时的情景时说："与大型网游不同，棋牌类游戏规则固定，没有技术门槛，玩家又与 QQ 用户高度重合，腾讯很容易模仿。"也有观察者的印象与此类似："联众的用户被挖到 QQ 游戏大厅，却没有任何不适应，因为无论从游戏规则到界面、功能的分布，还是提示语，QQ 游戏大厅都直接照搬，如果是不熟悉的用户，甚至无法分辨哪个是联众游戏，哪个是 QQ 游戏。"

不过，腾讯游戏对其的理解稍有不同。孙宏宇是早期棋牌组的组长，他曾用一个月时间独立改写了腾讯游戏大厅，根据他的回忆："我们曾对比监测两家用户的数据，发现在腾讯用户急剧增长的那个时段，联众用户并没有出现明显下降，也就是说，玩腾讯游戏的人大部分是被我们拉进来的 QQ 用户，而不是从联众叛逃过来的。"

与鲍岳桥一起创办联众的简晶说："联众的市场份额最后被腾讯挤占了。其实我们本来是有一个措施的，但这个措施不是应对腾讯的，是为了应对联众未来的发展，因为联众不可能永远停留在最早的产品形态上，它一定要跨越。"在简晶看来，联众不应该死守技术门槛最低的棋牌市场，而应当冲杀出去，通过自主开发、引进乃至联合运营的方式进入大型网游市场，或者创造出新的游戏形态。联众至少有两年时间进行这样的冒险，"冲出去也许仍然会死，但至少有一线生机，枯守棋牌，则必死"。

显然，这是一个绝好的商学院教案，在某种意义上，联众不是死于被模仿，而是死于没有应对，没有继续冒险创新。

到 2004 年 8 月 24 日，在正式运营一年后，QQ 棋牌游戏同时在线人数达到 62 万，到 12 月底，突破 100 万，与联众相当。之后，两者之间的用户数对比发生更为猛烈的、此消彼长的反差。2006 年年底，鲍岳桥被迫辞去联众董事长的职务。

在很多人看来，腾讯对联众的进击，已近于动物世界里一场发生在阳光下的血腥扑杀，双方爪齿全显，动作简单，全凭力量取胜。

腾讯与联众之战，几乎和它与 MSN 之战同时展开。

对于其他的互联网创业者来说，后一战尽管你死我活，却是一场"即时通信疆域"内的战争，他们尽可袖手壁立，旁观其输赢，甚至有点幸灾乐祸，希望从中猎取一些利益。

然而，腾讯对联众的击杀就完全不同了，腾讯强悍的战斗力，以及任宇昕团队对流量和用户资源的天才般的使用，引起了整个互联网业界的震惊，几乎每一个人都开始思考一个可怕的问题——

如果哪一天，腾讯以同样的战术进入我的疆域，我能否抵抗？

《泡泡堂》 与《QQ 堂》 之战

这个可怕的问题很快蔓延为冷酷的事实。就在棋牌游戏超越联众的同时，2005 年 1 月，腾讯推出《QQ 堂》游戏，这引爆了腾讯与当时的游戏盟主盛大之间的一场战事和法律风波。

《QQ 堂》的仿效对象是盛大的《泡泡堂》。

这款游戏的原型为韩国游戏《BNB》。它模仿经典红白机游戏《炸弹人》制作而成，是一款适合低幼人群的益智类家庭休闲网游，开发商是韩国 NEXON 公司。《BNB》于 2001 年上线运营，2002 年，盛大购得中国代理权并在次年以 "泡泡堂" 为名进行运营，到 2004 年年底，《泡泡堂》的最高同时在线人数突破 70 万，成为当时全球活跃用户人数最多的在线游戏之一。

《泡泡堂》游戏的低幼化特征，与当时的 QQ 用户十分吻合。任宇昕于 2004 年 6 月决定研发同类游戏，他投入了互娱部所有的业务力量，这些人日后几乎都成为腾讯游戏各个部门的主要负责人。《QQ 堂》于 2004 年 9 月内测，于 12 月正式公测推广。

任宇昕不否认《QQ 堂》对《泡泡堂》的跟进战略，他回忆过一个 "创新误区" 的细节："当时我和团队一起花了很多时间来对比《QQ 堂》与《泡泡堂》两个产品的差异，把细节全部罗列出来，一项一项地对比，他们是怎么做的，我们要怎么做，能否有一些改进和创新。比如，我们觉得《泡泡堂》的地图设计得很单调，于是就开发了一些看上去很酷的地图。再比如，《泡泡堂》的角色在地图上行走时，只有手和脚会动，我们加入了头部晃动，这样就显得比较可爱。然而，游戏上线之后却发现，这都是一些很糟糕的创新，地图做得太花哨了，用户玩着玩着就眼花了，而不断晃动的脑袋更是让用户产生了游戏不流畅、卡机的错觉。"

自以为做了很多创新的第一版《QQ堂》上线后，遭遇冷遇，同时在线数长时间徘徊在万人以下。任宇昕不得不组织人员持续改版，在之后的半年里，互娱部所有人员几乎都在晚上10点之后才下班。

到7月，《QQ堂》推出"酷比一夏"新版本，它的游戏界面变得干净清新，还增加了"酷比"角色，大大提高了游戏的趣味性。此后，《QQ堂》的最高同时在线用户数迅速突破万人，3个月内冲到了10万级别。在其后的一年多里，《QQ堂》保持每月一次改版的节奏，在听取用户意见的基础上持续优化，游戏的热度终于被引爆了。

《QQ堂》的出现让盛大腹背受敌，根据盛大公布的2006年二季度财报显示："其休闲游戏《泡泡堂》在运营了3年之后遭遇到'老化'问题，休闲游戏业务收入较上季度下降17.8%。"

含蓄的陈天桥没有直接发动对腾讯的攻击，他说服拥有BNB著作权的NEXON公司冲上火线。

2006年9月，NEXON以腾讯涉嫌著作权侵权和不正当竞争为由向北京市第一中级人民法院递交起诉函。在诉状中，NEXON向法庭提交了《QQ堂》涉嫌抄袭的37幅画面，它认为："无论是从游戏画面、操作方式、道具设计、背景颜色还是背景布置的具体细节上，《QQ堂》均与《泡泡堂》相同或实质性相似；而且腾讯以'堂'命名游戏，明显是在利用《泡泡堂》在中国市场上的影响力，甚至在游戏中采用相同的道具或实质性相似的名称和图形，是对游戏玩家的一种误导，使玩家误以为两款游戏存在关联。"

据此，NEXON认为腾讯的行为构成著作权侵权以及违背了《反不正当竞争法》第二条规定的诚实信用原则和商业道德，要求腾讯停止《QQ堂》的运营，并公开道歉，赔偿50万元人民币。

NEXON 对腾讯的起诉，是中国网络游戏产业第一起跨国著作权侵权案，引起舆论极大关注。其中涉及的侵权细节几乎遍及整个产业的开发环节，对之的认定则关系到网络游戏研发的方向和知识产权界定。

腾讯在诉讼中对自己的行为进行了答辩：《QQ 堂》是完全由腾讯自主策划、自主编写、自主开发的网络休闲游戏，不存在著作权侵权的问题，韩方指责的"抄袭"根本没有根据，另外腾讯也不存在任何不正当竞争的行为。

这场官司打了 6 个月。主管法律事务的副总裁郭凯天说："官司开打的时候，我们心里也没有底，不知道法院会怎么判，但是几轮辩护下来，法律的边界渐渐清晰起来，也就是从此之后，我们越来越注重知识产权和专利保护。"

2007 年 3 月，北京市第一中级人民法院做出判决，判决书的焦点集中于两点：第一，是否存在侵犯著作权行为。法院通过比对认为，NEXON 提交的 37 幅画面有的"属于通用的表达形式，原告无权就其主张著作权"，有的"从整体上看均不相似"，有的"属于思想范畴"，因此被告腾讯不构成抄袭。第二，是否存在不正当竞争行为。法庭认为"堂"字是汉语中固有的词汇，原告将其运用于网游领域作为名称使用确有一定的独创性，但也不能借此取得对"堂"字独占使用的权利，所诉不正当竞争事项不具有事实依据和法律依据。

据此，法院驳回了 NEXON 的所有诉讼请求。

在对联众和《泡泡堂》的两役中，腾讯展现了它在新产品开发上的几个基本特点：紧盯市场新热点，快速跟进优化，利用自己的流量优势实现整体替代。

2006 年 6 月，马化腾在接受《中国企业家》杂志采访时对此进行了描述："我不盲目创新，微软、谷歌做的都是别人做过的东西。最聪明的方法肯定是学习最佳案例，然后再超越。"

有一个事实需在这里陈述的是：在后来的若干年内——甚至一直到我创作此书之际，腾讯仍然被很多人冠以"抄袭大王"之名。不过，在法律层面上以腾讯游戏抄袭为由提起过著作权诉讼的，仅 NEXON 一家。

QQ 宠物： 母爱情结的宣泄

在《QQ 堂》上线 5 个月后，2005 年 6 月，腾讯推出了"QQ 宠物"，这又是一次轻骑兵式的跟进超越。

数字宠物是日本人的发明。1996 年，日本玩具厂家万代（BANDAI）推出了全球第一款数字宠物产品"电子鸡"，它的外形如一只鸡蛋，上面有三个按键，可以给宠物喂食、与它一起玩游戏、清洁它的居住环境，每只"电子鸡"都有年龄、体重、饥饿和心情，它的进化和生存时间都取决于主人的照顾。

"电子鸡"风靡一时，当时的日本少年几乎"人手一鸡"。继万代之后，日本游戏厂家任天堂推出了掌上游戏《神奇宝贝》，成为日本掌游的经典产品。在中国，第九城市和盛大都曾在 2000 年推出了类似的数字宠物，然而并没有取得风靡的效果。

QQ 宠物是由互联网业务系统（B2）研发出来的，产品经理为汪海兵（2007 年离开腾讯创办淘米网），一年后被归入互娱业务系统（B3）运营。他说："我们决定推出 QQ 宠物，是基于一个非常本能的考虑——胖企鹅本身就是一个拟人化的数字宠物，对之进行养成进化的设计，有天然的用户优势。"

QQ 宠物在产品概念上并没有出奇之处，可是，在环节构想和运营思路上却大有独到的地方。

多年以来，胖企鹅早已深入人心，游戏设计人员在拟人化方面动足了脑筋，它比之前的数字宠物更像用户自己的孩子。QQ 宠物为用户提供喂养、学习、打工、娱乐、结婚、旅游等多种休闲娱乐体验，在后续的产品改进中，更是在精细化养成和用户交互体验上持续改进。

到 2006 年 7 月，QQ 宠物创造了最高同时在线人数突破 100 万的纪录，成为全球最大的网络虚拟宠物社区。2007 年 3 月，QQ 宠物的累积用户已达亿级，互娱部借鉴 QQ 秀和 QQ 空间的经验，顺势推出了"粉钻贵族"。与其他"钻石"一样，粉钻的月费也为 10 元，可享受五大特权，包括身份显示、物品打折、专属物品购买、免费服务等等。

后来的几年里，粉钻的服务内容在不断地丰富，比如出现了"Q 宠客栈"，粉钻用户"可以在每天的 17 点到 24 点来到 Q 宠客栈，在 Q 奶奶处选择让自己的 Q 宠宝贝进行托管"；开设了"Q 宠医院"，粉钻用户可以享受"免费看病的绿色通道服务和免费开处方特权"；还有"冒险岛旅行"，"成为粉钻贵族即可立即拥有粉钻赐予的神奇力量，可享受无限制参加 QQ 宠物冒险岛奇幻旅程特权"；"免费征婚"，普通企鹅征婚需要支付费用，而粉钻用户则是免费的。

在很多外部观察者看来，QQ 宠物毫无新意，无非再一次证明了腾讯在"抄袭"上的天分。然而，细致地推敲这一产品的整个生命周期，还是可以发现不少的创新点，其中有些创意甚至是其他公司难以仿效的。

QQ 宠物与 QQ 秀有脉络上的天然承续，是装扮模式向养成模式的递进，不过，与一般意义上的网络游戏相比，QQ 宠物更像是一种网络生存的体验活动。有数据显示，养宠物的 QQ 用户有七成为女性，它所煽动的是人类内心深处的母爱情结。这一游戏内涵可谓非常的浅薄，但又十分的真实和温情。这种人格化的代入及对之的灵活掌握，是腾讯公司最擅长的秘密武器。马化腾多年来所倡导的"在线生活"既包括人际的网络沟通、信息交互和电子商务，同时也直指网络化的情感宣泄和展示，这种细微的诉求往往被忽视。

在 QQ 宠物一案中，我们清晰地看到了经典的腾讯式运营：锁定一个"真实的诉求点"，在用户体验上力争做到极致—从庞大的用户基数中抓取消费群—在形成一定数量的基础用户之后推出进阶式有偿商业服务—持续优化、尽力延长产品的生命周期—寻找新的诉求点。

这一演进逻辑几乎体现在所有腾讯产品之中。

绕开主战场的侧击战略

进入 2005 年之后，腾讯在棋牌和小型休闲游戏上取得了不错的战绩，可是在很长的时间里，游戏团队并没有清晰的战略意图，采取的几乎都是以跟进模仿和流量导入为主要策略的战术。

在这一年度，全国的网络游戏产业规模达到 61 亿元，比上年增长 51％，其主力游戏模式——无论是韩国的《传奇》、美国的《魔兽世界》还是中国自主开发的《梦幻西游》等，全数是以"打怪升级"为主题的大型网游，盛大、网易、九城、光通和金山依次位列网游公司前五强，无一例外地绞杀在这个战场上。其中，以自主研发为主的网易表现最为出色，因《大话西游 2》和《梦幻西游》的开发成功，市场份额从 11％猛增到 22％。

相比大型网游市场的火爆，腾讯所主攻的休闲游戏领域显然要冷清得多。根据计算机世界网的估算，2004 年，国内休闲网游规模为 5 亿元，2005 年约为 9 亿元，仅占产业规模的 1/7 左右，腾讯即便吃掉大半，也无法与前五强比肩。

在《凯旋》游戏出战失利之后，新组建的互娱部决心血洗前耻，任宇昕集中最好的技术力量，悄悄投入一款大型角色扮演类游戏的研发，它以《东游记》中的"八仙"为题材，模拟对象正是当时最火爆的《魔兽世界》。到 2005 年 3 月，这款被定名为"QQ 幻想"的游戏进入内测，于 12 月 8 日正式商业化运营。游戏提供了 4 种面额的 Q 币点卡，用户每玩一个小时需付费 0.4 元。

"我们有一个很梦幻的开局。"任宇昕回忆说，刚刚开始公测，《QQ 幻想》就获得了 66 万用户。但是好景不长，《QQ 幻想》犯了一个与 3D 版《凯旋》恰好相反的错误：它的游戏设计过于简单，不少玩家很快就全部过关。

更让腾讯措手不及的是，就在 2005 年 12 月，陈天桥将盛大旗下的《传奇 2》《梦幻国度》及《传奇世界》三款大型游戏"永远免费"，其收入模式改为"游戏时间免费，增值服务收费"，这让同一类型的《QQ 幻想》顿时失去了吸引力。在《泡泡堂》事件上吃了一个哑巴亏的陈天桥，转身却在大型网游领域向马化腾射出了复仇的一箭。

《QQ 幻想》的"高开低走"，让腾讯时隔两年之后在大型网游产品上再次遭遇一场不小的挫折。此时，在互娱部内部发生了两个方向性的争论：第一，如何继续进击大型网游领域，夺回失去的荣誉；第二，腾讯游戏的未来是以引进为主，还是以自主开发为主。

任宇昕陷入了一个进退两难的困境："在这个时候，我开始考虑腾讯游戏的出路，想要形成自己的打法。"

在认真研究了单板机游戏历史和韩国游戏市场之后，任宇昕得出了一个新的观察结论。

在他看来，尽管以角色扮演（RPG）为特征的大型网络游戏风行一时，可是，其他的游戏类型并未退出市场。在 2005 年的游戏用户中，大型网游的用户为 1590 万人，休闲游戏用户则为 1790 万人，也就是说，仍有很大的份额。而在此类游戏领域，又存在着"冠军通吃"的规律，即排名第一的类型游戏会占据绝大部分的用户份额，"从韩国游戏排行榜中可以看到，有些领域只有第一名很重要，从第二名开始基本上就没有人记得是什么游戏了"。

基于这样的观察，任宇昕在互娱部的一次业务讨论会上说，目前大家在争论的两个话题，一个胜算渺茫，另一个则是"伪命题"。

他提出了一个十分激进的战略思想：绕开以"打怪升级"为主题的大型网络游戏主战场，全力聚焦于休闲竞技游戏，并必须做到类型冠军，他称之为"后发者的侧击战略"。在讨论会上，任宇昕在黑板上写下了这些门类：枪战、赛车、格斗、飞行射击、音乐舞蹈。他像一位战地指挥官般地说："这些才是腾讯游戏要攻占的山头。"在这个战略意图之下，自主开发与对外引进，仅仅是一个选择项而已。在任宇昕看来，"不妨并行不悖"。

任宇昕在 2006 年年初形成的这一战略思想，对于腾讯游戏事业而言，具有决定性的意义。

第一款被引进的休闲竞技游戏是韩国游戏公司 Seed9 开发、由 Neowiz 公司代理发行的《R2beat》，这是一款竞速型音乐韵律游戏，面向的玩家是喜欢清新风格的初中生以及喜欢简单游戏的青年。腾讯以不到 30 万美元的代价将之引进，起名为"QQ 音速"，于 2006 年 7 月正式上线，最高同时在线人数做到了 7 万，算是一个勉强过得去的成绩。

《穿越火线》与《地下城与勇士》

2007 年年底，腾讯分别向 Neowiz 和 Neople 公司取得了《穿越火线》和《地下城与勇士》两款游戏的中国代理权，正是这两款游戏让腾讯游戏获得了爆发性的增长。

《穿越火线》是一款以两大国际雇佣兵组织间作战为背景的网络枪战游戏，它于 2007 年 5 月在韩国上线，可是并没有很大的成功，因为之前已有《突然攻击》和《特殊压力》两款非常受欢迎的同类型游戏，而 Neowiz 公司为《穿越火线》开出了 500 万美元以上的代理价。腾讯高层一度很是犹豫，而任宇昕认为，此游戏的体验感很好，在中国市场上尚无一款枪战游戏取得垄断性成功，因此可以大胆一试。为了保险起见，他还同时打包引进了另一款枪战游戏，“我准备了两波攻击，一波不成，第二波即可跟进”。

《地下城与勇士》是一款格斗过关游戏，开发商 Neople 公司在设计中吸收了大量的经典街机中的特色内容。“所有玩过单板机的人都非常容易上手，在体验上更加刺激和深入。尤为重要的是，它对硬件要求非常低，基本上是电脑就可以满足。”它于 2005 年 8 月就在韩国上线，一直霸据网游畅销榜的前十位。

《穿越火线》与《地下城与勇士》的中国版在 2008 年年初公测上线，韩国方及腾讯对之的期望值为“最高同时在线用户达到 30 万”。谁也没有料到的是，用户数竟呈令人吃惊的暴涨态势，到年底，最高同时在线账户数就分别突破了 220 万和 150 万。几乎同时，腾讯自主开发的《QQ 飞车》和《QQ 炫舞》相继上线，用户数也超过了百万级。

当产品战略得到了市场的验证之后，腾讯在用户积累和运营上的优势便得到了爆炸式的发挥。

互娱部推出针对游戏用户的“游戏 VIP”，又称“超级玩家”，享有的特权包括优先进入人满房间、独享网管室实时贴心服务、查找玩家位置、24 小时双倍积分、查找所有玩家位置、自定义超长昵称、自定义游戏黑名单、自定义游戏好友、大厅商城道具九折等。

试举一例，2007 年 6 月，腾讯推出一款名为“QQ 魔界”的 2D 游戏。游戏平台随即发布了如下奖励措施：

只要您是 QQ 的用户，并用自己的 QQ 号登录《QQ 魔界》，就有机会获得 QQ 蓝钻会员资格。

普通 QQ 用户，用自己的 QQ 号登录《QQ 魔界》，当您的角色等级达到 45 级，将免费获得 QQ 蓝钻会员资格 30 天。

QQ 会员玩家，等级达到 15 级将获得蓝钻资格 30 天，等级达到 30 级将获得蓝钻资格 60 天，等级达到 45 级将获得蓝钻资格 90 天。

这些奖励聚合了腾讯的钻石服务和会员服务，为 QQ 用户的进入提供了非常快捷和有诱惑力的通道。随着游戏项目的增加，腾讯又先后推出了"紫钻贵族"和"黑钻贵族"。前者是《QQ 炫舞》《QQ 飞车》《QQ 堂》和《QQ 音速》中的特权服务。后者则是针对《地下城与勇士》的特权服务，开通黑钻可享受"翻牌奖励、经验加成与疲劳加成"。经过数年磨砺，腾讯在用户热情的激发上越来越娴熟，也越来越让人难以抵抗。

在腾讯史上，2008 年被视为"游戏元年"。

"恐怖之王" 的诞生

互动娱乐业务系统在网络游戏上的成功，出乎了董事会的预料。

早在 2006 年 5 月，马化腾接受《南方都市报》记者专访时，仍然坚持"互动娱乐短期论"，他说："在我们看来，互动娱乐，可能在 2～4 年内会有增长，但基数到一定规模后增长肯定会放缓，甚至有可能不增长。所以长期的、稳定的收入模式还应来自企业付费和广告收入，包括搜索付费和电子商务。"

可是，在后来的几年里，随着《穿越火线》及《地下城与勇士》等游戏的上线，网游的吸金能力以及其对公司的利润贡献远远超出了马化腾的预想。

2008 年度，盛大全年游戏营收 34.23 亿元，第四季度为 9.72 亿元；一向排名靠后的腾讯游戏由第六一举跃升至第二，全年游戏营收 28.38 亿元，第四季度为 8.03 亿元，已超过网易，非常逼近盛大。与此同时，腾讯的 QQ 注册用户数接近 9 亿。也是在这一年，腾讯参股美国一家新创办的网游开发公司 Riot Games，成为其产品《英雄联盟》的中国代理商。

在腾讯找到了自己打法的那些年，网游盟主盛大却发生了战略性的迷失。手握近百亿元现金、心雄一时的陈天桥提出了打造"网络迪士尼"的新战略，相继涉足文学、音乐、旅游、影视、视频等多个领域，试图以网游为平台，建构一个宏大的娱乐王国。这一战略，使得盛大陷入多头拓进的泥潭，几乎在每一个领域都遭遇强敌，而它在网游上的先发优势则因精力分散而日渐丧失。

与即时通信工具不同，网游用户对平台的忠诚度和依赖度很低，游戏一旦不好玩，他们立即掉头而去。在互联网世界里，一个失去了核心产品和杀手级应用的企业，无异于一座失去了防御工事、等待被攻陷洗劫的城池。

腾讯对盛大的超越发生在 2009 年的第二季度，前者的网游收入达到1.816亿美元，后者为 1.72 亿美元；在季度净利润上，腾讯为 1.759 亿美元，盛大为 0.625 亿美元，低于网易的 0.685 亿美元。到年底，腾讯的市场份额超过了 20％，从此再没有给盛大反超的机会，在全年用户数量最高的 10 款游戏中，腾讯的《地下城与勇士》《穿越火线》《QQ炫舞》赫然占据了前三位，《QQ飞车》位列第七。

中国网游世界中的"恐怖之王"诞生了，任宇昕指挥着一支"虚拟之师"攻城略地，星辰坠落，大地升腾。

在后来的几年里，腾讯游戏的优势继续扩大。2010 年一季度，腾讯游戏市场份额达 25.3％，首次超过 1/4，它与盛大、网易三家占据了市场的 62％。到三季度，网易因从九城手中夺得《魔兽世界》的代理权，营收超过了盛大。

2011 年 2 月，腾讯以 2.31 亿美元收购 Riot Games 的大部分股份。同年 8 月，《穿越火线》中国服务器最高同时在线人数超越 300 万，刷新了网游同时在线人数最高纪录。2013 年 3 月，《英雄联盟》再破纪录，最高同时在线人数超过 500 万，成为全球最大的在线游戏社区。

及至 2013 年的第一季度，腾讯网游营收高达 12.17 亿美元，排名其后的网易、盛大、畅游、完美世界、巨人五家公司相加之和为 8.7 亿美元。其中，昔日盟主盛大已经跌至第四，营收仅得 1.73 亿美元。

在腾讯的全部收入和获利中，网游的贡献同样是突出的。

根据腾讯 2011 年的年报显示，网络游戏对公司收入的贡献已经过半，达到 158.21 亿元。《地下城与勇士》《穿越火线》《QQ 炫舞》《QQ 飞车》以及《英雄联盟》5 款游戏贡献了主要的利润来源。在 2003 年年初，马化腾决定进入棋牌游戏领域时，游戏组仅有 4 名员工，而到 10 年后的 2013 年，我调研创作此书的时候，互动娱乐部门拥有 2000 多名游戏开发人员，加上外围公司，开发人员总数接近 5000 人，为全球最大的网游开发群体。

也正因此，腾讯成为一家越来越难以被定义的公司。

第 11 章

广告：社交平台的逆袭

为判定竞争优势，有必要为在一个特定产业的竞争而定义企业的价值链。

——迈克尔·波特（哈佛商学院教授），《竞争优势》

每一次都会有一些人失败，同时又有另外一些人成功地找到解决的办法。

——刘胜义

流量上的胜利

"你觉得腾讯网的广告能超过新浪吗？"马化腾一边吃着粤菜，一边问刘胜义。

这是他们的第一次见面，时间是 2005 年的盛夏。在那一年，腾讯网的广告收入约为 1 亿元人民币，新浪网为 8500 万美元。在所有新闻类门户中，腾讯网的流量落后于新浪、搜狐、网易和 TOM，排名第五。

刘胜义此时的职位是阳狮中国的执行合伙人，出生于 1966 年的他即将"四十不惑"，渴望开始一段新的人生。在亚洲广告界，马来西亚籍的刘胜义算是一位传奇人物，他大学毕业就进入麦肯广告，负责宝洁和雀巢的广告业务，因业绩出色在 1994 年被调到香港工作，31 岁时当上了中国区的总经理。然而，在广告界浸淫了 10 多年之后，他想要换一条跑道。

当时，猎头公司摆在刘胜义面前的工作选择，有谷歌、eBay 和腾讯。在好奇心的驱使下，他南下深圳，与腾讯高层见面。

"这是我第一次到深圳，一下飞机，就被这座城市的晴空和四处林立的脚手架所吸引。那天，腾讯的几位决策人都来了，他们都穿着休闲衫，只有我一本正经地穿着西装。见了面后，大家到附近的一家粤菜馆吃饭，然后就是七嘴八舌的一顿群考。"整个聚餐过程，刘胜义几乎没有动过筷子，回到宾馆后，他独自一人出去填了一碗牛肉面。在刘胜义的第一印象中，马化腾和刘炽平对腾讯网的未来充满了担忧，他们并不担心流量的落后，担心的是影响力和广告收入。

刘炽平没有在过后带刘胜义参观公司，但两人保持了频繁的电话沟通。刘胜义唯一记得的是，当时离开这个"群考"饭局后，自己被这群比自己年轻近 10 岁的中国年轻人的敬业、专注、认真深深地感动了。之前刘胜义对腾讯不算了解，但这次的深圳之旅彻底坚定了他加入这家公司的意愿。

就在刘炽平试图说服刘胜义加入腾讯的同时，腾讯网正在努力实现流量上的赶超和形象上的转变。

2005 年 8 月，腾讯网再次改版，宣布从"青年的新闻门户"向"立志做最好的综合门户"转型，这意味着这家专注于娱乐新闻和年轻人的网站将更多地关注主流社会。在之后的一年里，腾讯从三大新闻门户及传统纸媒中大规模"挖人"，迅速组建起一支 400 多人的编辑团队。

10 月 12 日，中国发射神舟六号载人飞船，这是中国第一艘执行"多人多天"任务的载人飞船，引起了全民的狂热关注，各大新闻门户由此展开了一场空前的新闻大战。新浪网突显了拿手的专题报道，它获得了中央电视台的唯一合作权，并对航空员费俊龙、聂海胜家人进行独家电话采访。腾讯则把"门户＋IM"的模式发挥到了极致，QQ"迷你首页"在第一时间将神六的动态新闻弹出，引导用户进入腾讯网站。截至 2015 年 10 月 18 日的统计数据显示，网民关于"神六升空"的评论数，新浪网以 109610 条领先，腾讯则以 101587 条位列第二，超过了网易和搜狐。这是腾讯第一次在重大新闻事件中取得小胜。孙忠怀说："我们利用 QQ 终端实现了新闻的即时性和互动性，其他门户只能看着我们干着急。"

12 月 31 日，腾讯网启用全新的品牌标识，以绿、黄、红三色轨迹线环绕的小企鹅标识替代了经典的 QQ 企鹅图案，中文标识"腾讯网"和英文标识"QQ. com"则仅在外观上做一些改变，卡通特征被彻底淡化。

对于任何企业而言，品牌换标都是一个重大事件，然而，腾讯却意外地没有举办任何新闻发布仪式。马化腾仅在贴着新标识的网站上发了一则简短的换标致辞，宣布："腾讯已经成为一个集即时通信、新闻门户、在线游戏、互动娱乐等为一体的综合性互联网公司，以往的腾讯网标识已经不足以体现腾讯网现有的产业布局和经营模式。"

从 2006 年开始，腾讯网发动了强劲的流量攻势。

在 4 月 16 日到 5 月 6 日的 3 周内，腾讯网流量首次超越新浪网。

6 月 9 日至 7 月 10 日，第 18 届世界杯足球赛决赛在德国举行，这再次成为网民的"狂欢之月"。截至 2006 年 3 月 31 日，QQ 注册用户突破 5.3 亿，月活跃用户数达 2.2 亿。年轻的网民无疑是足球比赛最大的拥趸，腾讯网的世界杯站点用户达到 4560 万人，与新浪网相当，而在流量上，腾讯网则实现了决定性的超越。

8 月 18 日，当年度最火爆的电视选秀节目《超级女声》全国决赛拉开战幕，腾讯网与湖南卫视合作推出网络电视"超女频道"，亿万粉丝在 QQ 直播上点播收看《超级女声》的所有比赛，还可以通过聊天平台交流对大赛的感受，更有大量粉丝建立了自己的直播室和 QQ 群，QQ 天生的社区性功能被发挥得淋漓尽致。

经过世界杯和《超级女声》两次新闻运动，腾讯网对外高调宣布，它已经一跃成为中国第一、世界第五的门户网站。然而，无论是腾讯人还是外部的所有人都心知肚明，这只是流量意义上的胜利，与媒体影响力甚至广告收入并不完全匹配。

"QQ 用户中有多少人买得起 Dior？"

　　刘胜义在 2006 年年初加入腾讯，出任负责网络营销服务与企业品牌的执行副总裁。7 月份，曾担任时政类杂志《南风窗》总编辑的陈菊红被任命为腾讯网总编辑。他们的使命是"让腾讯网摆脱'三低'形象——低龄、低学历、低收入，真正成为一个主流媒体，同时发掘广告价值"。

　　虽然没有任何互联网媒体的从业经验，但是刘胜义凭直觉认为，腾讯网的广告价值被严重低估了。尽管腾讯网在 2006 年世界杯期间的流量超过了新浪网，可是所吸引的广告收入却只有后者的 1/4，就全年而论，腾讯网的广告营收不但落后于新浪，更只有搜狐的 37%。

　　2007 年 4 月，在北京、上海等大城市的机场出现了一组腾讯网的大型灯箱广告，许多小图案在一起组合成了巨型的鲸、鹰和狮子的轮廓，广告主题为"大影响，大回响"。这是腾讯历史上第一次投放户外形象广告，也是刘胜义到任后的第一个行动，他试图扭转腾讯网的低幼形象，并在政商人士密度最高的机场扩大品牌影响力。腾讯网先后成为博鳌亚洲论坛、夏季达沃斯世界经济年会的独家互联网合作伙伴，以及女足世界杯的官方支持商。所有这些行动都表明，刘胜义试图以最快捷的方式，让腾讯变得更加主流和成人化。

　　然而，"去低幼化"战略一度让腾讯上下都非常不适应，而且在效果上也差强人意，事实比刘胜义想象的要复杂得多。

　　在加入腾讯不久后，刘胜义亲自出马，与法国化妆品公司迪奥（Dior）洽谈广告投放计划。在过去的 10 多年里，他对广告的专业建议一直受到品牌商的信任，可是这一次，迪奥中国区总裁李达康却提出了一个让他无法回答的质疑："QQ 用户中有多少人买得起 Dior 的产品？"

迪奥的受众主体是那些 25 岁以上、受过良好教育且收入不菲的都市白领女性，这与人们对 QQ 用户"低龄＋低端"的通常印象大相径庭。出于试验的目的和对刘胜义的尊重，迪奥同意从 2007 年 6 月份开始在 QQ 空间开设"Dior 空间"，探索性地进行了广告投放。在 2008 年 3 月 15 日的"情人节"前后，腾讯与迪奥联合展开"缠上·爱上"主题活动，参与该活动的 QQ 用户只要在自己的 QQ 空间上传双人情侣照，就能获得迪奥的虚拟挂件，或以折扣价格购买迪奥香水。腾讯在 QQ 空间、迷你首页和门户网站上，为活动设置了立体的广告投放位置。

一个月后，监测公司给出的数据并不理想，初次合作的探索没能让腾讯和迪奥找到满意的答案。这也使得拥有 2.2 亿活跃用户的腾讯开始深入思考，怎样的广告生态才能更有效地为品牌服务。

2008 年 6 月，以都市白领为阅读对象的《第一财经周刊》发表了题为"企鹅的错误"的封面文章，对腾讯的主流化广告战略极尽嘲讽。记者写道："腾讯公司之前成功的业务全都建立在年轻用户的需求上，这可跟做严肃新闻的新浪网截然不同。谁都知道，企鹅这种动物离开了南极有多危险。"

在记者看来，试图摆脱低端形象的腾讯是"一只正在离开南极的企鹅"。

在这篇报道中，一些接受采访的人士对腾讯的新战略都持冷漠的态度。一家房地产经纪机构的销售总监对记者说："给腾讯投房地产广告？这不是为难我吗？我们一般和搜房网、焦点房地产以及新浪房产合作，没和腾讯合作过。"通用汽车负责新媒体营销的主管说："腾讯汽车频道并不是腾讯的特色，我们并不会只看网站方面提供的流量，我们经常自己进行数据采集和网站间的比较。"新浪广告部一名负责房地产广告销售的员工甚至表示："在我们的竞争对手概念里，根本没有腾讯。"

《第一财经周刊》的这篇报道让腾讯，尤其是让未接受过记者采访的刘胜义非常不满。经过交涉，杂志被迫在下一期刊发了一则简短的道歉声明，表示"我们犯了一个错误，在《企鹅的错误》中，两处腾讯公司执行副总裁刘胜义的直接引语并非记者直接采访而来，结果造成记者直接采访刘胜义本人的假象"。尽管如此，《第一财经周刊》还是揭示出了一个基本的事实：汽车、房产、金融以及高价化妆品行业对腾讯的商业价值持怀疑的态度。腾讯必须要找到更好的、能够证明自己价值的方法。

MIND：重新定义互联网广告

当李达康提出那个尴尬问题的时候，刘胜义已经在考虑答案。"我意识到，腾讯也许需要一套新的广告投放标准，也就是说，我们要重新定义互联网广告。"他日后对我说。

腾讯的门户形态显然与传统意义上的新闻门户全然不同，后者的信息传播基于单向发送和接收，而腾讯网则基于互动分享和体验，用户行为带有很强的社区特征，因此也能够被分析和抓取出来。

在 2007 年之后，随着社交网络概念的成熟，基于消费者行为的数据分析成为可能，全球的互联网业界都在寻找新的广告运营模式。

2007 年 11 月，Facebook 启动了以"信任推荐"为主题的自助服务广告，这项名为"灯塔（Beacon）"的广告服务根据抓取的消费记录，向用户推送相关的商品信息。由于这一行为涉嫌侵犯了用户隐私而遭到360 万用户的联合起诉，Facebook 被迫公开道歉，并改变了信息推送的逻辑和方式。不过，这次失败的尝试仍然让人们看到了社交网络与精准广告的未来。

几乎就在 Facebook 尝试"灯塔"业务的同时，网络媒体事业部广告团队在腾讯的内部头脑风暴会上提出了"腾讯智慧"——MIND，并得到了刘胜义的支持。

Measurability：用可衡量的效果，来体现在线营销的有效性、可持续性以及科学性。

Interactive Experience：用互动式的体验，来提供高质量的创新体验和妙趣横生的网络生活感受。

Navigation：用精确化的导航，来保障目标用户的精准选择和在线营销体验的效果。

Differentiation：用差异化的定位，来创造在线营销的不同，满足客户独特性的需求。

MIND 从效果、互动、导航及差异化四个方面重新定义了互联网广告的投放逻辑和评价标准，与其他门户网站相比，这一模式无疑是为腾讯"量身定制"的。

在刘胜义看来，各类网络用户的足迹都有规律可循。"在虚拟世界中，人们访问互联网的路径可以产生无数个广告接触点，属性不同的数字接触点也可以被需求不同的广告拦截。"而腾讯是一个全覆盖的生活平台，用户的覆盖是其强项，100 多个产品和业务可以实现 B2B 以外的全部互联网功能，所以腾讯只要有效地分析不同广告受众的上网习惯，就可以在不同的位置对这些用户进行精准拦截。

在这一理念的支撑下，技术部门对用户系统进行了升级，用户资料重新梳理，之前无序的信息被分门别类地装在贴着各种不同标签的"框子"里，以备各种营销工具检索和分析。广告部门根据上述信息，开发出精准定向工具（TTT），并将其打包成各种"广告受众"套餐，推荐给不同广告主。腾讯可以随时为广告主提供广告效果指标的受众细分报告，例如点击、曝光、唯一点击等，都可以在定向广告所支持的各个维度上（地理、性别、年龄、场景等）得到细分的统计报告。

这套系统被称为"数字媒体触点解决方案"，郭斯林、刘曜和翁思雅等人是它的执行者。

2008 年 4 月 15 日，一场名为"腾讯智慧·2008 高效在线营销峰会"在北京召开，刘胜义第一次向公众及媒体提出了 MIND 模式。而就在不久前，美国市场调研公司 BDA 发布的数据表明，中国已经拥有了 2.2 亿互联网用户，首次超过美国网民数 2.17 亿，成为全球第一互联网大国。受刘胜义邀请，前来北京参加此次峰会的整合营销传播（IMC）之父唐·舒尔茨在演讲中认为："互联网将会给整合营销传播带来巨大变化。围绕单纯向外的传播系统，这种情况在互联网上将不复存在。这里，传播体系不是单纯向外的，而是互动的。信息不再由营销人员或信息传播人员所控制，而是由顾客所控制。顾客不再是传播的目标，而是与营销人员或信息传播人员处于同等地位；消费者也不再是企业说服的对象，而是企业聆听和响应的对象。"

唐·舒尔茨的这一观察，与刘胜义提出的 MIND 模式不谋而合。

在后来的尝试中，刘胜义的方案取得了成效。2008 年下半年，马化腾在一次接受媒体采访时披露："我们改进了很多客户的投放计划，产生了大约 20％到 30％的提升效果。通过成本很低的用户资源重新组织，就已经提升这么大的比例，我相信新模式的潜力还是很大的。"

从数据上看，腾讯的广告业务在刘胜义到任的两年里取得了不小的进步——2007 年的网络广告收入比上一年年底增加 84.9％，达到 4.93亿元，占集团总收入的 12.9％；到 2008 年，广告收入增加到 8.26 亿元，同比增加67.5％。与新浪相比，2008 年后者的广告收入为 2.585亿美元，比 2007 年增长了 53％，两者差距已在日渐缩小。

比数据更重要的是，MIND 的提出让腾讯找到了一条差异化超越的路径，它所内涵的数据分析及精准投放的理念更符合新的社交网络的精神。

2009 年，刘胜义提出 MIND 2.0 版本，在这一体系下，广告主可以根据自身不同的推广需求，选择广告产品和工具，进行媒体资源的整合，其计费方式也与广告主的营销投资回报（ROI）相关。2011 年，刘胜义进一步提出基于人脉的 MIND 3.0 版本，为不同类型的媒体提供一站式商业化接入，为广告主的多元投放需求提供服务界面，并对第三方服务合作伙伴提供技术接入，由此形成了新的"广告投放生态"。

在诞生后的 9 年里，刘胜义推动下的 MIND 方法论在探索数字营销的方向上不断演进升级，其间跨越了聚众、分众、开放、链接四个阶段，至今已经迈入 MIND 5.0，也就是移动全景时代的数字营销方法论。

这一站在数字营销领域最前沿的方法论，不仅沿袭了腾讯网媒在门户时代的营销实操和专业积累，也涵盖了移动时代新兴的全场景营销、原生广告、IP 内容运营、品牌效果合一、程序化趋势和技术驱动等几乎全部的前沿领域，成为移动时代数字营销理论和实践相结合，紧扣新生代人群独特的社交、娱乐和消费观念，对广告人群有着最深刻的认知和理解的主流方法论。广告主借助 MIND 5.0 可以不断地碰撞、创新、尝试，寻找到合适的主流人群沟通方式。

借助理论和实践紧密结合的成效，腾讯也成为国内数字营销标准和规则的发起人和重要参与者之一。2016 年 8 月，腾讯作为发起成员之一，积极推动了国内首个媒体评估和认证机构——中国媒体评估委员会的成立，刘胜义被选为首届理事会主席。

如今，腾讯网络广告业务的收入增长率一直保持着两位数，已经成为腾讯业绩增长的重要支撑之一，尤其是在移动端上的运营表现和商业化贡献都可圈可点。

2015 年 6 月，刘胜义登上第 62 届戛纳国际创意节的领奖台，成为全球首位获此殊荣的华人。为他亲手递上"年度媒体人物"金狮奖杯的戛纳国际创意节主席特里·萨维奇（Terry Savage）如此评价："刘胜义在当今媒体格局中非常有影响力，在他的带领下，腾讯网络媒体事业群已成为全球最大的网络媒体平台之一。"

广点通："效果广告" 的逆袭

从 2010 年起，汤道生开始领导互联网增值业务部门，这时他的普通话已经比较流利了，甚至可以讲拗口的冷笑话。对于技术出身的他来说，同样面临着如何提高流量效益的命题。于是，广点通出现了。

与传统意义上的新闻门户相比，以 QQ 系列为主力产品的社交平台一直没有找到适合的广告投放模式，这使得腾讯每天数以百亿计的流量白白浪费。是大数据挖掘这个新技术工具的出现，为汤道生辟出了一条新路。

与刘胜义的"把投放权还给广告主"的理念如出一辙，广点通的模式也是把腾讯庞大的流量资源释放出来，给广告主一个自由配置和投放的权利。而它的理论基础，则是当时还非常陌生的大数据挖掘，为此汤道生组织了一个精干的小团队，对流量属性和价值进行了一次系统开发。

在很长的时间里，互联网广告被两种模式所统治。

第一种是新浪、搜狐等门户网站所推行的"门户广告"，从广告受众角度看，门户广告与传统媒体广告，如电视、报纸等没有本质区别，主要以 Banner 形式展现，由于难以细分访客，更多依靠媒体属性和影响力展示，通过广告曝光数量衡量广告效果。

第二种是搜索引擎网站为主导的"搜索广告"。2005 年以后，网络广告开始有了良性的大发展，谷歌、百度及阿里巴巴成为这个时期的典型代表，根据用户搜索关键字展示相关广告内容，从此网络广告开始进入精准营销时代。

区别于"门户广告"和"搜索广告"，广点通提出了"效果广告"这个全新的概念。

广告商在投放中从"时间购买"升级到了"效果购买"，更加强调凭借广告产生的效果而计算广告费用。广点通根据用户属性和好友群体推荐并展示广告内容，访问同一界面的不同用户，看到的是为其量身定制的不同的广告，在增强广告人性化和交互式体验的同时，通过用户的社交属性和好友关系链进行影响力放大和辐射。对于用户来说，只会看到自己感兴趣的广告，对于广告客户来说，省掉了被浪费的广告费。

广点通率先在 QQ 空间上线，广告主为单次有效浏览买单所支付的成本很低。这一化整为零、靠效果来刺激投放的模式，很快受到了广大中小广告主的欢迎。2011 年之后，广点通覆盖的流量从空间 Web 流量扩展到 QQ 客户端、手机 QQ 空间等多终端跨屏平台，开放的优质流量达到每天百亿人次以上，提供多种形式和场景灵活选择。这一新模式极大地刺激了腾讯的广告业务，到 2012 年，腾讯的网络广告整体收入第一次历史性地超过了新浪网。

也正是在这一时期，新媒体的热潮迅速从 PC 端迁移到移动端，从门户到社交，从移动到众媒，资讯的组织形式从时间线演变成兴趣点，基于大数据和人工智能技术的内容平台变成了新时代下内容供给的中枢，内容可以实时和智能地匹配给读者。在这种趋势下，以"个性化""算法推荐"为特点的兴趣类阅读产品迅速兴起，又把聚合平台这一类别的资讯 APP 往前推进了一步。

刘胜义领导下的腾讯网络媒体一直洞察趋势且不断升级，在腾讯新闻客户端成为各大移动应用市场第一的同时，又紧贴趋势推出了定位为兼容海量、娱乐化、碎片化的兴趣阅读产品"天天快报"，其通过"芒种计划"与企鹅媒体平台，聚合海量内容，通过"精准算法＋运营"进行内容推送，让不同兴趣圈层的读者，都能各自找到自己感兴趣的内容。

截至 2016 年上半年，腾讯新闻已经稳居行业第一多年，而"天天快报"也在短短一年之内迅速崛起，占领了市场第三的位置。"腾讯新闻＋天天快报"的双引擎策略，使得腾讯牢牢占据了新闻资讯客户端前三名中的两席，实现了向移动端的迁移式过渡。

PART 3

巨头：2010—2016

第12章

用户：小马哥的产品哲学

小跑几乎是不受拘束的马的特点。

——达·芬奇（意大利画家），《绘画笔记》

"Don't make me think！"

——马化腾

"那个只看见鸟的孩子是好学生"

印度史诗神话《摩诃婆罗多》（*Mahabharata*）中有这样一个故事：

> 大师特洛那教学生射箭，到了林子中，问一学生：看见鸟没有？答，看见。又问：看见树林和我没有？答：都看见了。又问另一学生：看见鸟、树林和众人没有？答：我只看见鸟。
>
> 特洛那令其射，中。
>
> 特洛那说，那个只看见鸟的孩子是好学生。

这是一个关于专注的故事。

从 QQ 上线的第一天起，马化腾就是那个"只看见了鸟的好学生"。那只鸟，便是用户。

马化腾似乎对一般意义上的"战略"或"管理"并不十分上心，至少在表面上是这样。这一观察未必准确，纵观腾讯的成长历史，在相当长的时间里，这家企业的转型及迭代驱动力，并非来自既定的战略，而是产品的持续创新。而创新亦非来自于实验室，而是市场的不断变换的需求。早在 1998 年，凯文·凯利就在《新经济·新规则》一书中预见过互联网企业的这一经典特征，他称之为"流变"：网络经济从改变进入流变状态，流变推翻既有事物，为更多创新的诞生提供温床，这种动态或许被看作"复合再生"，它源于混乱的边缘。

2003 年，唐沐离开金山软件进入腾讯，2006 年被任命为腾讯用户研究与体验设计中心总经理，他是腾讯用户研究与体验设计中心的创建者和负责人。他如此描述金山与腾讯在产品开发上的不同：

> 软件开发常以年为单位。年初由产品经理写好一份大需求，各方评估完后启动项目。设计、开发各做几个月后进行提测，之后缓慢迭代。虽然听来，一年的时间很长，但到最后项目 deadline 时，所有人仍喊时间不够用。最终，项目经理卡死时间、编版本、压盘，所有残念在压盘的一瞬间烟消云散。这样，一个历经了一年开发出的、被我们称为软件的东西，夹杂着未竟的 feature、待解决的 Bug、需调整的 UI，被压入盘中大规模生产，包装起来送到消费者手里。

> 而互联网企业的生产，则是完全不同的一番景象。2003 年进入腾讯之初，我就被这家公司的敏捷震惊了——一个月一个版本！我只有一到两周的时间做界面设计，并且大部分进度是与开发重合的。产品经理（如果有的话）根据用户反馈和竞争对手的情况做需求，界面设计和开发同步进行，测试时间更是若有若无。就这样，一个历经了一个月开发出的，被我们称为互联网软件的东西，夹杂着更多未竟的 feature、待解决的 Bug、需调整的 UI，被打包放在服务器上，在 Web 上提供链接，开始供用户下载。

唐沐所描述的场景便是腾讯应对流变的策略：随变而变，永无定法。

马化腾把腾讯的渐进式创新解释为"小步快跑，试错迭代"。在他看来，也许每一次产品的更新都不是完美的，但是如果坚持每天发现、修正一两个小问题，不到一年基本就把作品打磨出来了，自己也就很有产品的感觉了。

"他就是一个邮件狂人"

虚拟的互联网世界，与真实世界并无二致，尽管它总是呈现出混乱无序的景象，却是一个高度开放的结构，其中充满了创造、惊奇、自由与潜力。正如巴赫金所揭示的，这样的世界具有"不可终结性"，它的持续演化，一方面仰仗自由创造，另一方面又依赖适当节制。在这样的生态环境中，对趋势与细节的掌控是同样重要的两种能力。

马化腾自陈是"一个不善言辞的人"，他用以推动迭代进化的办法，就是亲自参与几乎所有的产品研发，然后用发邮件的方式下"指导棋"，他可以算得上是中国首屈一指的"邮件狂人"。

所有接受我访谈的腾讯人都对马化腾的"发邮神功"表示惊奇，甚至觉得不可思议。腾讯以产品线超长著称，但是马化腾几乎能关注到所有迭代的细节。

曾主持 QQ 空间开发的郑志昊告诉我，马化腾与他的团队的邮件往来起码超过 2000 份；2007 年，张小龙主刀 QQ 邮箱的改版，这在当时的腾讯体系内是一个非常边缘的产品，而马化腾在一年半的时间里，与他的团队来往了 1300 多份邮件。

一位程序员对我讲述过这样的经历：有一次，他做了一个 PPT，后半夜两点钟发给了马化腾，本想洗洗睡了，没料到过了 20 多分钟，马化腾就发回了修改建议。曾主管 QQ 会员业务的顾思斌回忆说，马化腾对页面的字体、字节、大小、色彩等都非常敏感。有一次，他收到一份邮件，马化腾指出两个字之间的间距好像有问题。

有一个在腾讯人中流传甚广的段子是：一天早上来到公司，发现Pony 凌晨 4 点半发的邮件，总裁很快回了邮件，副总裁 10 点半回，几个总经理 12 点回复了讨论结论，到下午 3 点，技术方案已经有了，晚上 10 点，产品经理发出了该项目的详细排期，总共用时 18 个小时。张志东因此认为："腾讯的产品迭代就是一个被马化腾的邮件推着走的过程。"

通过这些事例可以看出，如果没有对用户需求的深入洞悉，也就没有快速的产品完善反应。亨利·福特曾经说："成功的秘诀，在于把自己的脚放入他人的鞋子里，进而用他人的角度来考虑事物，服务就是这样的精神，站在客人的立场去看整个世界。"看来，从客户的角度思考商业，是一个公开的秘密。

我曾请教马化腾："那么多的产品，你是如何做到了如指掌的？"

他的回答好像并没有什么特殊：

其一，像普通用户一样，每天轮着使用每一个产品。

"发现产品的不足，最简单的方法就是天天用你的产品。产品经理只有更敏感才能找出产品的不足之处。我经常感到很奇怪，有的产品经理说找不出问题。我相信，如果产品上线的时候产品经理能坚持使用三个月，一定会发现不少问题。而问题是有限的，一天发现一个，解决掉，你就会慢慢逼近那个'很有口碑'的点。不要因为工作没有技术含量就不去做，很多好的产品都是靠这个方法做出来的。我们的领导不仅仅要安排下面的人去做，而且一定要自己做。这些都不难，关键要坚持，心里一定要想着'这个周末不试，肯定出事'，直到一个产品基本成型。"

其二，经常到各个产品论坛去"潜水"，听到不同的声音和反馈。

"从哪个地方找问题呢？论坛、博客、RSS 订阅啊。高端用户不屑于去论坛提出问题，我们做产品的就要主动追出来，去查、去搜，然后主动和用户接触，帮助解决。有些确实是用户搞错了，有些是我们自己的问题。我们的心态要很好，希望用户能找出问题我们再解决掉。哪怕再小的问题，解决了也是完成一件大事。有些事情做了，见效很快。要关注多个方面，经常去看看运营，比如说你的产品慢，用户不会管你的IDC（互联网数据中心）差或者其他原因，只知道你的速度慢。"虽然公司没有明文要求，但是腾讯的工程师都形成了一个习惯：每两个小时轮流监测、回复网上出现的用户意见。

在马化腾的推动下，腾讯形成了一个"10/100/1000 法则"：产品经理每个月必须做 10 个用户调查，关注 100 个用户博客，收集反馈 1000个用户体验。

用马化腾自己的话说，"这个方法看起来有些笨，但很管用"。

瞬间变成"白痴级用户" 的速度

张小龙是一个不善言辞的人。2005 年 3 月，Foxmail 被腾讯全资收购后，马化腾请他聚餐，这是他们第一次见面。

2012 年，在接受我的访谈时，小龙回忆了一个细节：在并购洽谈期间，腾讯的人，包括张小龙自己，都不太明白马化腾为什么要收购Foxmail，即便在一起吃饭了，也不太方便询问。然而，马化腾说的一句话却让张小龙印象深刻，他说："Foxmail 的体验做得特别好，我们自己也做，发现怎么都做不好。"

张小龙对我说："那时还很少有人谈用户体验，当 Pony 说到这个词的时候，我都没有反应过来，为什么说 Foxmail 的体验做得好呢？我自己是做软件的人，觉得就应该这样做，后来进入腾讯，才渐渐知道并不是所有做软件的人都知道该怎么做，而我在做 Foxmail 的时候，不自觉地模拟了用户行为，只是当时不知道这叫用户体验。"

张小龙带着一支不到 20 人的团队并入腾讯，受命重建 QQ 邮箱。"我们接手邮箱时，QQ 邮箱每天只有几万人的访问量，公司内部已经没有人在负责这个业务了，就连邮箱代码都没有人管了。"张小龙带着他的小团队重新搭建整个系统，然而在一开始的两年里，张小龙的工作非常不顺利。新版 QQ 邮箱是一个既复杂又笨重的家伙，日后张小龙承认："并入腾讯的前两年，我觉得自己应该当一个管理者，产品的事情让团队的人去做就行了。说老实话，我个人没有太关注它的体验，几乎很少参与到产品的设计中，结果出了大问题。"

到 2006 年 10 月，张小龙团队决定放弃之前的繁复路线，转型做一个轻便的极简版。这一次，张小龙彻底改变风格，重回一线。"从极简版开始，我真正投入去做一些我自己掌握的产品体验，我怎么说就怎么做，任何一个元素要改都必须得到我的同意才行，我会全程参与到这个产品的每一个功能体验中。"

极简版保持了一个极快速的迭代节奏，每两周，最多三周会发布一个新的版本。

在这种快速迭代中，马化腾也投注了极大的热情。在邮箱领域，他的对手正是多年前的那个惠多网网友丁磊，网易靠邮箱起家，形成了很大的竞争优势。马化腾深度参与到产品的体验中，他的办法也挺简单，就是反复使用，在使用中不断提出需要改进的细节。

"业界很多人说我们是模仿 Gmail，这是一个很粗浅的看法。他们没有仔细研究过我们的产品，只是看界面，Gmail 是左右分。我们也是左右分。其实，在体验和细节上，我们有很大的超越。"张小龙如是说。

张小龙还举了几个例子："一个让 QQ 邮箱获得广泛口碑的创新是对大容量附件的发送功能。与其他邮箱通常只能发送 5M 左右的附件不同，QQ 邮箱将附件容量扩大到了 1G，这一功能获得了许多办公室白领的欢迎。Gmail 到它退出中国市场的时候都还没有这个功能。还有比如'发送状态的查询'，你一发完邮件，就可以看到这个邮件有没有发到对方的服务器上，这个是腾讯率先做出来的，后来网易也跟上了。再比如'分别发送'功能，我将一份拜年贺卡同时发送 100 个人，但接收方看到的是单独发送的状态，他会有一种独享感。"

我问张小龙："这些功能的创意，是来自于用户调研吗？"

他的回答出乎意料："大部分的创新都不是调研出来的，而是我们自己反复体验的结果。"

到 2008 年的第二季度，根据艾瑞的第三方数据显示，QQ 邮箱的用户超过网易邮箱，而这在两年前，几乎是不可思议的。到年底，马化腾把一年一度的腾讯创新大奖授予 QQ 邮箱团队。在后来的一年多里，QQ 邮箱用户一直保持着快速的增长态势。2010 年 6 月 3 日深夜 12 点，马化腾在腾讯微博上难掩兴奋地发了一条留言："QQmail 团队是腾讯的骄傲和典范。希望大家多提建议和需求反馈。一定快速反馈！"

这是一个特别经典的腾讯式的、依靠用户体验战术逆袭成功的案例。

在对马化腾和张小龙的访谈中，我都问及一个问题："用户体验"到底是一种怎样的行为？

马化腾的答案是："互联网化的产品不像传统软件开发，一下子刻光盘就推出。我们永远是 Beta 版本，要快速地去升级，可能每两三天一个版本，这就要不断地改动，而且不断地听论坛、用户的反馈，然后决定你后面的方向。因此，产品经理要把自己当成一个挑剔的用户。"

张小龙的解释则更有趣："那就是瞬间变成'白痴级用户'的速度。"

他半开玩笑地对我说，乔布斯能在 1 秒之内让自己变成"白痴"，我们当然不如他，但一定要让自己变成"白痴"。

马化腾的第一次产品演讲

2008 年 10 月，就在向 QQ 邮箱团队颁发腾讯创新大奖的颁奖会上，时任联席 CTO 的熊明华对马化腾说："你能不能做一次演讲呀？"小马哥一脸为难，熊明华笑着说："我来给你备'原料'吧。"

后来的几天，熊明华让人根据马化腾和广州研发院在研发 QQ 邮箱过程中提出建议的 1000 多份邮件总结成一个 PPT，"逼"着马化腾在公司的产品技术峰会上做了一个演讲，结果"他讲得非常成功"。

马化腾的演讲稿在网上流传甚广，这也是他第一次在半公开场合系统性地阐述自己的产品观。

关于"核心能力"——

任何产品都有核心功能，其宗旨就是能帮助到用户，解决用户某一方面的需求，如节省时间、解决问题、提升效率等。核心能力要做到极致。要多想如何通过技术实现差异化，让人家做不到，或通过一年半载才能追上。

很多用户评论 QQ 邮箱时说用 QQ 唯一的理由是传文件快、有群，那这就是我们的优势，我们要将这样的优势发挥到极致。比如离线传文件，以邮件方式体现就是一个中转站，即使是超大的文件也不困难，关键是要去做。虽然真正使用的用户并不一定多，但用户会说，我要传大文件，找了半天找不到可以传的地方，万般无奈之下用了很"烂"的 QQ 邮箱，居然行了，于是我们的口碑就来了。

　　谈到核心的能力，首先就要有技术突破点。我们不能做人家有我也有的东西，否则总是排在第二第三，虽然也有机会，但缺乏第一次出来时的惊喜，会失去用户的认同感。这时候，你第一要关注的就是你的产品的硬指标。在设计和开发的时候你就要考虑到外界会将它与竞争对手做比较。

　　要做大，你首先要考虑的就是如何让人家想到也追不上。这么多年在互联网数据中心上的积累我们不能浪费，比如高速上传和城域网中转站，接着可能又会发现新的问题，如果不是邮件，在 IM 上又该怎么实现。我们的目的是要让用户感到超快、飞快，让用户体验非常好，这些都需要大量技术和后台来配合。

　　产品的更新和升级需要产品经理来配合，但我们产品经理做研发出身的不多。而产品和服务是需要大量技术背景支持的，我们希望的产品经理是非常资深的，最好是由做过前端、后端开发的技术研发人员晋升而来。好的产品最好交到一个有技术能力、有经验的人员手上，这样会让大家更加放心。如果产品经理不合格，让很多兄弟陪着干，结果发现方向错误，这是非常浪费和挫伤团队士气的。

关于"口碑"——

　　个性化服务，并不是大众化服务，也是要取得口碑的。

　　一个产品在没有口碑的时候，不要滥用平台。我们的产品经理精力好像分配得很好，50％产品、50％营销，当然，如果你在基础环节控制得好，这样当然可以。但多数情况下我们的人第一点都做不好。如果你的实力和胜算不到 70％、80％，那么就把精力放在最核心的地方。当你的产品已经获得良好口碑，处于上升期后再考虑这些。

　　产品经理要关注最最核心、能够获得用户口碑的战略点，如果这块没做透，结果只能是让用户失望，然后再花更多的精力弥补，这是得不偿失的。当用户在自动增长（用户会主动推荐朋友来使用我们的产品），就不要去打扰用户，否则可能是好心办坏事。这时，每做一件事情，每加一个东西都要很慎重地考虑，真的是有建设性地去增加产品的一个口碑。当用户口碑坏掉后，再将用户拉回来很难。

增加功能，在管理控制功能上也要有技巧。在核心功能做好后，常用功能是要逐步补齐的。产品在局部、细小之处的创新应该永不满足。作为一个有良好口碑的产品，每加一个功能都要考虑清楚，这个功能给10％的用户带来好感的时候是否会给90％的用户带来困惑。有冲突的时候要聪明，分情况避免。每个功能不一定要用得多才是好，而是用了的人都觉得好才是真正的好。

做产品开发的时候需要有较强的研发机制保证，这样可以让产品开发更加敏捷和快速。就算是大项目也要灵活。不能说等3个月后再给你东西看，这个时候竞争对手已经跑出去不知道多远了。

做产品要做口碑就要关注高端用户、意见领袖关注的方向。以前，我们的思路是抓大放小，满足大部分"小白"用户的需求。但是现在来看，高端用户的感受才是真正可以拿口碑的。

关于"体验迭代"——

产品经理要把自己当成一个"最挑剔的用户"。我们做产品的精力是有限的，交互内容很多，所以要抓最常见的一块。流量、用量最大的地方都要考虑，要规范到让用户使用得很舒服。要在感觉、触觉上都有琢磨，有困惑要想到去改善，如鼠标少移动、可快速点到等等。

开发人员要用心来思考产品，而不是公事公办的态度。你要知道用户、同行会关注你的产品，在这种驱动下开发人员要有责任心去主动完成。不能说等到产品都做好了，流水线一样送到面前再做。40％～50％产品的最终体验应是由开发人员决定的。产品人员不要嫉妒有些工作是开发人员设计的，只有这样才是团队共同参与，否则出来的产品一定会慢半拍。

关于"细节美学"——

像邮箱的"返回"按钮放在哪儿，放右边还是左边，大家要多琢磨，怎么放更好，想好了再上线测试。对同一个用户发信，在此用户有多个邮箱的情况下如何默认选最近用的一个账号，这些需求都很小，但你真正做出来了，用户就会说好，虽然他未必能说出好在哪里。

开发的产品要符合用户的使用习惯，如更多人在写邮件的时候习惯用键盘操作来拷贝东西，虽然实现起来有些技术难度，但也是可以解决的。还有对鼠标反馈的灵敏性、便捷性等方面也是一样。

在设计上我们应该坚持几点：

——不强迫用户；

——不为1％的需求骚扰99％的用户；

——淡淡的美术，点到即止；

——不能刻意地迎合低龄化。

在产品的总体构架及运营上，则可以采用下述的策略：

——交互功能："Don't make me think!"（别让我思考！）

——美术呈现："尽可能简单。"

——产品设计："让功能存在于无形之中。"

——运营要求："不稳定会功亏一篑！"

——总体要求："快速，稳定，功能强，体验好！"

——发现需求：勤看 BBS 和 Blog。

马化腾的这场演讲尽管"以 QQ 邮箱的用户体验"为题，然而却包含了他几乎所有的产品哲学，其中提及的很多概念，比如"口碑创造""速度""极致""细节""单点突破"等等，在后来都成为互联网产品的标配性语言。

在相当长的时间里，中国的互联网企业家们往往阔谈趋势、战略、时代责任，却从来没有人以"产品经理"的姿态，对产品本身进行如此专注和颠覆性的阐述。2008 年的马化腾，还羞于在大众面前公开演讲，不过，他在这次演讲中确乎创造了一种清新的话语模式，它将在几年后成为泛滥的流行。

大数据下的反馈体制

在马化腾这位"邮件狂人"的亲力推动下，"小步快跑，试错迭代""亲近用户，体验第一"的产品哲学渗入了腾讯的灵魂之中，在张志东和熊明华等人的协助下，腾讯进而形成一个制度化、平台型的产品检测、反馈体系。

从 2005 年开始，马化腾要求各条业务线的主管每天给他和张志东发送一封反映业务指标数字的邮件，内容包括：包月用户是多少？增加了多少？减少了多少？跟上周同日比，或者说是跟上个月同日比，分别升跌了多少？有什么异动？

"这个是需要每天都去关注的东西，如果说你作为管理者不去看这些东西或者很久才看一下的话，中间会错过很多东西，或者说你反应速度会慢很多。"马化腾说。

2008 年，马化腾把数字经营的理念引入腾讯门户网站的运营管理中，"原来的广告就有点粗放，往往都是季度末才开始冲业绩、找代理，今年开始就每天都有一封信，上面有广告资源消耗多少，黄金位置消耗了多少等。为什么会这样？过去他们还没有建立这样的体系，今年我们就开始要求他们每天要看，所有的网络媒体、广告销售部门的领导班子，每人一封信都会看到这个数字。培养数字运营的感觉，这是很重要的。这样大家就不会人浮于事，到最后找各种理由来推托。有什么事应该早知道，要多问。希望靠这种思路能够把我们每一块业务都带起来"。

为了解答用户体验的一个终极问题"用户到底需要什么"，腾讯专门建了一个秘密武器：Support 产品交流平台。Support 是一个海量用户与产品经理直接交流与沟通的平台，产品经理通过每天在自己的产品交流版面上的浏览，来获取用户的需求与想法。通过"我要说一下"，让用户自己来说。

腾讯甚至把各个产品线上的用户体验人员，全部拎出来成立了一个公司级的部门——用户体验与研究部，从战略性的高度来建设，刚开始是十几个人，后来达到近百人的规模。在产品正式推出后，真正海量的用户体验收集才开始。每一款产品，腾讯都专门提供官方博客、产品论坛等用户反馈区。为了获得更多用户反馈，腾讯甚至在最显眼的地方设置了一个"反馈"按钮。而其他公司的产品论坛，很少能像腾讯这样将其上升到战略高度的。

在成为用户最多的互联网公司后，腾讯所掌握的用户数据量日益丰富，挖掘这些数据成为腾讯后来在多元业务扩展时屡试不爽的重武器。有分析人士甚至说，"数据挖掘"才是腾讯最具门槛性质的技术。数据挖掘的更深层部分是腾讯在互联网数据中心上的积累，比如高速上传、大容量邮件传输的后台及基础技术支持。2007 年，腾讯成立了腾讯研究院，研究院共有六大研究方向，其中，通过数据挖掘发现用户的反馈与需求正是其中之一。

据张志东介绍，在 2014 年前后，数据挖掘还有一个特种部队：T4 专家组。T4 就是专家工程师，在腾讯的技术职业路径里，一共分 6 级，从 T1（工程师）到 T6（首席科学家），T4 是一个中流砥柱般的存在，必须做过亿次级的用户量级才能当选。一旦遇到重大的产品难题，由 T4 组成的特别小组就会加入，他们亿次级用户量级的经验将发挥作用。

对用户的数据挖掘在腾讯网络游戏的崛起中发挥了大作用。

腾讯从 2003 年开始运营网络游戏，曾遭遇挫折，直到 2008 年，腾讯才在多个细分市场找到了合适的韩国游戏作品。在代理韩国游戏的过程中，腾讯提出要介入所代理游戏的研发。例如，腾讯根据对《穿越火线》用户的挖掘数据认为，原韩方设计的子弹射出后效果逼真，但对中国用户并不合适。用户对腾讯设计出的"比较爽快的、节奏快的、鲜明的"弹道设计更加兴奋。最后的结果表明，腾讯是对的。

第 13 章

转折：3Q 大战

有时从空气中能发现重大的事件。

——司马辽太郎（日本小说家）

在南极圈里，只有企鹅能够生存。

——中国互联网的流言

暴风雨来袭的气息

到 2009 年前后，几乎所有来中国考察互联网的美国人，往往最后一站都会南下，飞到深圳考察腾讯公司。这是因为，在一开始的行程安排中并没有这家企业，然而，在每个站点的访问中，都会不断地有人对他们提及腾讯、腾讯、腾讯。于是，深圳便戏剧性地成为最后的、计划外的一站。

从数据和影响力来看，腾讯也从 2009 年起扮演了征服者的角色，正是从此时开始，腾讯站在了暴风雨的中央，而它自己并未察觉。

2009 年第二季度，腾讯游戏的营收首次超过盛大，成为新晋的"游戏之王"。该年腾讯游戏营收为 53.9 亿元，市场份额由 2007 年的 6％猛增到 20.9％。在业绩增长的刺激下，腾讯的股价在 2010 年 1 月突破 176.5 港元（拆股前的价格），市值达到 2500 亿港元，一举超越雅虎，成为继谷歌、亚马逊之后的全球第三大互联网公司。

在摩根士丹利发布的一份年度"全球互联网趋势"报告中，腾讯成为唯一一家被屡次提及的中国企业。在创新能力一项上，腾讯排在苹果、谷歌和亚马逊之后，位列第四，超过了微软、索尼和 PayPal。腾讯入选的原因是"在虚拟物品销售和管理能力上的巨大成功"。摩根士丹利中国区的董事总经理季卫东对腾讯的商业模式十分赞赏，在他看来，以社区为中心的腾讯模式是赢家通吃的最好例子。他说："我们都在给腾讯打工。"

2010 年 3 月 5 日晚上，腾讯大厦的底层大厅人头攒动。

19 点 52 分 58 秒，大屏幕显示，QQ 同时在线用户达到 1 亿人，现场掌声雷动，此刻距离 QQ 上线的 1999 年 2 月 10 日，过去了整整 11 年。2006 年 7 月，当 QQ 同时在线用户数超过 2000 万时，联席 CTO 熊明华曾经问马化腾："你估计什么时候可以超过一个亿？"马化腾回答说："也许在我有生之年看不到。"然而，奇迹竟然不期而至。

2010 年 4 月 22 日，在珠海海泉湾，腾讯召开由 400 多人参加的战略管理大会，主题为"平台互融，专业创新"。马化腾在主题发言中阐述了自己对互联网的看法以及腾讯的策略。

根据他的判断，中国互联网已经告别门户时代，进入新的竞争阶段，在刚刚过去的 3 月份，谷歌宣布退出中国市场，百度成为最大获益者，而阿里巴巴在过去的两年多里，成功地实行了战略重点的转移，淘宝网替代以往的 B2B 业务成为新的增长点。由此，腾讯、百度和阿里巴巴分别把住了最重要的三个应用性入口。

在马化腾看来，中国互联网的第二次"圈地运动"即将结束，圈完之后怎样耕耘是下一步的战略重点，腾讯必须在圈到的地上布局建设，开始深层次竞争。

在这种新环境之下，马化腾提出了两个战略要求：

第一，围绕"一站式在线生活"，迅猛拓展业务范围，加大在搜索、安全、移动互联网以及微博上的投入，争取在乱局中夺取更多的份额。

第二，腾讯内部各业务单元需建立新的协作机制，灵活机动打破"部门墙"。

在发言中，马化腾一再表达了对"大企业病"的担忧，在他看来，腾讯此时正处在最有利的发展通道中，因此，最大的危机不在外部竞争，而在内部协调。他说，在未来的一年里，所有管理者都要思考"如何通过自身业务将平台间的优势整合在一起，并实现各自所在领域中的专业深度和前瞻创新，最终迸发出公司整体实力的成长"。

马化腾的讲话，概括而言就是"出外抢地盘，对内重协调"，这是一个充满了攻击性的战略布局，表明腾讯将继续"以天下为敌"。这一积极、乐观的情绪，传染到了整个腾讯管理层，所有人都沉浸在创世纪般的喜悦中，没有一个人嗅到了暴风雨来袭的气息。

这场暴风雨的确不容易察觉，因为它首先表现为一种弥漫中的情绪。

在互联网丛林里，日渐强大、无远弗届的腾讯正膨胀为一个巨型动物，它的存在方式对其他的生物构成了巨大的威胁。在 2010 年的中报里，腾讯的半年度利润是 37 亿元，百度约 13 亿元，阿里巴巴约 10 亿元，搜狐约 6 亿元，新浪约 3.5 亿元，腾讯的利润比其他 4 家互联网大佬的总和还要多。

种种对腾讯的不满如同带刺的荆棘四处疯长，如同风暴在无形中危险地酝酿，它所造成的行业性不安及情绪对抗，在一开始并不能对腾讯构成任何的伤害，可是，聚气成势，众口铄金，危机就会在最意料不到的地方被引爆。

企鹅帝国的"三宗罪"

对腾讯的不满，归结为三宗罪："一直在模仿从来不创新""走自己的路让别人无路可走""垄断平台拒绝开放"。

自从在 2006 年被讥嘲为"全民公敌"之后，腾讯的"抄袭者"名声便如江湖耳语一般四处流传。在很多人看来，腾讯 QQ 拥有大量的黏性用户，所以它完全不在乎与其他网络产品在内容形式上撞车；而相反，其他产品商却需要避免这种情况的发生，尽量与腾讯的产品区别开来。

在风险投资界甚至流传着这样的一个说法：当一位创业者向投资人解说自己的项目的时候，必须要回答一个问题——腾讯会不会做这个项目？或者，如果腾讯进入，你如何保证不被"干掉"？如果这两个问题无法回答，那么，投资风险就很大。一位投资人唏嘘道："很多人想要知道在马化腾的笔记本上，下一步做什么，以避免与他在半途相遇。"

在业界领袖中，第一个公开把马化腾叫作"抄袭大王"的是"中文之星"的开发者、新浪网创始人王志东。在中国互联网早期，王志东是最著名的产品经理和创业者之一。2001 年因业绩不佳被迫离开新浪之后，他创办点击科技，2006 年 6 月开发出 Lava－Lava 即时通信工具，成为腾讯的直接竞争对手。

王志东在接受记者采访时，把腾讯与微软相提并论，认为马化腾与比尔·盖茨是中国和美国两个最有天分的抄袭者，他说："马化腾是业内有名的抄袭大王。而且他是明目张胆地、公开地抄。"不过有趣的是，王志东在接下来的访谈中表示自己将学习马化腾的"抄袭精神"："Lava－Lava 80％是在吸收业内主流产品的各个特点，不仅仅是腾讯、MSN，甚至其他的非 IM 产品提出的一些观念也被引入进来……被别人抄的同时，我也要积极地去抄，合理正当地去抄袭，而且不只抄一家，应该家家都抄。在早期，抄是最好的一个办法"。

在商业的世界里，抄袭是一个歧义词，有时候它是一个道德名词，有时候是一个法律名词，更多的时候，它是竞争的代名词。

自王志东之后，因为竞争，几乎所有业界领袖都在不同的时期和场合，指责腾讯为"抄袭者"。马云认为腾讯的拍拍网是抄淘宝网，"现在腾讯拍拍网最大的问题就是没有创新，所有的东西都是抄来的"；李彦宏认为搜搜几乎就是百度的临摹者；连马化腾昔日的好友丁磊也反目成仇，公开指责"马化腾什么都要抄"。

2008 年 8 月，广州的《羊城晚报》在一篇题为"解读腾讯：马化腾的精明在哪里"的报道中写道："外界在评价腾讯时，总免不了加上一句'模仿的胜利'。腾讯在一刻不停地模仿，它从中尝到了甜头，并一发不可收拾。"这篇报道还引用了马化腾在接受采访时的回答："坦率讲，中国现在的互联网模式基本是从国外过来的，没有说太独特，是自己原创的。毕竟商业模式你很难苛求去原创，因为本来就这几种，关键看谁做得好。"在后来的几年里，马化腾一直对外表达类似的观点，2010 年年初，他在一次接受《21 世纪经济报道》的采访时说："只是说我们从事了别人做过的行业，并没有证据证明我们是抄袭。如果真的是抄袭的话，法律上我们早就已经被告倒了。"

另外一个让腾讯很被动的指控是"以大欺小"。

《环球企业家》在一篇关于《QQ 农场》的报道中写道："业界普遍认为，五分钟公司接受这笔交易，是因为如不就范，很容易被腾讯自行开发的同类游戏狙击，它也没有能力面对数亿用户做运营；而当腾讯通过这款社交游戏赚进大把钞票，'五分钟'的主要收益还是腾讯最初支付的一次性费用。"作为一家大学生创业公司，五分钟在后来没有开发出更好的产品，竟而落到了濒临解散的窘境，这无疑更是加大了悲情的气息。

2010 年 4 月底，媒体上又爆出一起"UC 手机浏览器疑似遭到腾讯方面封杀"的"霸道"事件。一些 UC 用户在网上论坛发帖反映：当他们用 UC 浏览器登录腾讯的《QQ 农场》时，系统会将用户等级降低，很多用户不得不用腾讯自己开发的 QQ 浏览器来上网"偷菜"。腾讯随后就这一问题给出了官方解释，用户被降级是由于他们发现用户在

《QQ 农场》中使用了非法程序。

这一解释让 UC 浏览器的开发人、优视科技 CEO 俞永福十分愤怒，他向媒体投诉说，UC 是一款标准的浏览器，其 Flash 增强型插件相当于在电脑上安装 Adobe Flash 播放器，而非第三方辅助软件，UC 技术采用的云计算架构是腾讯同样在采用的技术方式，也与"非法程序"无关。

即便在腾讯内部，对"用户降级事件"也有不同的声音。在刘成敏负责的无线业务部门看来，UC 浏览器是 QQ 浏览器最大的竞争对手，利用《QQ 农场》这一独家热门产品，对之进行打击以提高自己的市场份额，自是分内之举。可是在吴宵光负责的互联网业务部门，UC 是他们的合作伙伴，之前已经与优视科技达成合作意向，约定拥有 QQ 空间黄钻的用户可以通过 UC 浏览器"偷菜"，可是无线业务部门的介入消解了黄钻用户的特权。

这一内部分歧体现了腾讯在业务合作上的两个困境：其一，腾讯兼具平台运营商和产品供应商两种角色，如同裁判员与运动员合为一身，当自身平台或产品与外部企业发生竞争性冲突时，如何处置势必成两难选择；其二，腾讯拥有多个亿级平台，业务交叉推进，内部协调已是困难，一旦涉及外部合作，自然更是掣肘横生。

舆论突袭："狗日的"腾讯

对腾讯压抑已久的不满，终于以一种非常戏剧化的方式被释放了出来。

2010 年 7 月 24 日，各大网站突然被一篇檄文般的长文覆盖，它的标题十分血腥且爆出粗口——《"狗日的"腾讯》。这是两天后正式发行的《计算机世界》周报的封面文章，被提前贴到了网上，在同时曝光的周报封面上，围着红色围巾的企鹅身上被插上了三把滴血的尖刀。

记者许磊写道："在中国互联网发展历史上，腾讯几乎没有缺席过任何一场互联网盛宴。它总是在一开始就亦步亦趋地跟随，然后细致地模仿，然后决绝地超越……实际上，因为腾讯在互联网界'无耻模仿抄袭'的恶名，使得腾讯全线树敌，成为众矢之的。当越来越多的互联网企业开始时时提防着腾讯的时候，腾讯将不再像以前那样收放自如。"

在这篇报道中，记者描述了业界对腾讯的种种恐惧之情：

——7月9日，腾讯QQ团购网上线，这让美团网CEO王兴如闻惊雷，也如坐针毡。3月初上线的美团网是国内第一家团购网站，创立仅仅4个月，已经能够盈亏平衡。而就在这时候，一直悄无声息的腾讯杀了进来，这让王兴完全猝不及防，也让处于草创时期的数百家团购网站倒吸了一口凉气。

——同样是在7月初，腾讯旗下小游戏平台3366.com上线公测，它在游戏种类和网站设计上与市场上的另一家小游戏平台4399.com"几无二致"，后者的月营收已达3000万～5000万元，正在筹备国内A股上市，而腾讯的参战将可能让此计划"永远搁浅"。

——在棋牌游戏大战中一败涂地的鲍岳桥离开联众之后，成为一名天使投资人。他告诉记者，现在他做投资的原则之一就是：只做腾讯不会做、不能做的项目。所以3年来，他绝对不碰游戏，已经投资的医疗器械和数据存储项目都跟腾讯毫无关联。

——在各大视频网站因为版权打得不可开交、频频对簿公堂之时，同样有一种声音在业内流传：无论你们现在打得多欢实，等市场培育得差不多了，就该轮到腾讯来收场了。事实确实如此，QQLive 的平台早就搭好了，拼版权，中国的互联网公司谁敢说自己比腾讯更有钱？

"只要是一个领域前景看好，腾讯就肯定会伺机充当掠食者。它总是默默地布局、悄无声息地出现在你的背后；它总是在最恰当的时候出来搅局，让同业者心神不定。而一旦时机成熟，它就会毫不留情地划走自己的那块蛋糕，有时它甚至会成为终结者，霸占整个市场。"许磊用一种近乎绝望的口吻写道。他还在报道中引用了新浪网总编陈彤在 6 月 29 日对腾讯的"匿名诅咒"："某网站贪得无厌，没有它不染指的领域，没有它不想做的产品，这样下去物极必反，与全网为敌，必将死无葬身之地。"

根据许磊的采访所得，他认定腾讯的核心能力就是"抄袭"。"腾讯从来不做第一个吃螃蟹的人，却总能在成熟的市场中找到空间，横插一杠子。然而它选择的路径也使其饱受争议，那就是模仿，有时甚至是肆无忌惮地'山寨'。从模仿 ICQ 推出自己的第一款产品 OICQ（腾讯 QQ 的前身）开始……无一不是'山寨货'，这也是腾讯遭人恨的根本原因。"记者还引用了 DCCI 互联网数据中心主任胡延平对腾讯创新能力的质疑，说它不仅不是卓越创新者，反倒是中小互联网企业的"创新天敌"。

《计算机世界》的这篇报道在杂志正式发行前两天便被贴到了中国的每一个门户网站上，它如同一篇不容争辩的"檄文"，让腾讯陷入空前的舆论围攻之中。一位腾讯高管对我回忆了马化腾读到这篇报道时的反应：在紧急召开的总裁办公会上，众决策人面前都摆着一封复印件，在长达一刻钟的时间里，没有人发言。最后，马化腾开口了，他喃喃自语："他们怎么可以骂人？"

在那次总裁会上，没有人提出哪怕一个有效的应对策略，大家都把注意力放在动机的猜测上：“原本应该 7 月 26 日才上街的周报，为什么会提前两天就被挂到了网上？这是谁干的？”在公关部的安排下，腾讯在 7 月 25 日当天晚上 10 点半就发表了一则《公司声明》，内称：“《计算机世界》作为专业媒体，竟然在未对腾讯进行任何采访的情况下，用恶劣粗言对待一家负责任的企业，用恶劣插画封面来损害我们的商标和企业形象……对于这种行为我们严正谴责，并保留追诉其法律责任的权利。”

很显然，这是一则空洞而缺乏实质性内容的声明，它表明腾讯并没有做好如何应对舆论危机的准备。有人观察到一个细节，腾讯官网中的这则声明并没有提供评论入口，即：不让大家在腾讯自己的地盘对这则声明说三道四。

随后几天，从公关部监测到的“舆情”来看，最可怕的事情似乎并没有发生，互联网业界的那些有头有脸的名人或意见领袖们都没有“火上浇油”。

蔡文胜是《“狗日的”腾讯》一文中提及的小游戏平台 4399.com 的投资人，他在自己的微博中写道：“说实话，指责腾讯山寨并没有意义，很多企业也是山寨出身，只是腾讯把山寨精神做到极致。如果我们认为腾讯神话不可战胜，只会是自己吓唬自己，没有任何帮助的。”

另一位著名的天使投资人雷军的微博是这样的：“假如腾讯强大的代价是扼杀了产业的创新、破坏了产业的生态链，那么等待腾讯的可能和 IBM、微软一样：反垄断法和反不公平竞争法。”一直对腾讯的创新能力不以为然的互联网专家谢文的观点是：“现在的腾讯很像 2003 年的美国雅虎，攻城略地，威风八面。但是，看看今天的雅虎，就知道没有创新，特别是没有深度的、全面的、平台性的创新，就无法持续领先。”

在马化腾看来，这些观点都在可接受的范围内，《“狗日的”腾讯》

已是最高级别的攻击了，以后的工作是"如何消解此次报道的'负面效应'"。他没有料想到的是，一次更为精准和凶猛的攻击已在暗处蓄势已久，它正在奔袭而来。

宿敌的出现： 从制毒者到杀毒者

在"狗日的"事件之后，腾讯似乎并没有意识到更严重的危机的逼近，甚至从表面上看，它仿佛鲜衣怒马，大杀八方。

在上海举办的第 41 届世界博览会上，腾讯作为"唯一互联网高级赞助商"风光一时，它得到了不少独家的新闻资源，却引起一些网站的不满。2010 年 8 月，一年一度的互联网大会在北京举办，由于主办方中国互联网协会给予了腾讯过多的"展示资源"，引起其他互联网企业的极大不满。媒体报道称："腾讯花了 120 万元得到主办方的各种'特殊'资质及报道资源，包括本届互联网大会的官方战略合作门户、官方指定独家合作新闻中心以及官方指定独家合作微博等。腾讯在会场内外包下 12 块大屏幕，用于播放腾讯对此次互联网大会的报道及腾讯的相关内容。新浪、搜狐不满腾讯'霸道'，欲退出逼宫互联网大会。"在 8 月 13 日大会召开当日，新浪、搜狐两大新闻门户果然拒绝进行报道，曹国伟、张朝阳、马云及陈天桥等往年必到嘉宾也纷纷缺席。

中国的古人曾经发明过很多形容词来描述强者的窘境，比如"木秀于林，风必摧之""至刚易折，上善若水"，此时的腾讯确乎处在了"独秀"与"易折"的处境，否泰转换乃世事最为寻常的轮回，无非当事者往往渺然其中而已。对环境危机缺乏敏锐性的腾讯注定将遭遇一次致命的攻击，其唯一的悬念仅仅是，谁将是攻击的发动者以及它将以怎样的方式、从哪个角度发起攻击。

这时候，轮到那个比马化腾年长一岁的湖北人周鸿祎出场了。在2010年的9月到11月间，他所创办的奇虎360公司与腾讯展开了一场轰动一时的用户争夺大战，时称"3Q大战"。

在此之前，周鸿祎与马化腾的第一次见面是在2002年9月的第三届"西湖论剑"上。面对周鸿祎的调侃，小马哥无言以对。在此之后，周鸿祎似乎就撞上了"霉运"——2003年，3721公司被雅虎收购，3721改名为"雅虎助手"，周鸿祎被任命为雅虎中国区总裁，然而他那种我行我素的性格在掣肘颇多的国际公司中实在无法适应。到2005年8月，随着百度在纳斯达克上市，雅虎在中国搜索市场上的地位被持续削弱，杨致远终于失去了耐心，雅虎中国被作为交易筹码"下嫁"给了阿里巴巴。周鸿祎与性格同样戏剧化的马云水火不容，关系迅速恶化。几个月后，周鸿祎出走雅虎，先是以投资合伙人的身份加盟IDG，随即又退出，成为天使投资人，先后投资了火石、迅雷、康盛创想等互联网企业。到2006年3月，他出任奇虎董事长，开始二次"创业"。

奇虎早期的主营业务是做一个问答网站，周鸿祎投入巨大却收效惨淡。此后，他聚焦于奇虎内部的一个不起眼的小产品——360安全卫士，决定专注于杀毒领域。当时，中国的互联网几乎是一个被流氓软件统治的世界，由周鸿祎等人开创的插件模式正传播得如火如荼。在用户不知情乃至不情愿的情况下，大量的"流氓软件"被强行安装进用户电脑，其技术水平之高，一度连IT高手都无法卸载。在那一时期，用户必须每隔3个月就重装一次系统，而重装的过程有可能是新的流氓软件入侵的过程。正是在这一市场背景下，在中国的第三方杀毒软件市场，周鸿祎本人是流氓软件的"教父"之一，制毒者反身成为一位杀毒者。

从2007年起，奇虎推出360杀毒软件测试版；2008年下半年，周鸿祎突然宣布 360 杀毒软件永久免费，与此同时，360 悄然进入浏览器市场。①

很显然，免费战略起到了奇效。在 2008 年，360 浏览器的用户数为 1800 万，一年后，这个数据就增长到了 1.06 亿，周鸿祎硬是在一个不被巨人看到的小市场里撑出了一个亿级规模的流量空间。到 2010 年前后，360 通过开放平台，引入网页游戏、团购网站、软件及应用等众多第三方合作伙伴，实现了出人意料的收入，其网络服务收入达到 5300 万美元，实现净利润 850 万美元。在安全需求上的单点突破，让 360 迅速覆盖电脑客户端。

在 2010 年年初，已然坐拥亿级用户，却在一个偏僻之角不为人所关注的周鸿祎已经在考虑如何进击"中原"，他是一个攻击性极强的人，渴望功名与荣耀。在一开始，周鸿祎的首选攻击对象是百度，源于当年 3721 及雅虎中国在搜索市场上完败于百度的前耻。在他看来，此败非战之罪，而是腐朽的国际公司在决策及执行上的无能所导致。因此，周鸿祎在公开场合从来不掩饰他对李彦宏的不忿，常常指名道姓地予以嘲讽和指斥。而他确乎也找到了百度的软肋：无底线的竞价排名，特别是在医疗产业，一大批福建莆田人创办的劣质医院祸害民间。周鸿祎要"替天行道"，开发出一个基于口碑的搜索排名工具。

这一"行侠行为"的背后其实有着一个十分惊险的商业逻辑：360 一旦成为百度竞价排名的"道德筛选者"，后者无疑将沦为 360 的"次级平台"。在 2010 年开春后的一段时间里，周鸿祎一直在对来访者讲述着这个想法。

---

① 在 2008 年年底，《长尾理论》作者克里斯·安德森出版《免费·商业的未来》一书，宣称"信息技术的显著特征是，在互联网上，任何商品、产品和服务的价格都有一种逐渐趋近于零的趋势"。此书于 2009 年 9 月被引进中国。

然而，到了 2010 年春节后，腾讯在安全软件市场上的频繁举动，让周鸿祎突然转变了攻击点。

正面冲突：电脑管家与隐私保护器

在腾讯的产品版图上，安全软件是一个不被重视的小角色。就如同在一家大机构里，你从来不会把门卫室当成战略部门。

最初诞生于 2006 年 12 月的 QQ 医生是为防范 QQ 账号被盗而推出的，它被嵌入在 QQ 2006 登录框中，帮助用户快速扫描，以确定无盗号木马，这是一款"专业查杀 QQ 盗号木马"的工具。在其后的几年里，QQ 医生经历几次迭代，但都毫不起眼，无惊人之举。

到 2009 年 11 月 11 日，QQ 医生推出 3.1 版本产品，新增用户反馈专区，支持界面换肤，仅隔 10 天后，QQ 医生 3.2 版本发布，推出诺顿防病毒软件半年免费特权。在外界看来，3.2 版本的界面及功能酷似 360，似乎腾讯又一次在施展它的后发战略。到 2010 年春节期间，QQ 医生利用 QQ 平台发动了一次强势推广，市场占有率迅速提高。

这一切使周鸿祎敏锐地意识到了威胁，一些正在休假的员工被紧急召回，也是从这时开始，腾讯替代百度，成为周鸿祎真正的心头大患，一个正面战场的局面日渐变得清晰起来。

随后的几个月里，腾讯的"小步快跑，试错迭代"战略让周鸿祎在应对上越来越吃力。

2010 年 5 月 31 日，腾讯将 QQ 医生升级至 4.0 版并更名为"QQ 电脑管家"，新版软件将 QQ 医生和 QQ 软件管理合二为一，增加了云查杀毒、清理插件等功能，由此全面涵盖了 360 安全卫士的所有主流功能，其用户体验与 360 几乎一致。到 9 月 22 日中秋节，QQ 电脑管家再次升级，又增加系统漏洞修补、安全防护、系统维护等功能。到这时，双方的矛盾日益变得难以调和。

腾讯在杀毒市场的斜刺出手，在很多业界观察家看来一点也不陌生，如果不出意外的话，QQ 电脑管家将首先在 QQ 体系内完成对 360 安全管家的替代——这意味着后者将被驱逐出全国最大的社交用户网络，然后，前者有可能进而对外渗透，作为一个独立的安全软件产品直接威胁 360 的生存。

"360 会成为 QQ 杀戮名单上的下一个牺牲者吗？"在 2010 年的夏秋之际，这是很多人所好奇的问题。在周鸿祎看来，此时的他处在"自卫反击"的位置上。从竞争的角度分析，360 有着先天的弱势：战斗在对方的领地上进行，在技术上几乎没有决定性反超的可能，而且在资本、人力、用户关系上，这都将是一场不对称的战争。

日后，周鸿祎曾披露过一个细节：在 9 月上旬，他曾用短信的方式向马化腾提出一个合作方案，即由腾讯投资 360，360 则"做出一个拦截百度的东西，先打它的医疗广告，打掉它 30％ 的收入"。周鸿祎还表示愿意帮助腾讯投资迅雷等其他互联网公司，"其他的企业都建立在你的平台上，这样既有创新，腾讯又仍然是第一大公司"。马化腾拒绝了周鸿祎的建议，理由是"这些公司没有价值"。

在求和不成的情景下，除了置之死地的凶猛之外，这位湖北人已无任何可以凭借的武器。

接下来发生的情景出乎所有观战者的意料。

就在中秋节过后的 9 月 27 日，360 突然发布直接针对 QQ 的"360 隐私保护器"，同时在 360 网站上开设《用户隐私大过天》的讨论专题网页，其中汇集了大量针对性的文章，标题都带有强烈的谴责口吻，如《QQ 窥探用户隐私由来已久》《QQ 侵犯用户隐私》《QQ 承认窥探用户隐私》《QQ 窥私目的》《请慎重选择 QQ》《多款软件曝 QQ 窥私》等等。它们均以毋庸置疑的口吻谴责 QQ 在未经用户许可的情况下偷窥用户个人隐私文件和数据。同时，360 还推出了"谁在偷窥你的隐私文件——传图得 iPhone 4"的有奖晒图活动。

在一篇题为"360 隐私保护器发新版，增加监测 MSN、腾讯 TM、阿里旺旺功能"的文章中，作者写道："360 隐私保护器的发布终于捅破了这层窗户纸，该软件的第一版针对网民投诉最多、用户量最大的聊天软件 QQ 进行监测，实时记录 QQ 对用户电脑隐私文件的'窥视'行为"，"据悉，目前已有数百万网民下载使用了 360 隐私保护器，结果令人触目惊心。从网友们贴在论坛、微博等各处的截图中可以看到，QQ 通常在运行数分钟后就会访问用户硬盘的千余个文件，其中与聊天服务完全无关的项目动辄达到 100 项以上，包括大量用户私人的图片、文档、网银文件等隐私数据"。

在另外一篇标示为"360 隐私保护器"软件开发小组的博客日志中描述道："360 安全中心近期接到大量用户投诉，称某聊天软件在未经用户许可的情况下偷窥用户个人隐私文件和数据。没错，这——是事实"，"腾讯公司能否告诉广大网民，目前曝出的大量 QQ '窥私'行为，哪些是别人干的？哪些是 QQ 自己干的？实际上，这些行为都是 QQ 自己干的"。

在揭露和谴责了 QQ 的"窥私行为"之后，360 公司宣布"360 隐私保护器"将能实时监测曝光 QQ 的行为。当用户安装了"隐私保护器"软件后，在初始界面右侧就可以看到一段提示："个人电话、证件号码、上网和聊天记录等隐私泄露事件大多与某些软件偷窥电脑信息有关，无数网民因此深受广告骚扰、欺诈威胁"，"360 隐私保护器会如实记录某些软件访问用户隐私信息的可疑行为，并对可能泄露您个人隐私的操作做标红提醒"，而当用户使用隐私保护器对 QQ 软件进行监测后，又会得到显示"共有 N 个文件或目录被 QQ 查看过，其中 M 项可能涉及您的隐私"。

　　360 公司所推出的"隐私保护器"以及在网络上对腾讯的污名化攻击，如同投掷了一颗超级震撼弹，顿时引起 QQ 用户的担忧和恐慌。在一个公民社会中，隐私被视为人权保障的基本项，若腾讯真的如同一位"老大哥"一样日日窥视着用户的隐私，那么，中国的互联网显然是一个邪恶的世界，腾讯自然罪不可赦。

舆论攻防：技术的，还是道德的

　　周鸿祎选择在 9 月 27 日推出"360 隐私保护器"并展开对腾讯的污名化攻击，是经过深思熟虑的，据他的说法，这也是向腾讯学来的。"腾讯每一次重大升级都会选在节假日之前，这往往让对手措手不及。"十一国庆节结束后，当腾讯的高管们度假归来，发现整个互联网已经充斥着对腾讯的辱骂和指责。

　　在腾讯的历史上，尽管也遭遇过种种攻击，可是从来没有碰到过周鸿祎这样的对手，他对舆论有天生的掌控和扩散能力，同时能够在产品层面上实施有效率的主动反击。

　　首先，周鸿祎很好地运用了新浪微博的平台，几乎每一次的攻击都是从他的个人微博开始的。他用生动煽情的文字，对腾讯极尽嘲讽之能事，这些微博以病毒传播般的速度迅速地吸引了网民的眼球，这使得 360 以社交化的手法掌握了舆论的主动权，而这在之前的企业竞争中是非常罕见的。

　　其次，周鸿祎从一开始就"定义"了这场战争的性质，那便是"草根创业者对垄断者的反叛"，他在微博中写道："3Q 之争，本质上不是 360 和腾讯的斗争，而是互联网创新力量和垄断力量的斗争，360 在垄断力量挤压下找到一条生路，也是为其他互联网创业公司找生路。那就是，跟垄断力量斗争，绝对不能伤害用户利益，反而应该以增加用户利益为目标。""中国互联网很乱，丛林法则，弱肉强食。就是因为中国的第一大互联网公司不愿意承担社会责任，反而是以流氓的方式对待竞争对手。如果你是个创业公司，抄袭别人的产品，强制推广一下自己的产品，别人也可以理解，因为生存是第一位的。但是，你每年收入200多亿元，市值3000多亿元，像团购这样的苍蝇上的那点肉也都不放过，也要跟创业公司去抢。"

这样的描述，非常符合公众之前对腾讯形成的"观感"，能够引起强烈的情绪和道德共鸣。另据一些互联网公司的创办人日后回忆，在这一时期，他们都接到了周鸿祎打来的电话，开场白均是："哥们儿，你知道你在行业里的敌人是谁吗？"

相对于360方面的主帅亲自上阵和大打"道德炮弹"，腾讯的行动则显得迟缓和陈旧得多。按当时马化腾的性格，他不可能也不愿意在新浪微博上与周鸿祎打"口水战"，而整个腾讯决策层也没有一个人有这样的能力和勇气。腾讯公关部得到的指令是："什么也不许说，但不能出负面新闻。"

面对周鸿祎的超限战术，腾讯发动了多个部门予以反击，然而它们的策略仍然是常规的。

技术部门的反击是"弹窗回应"：10月11日，腾讯在拥有1亿多在线用户的QQ弹窗里发表了《QQ产品团队严正声明》，称："某新推软件指责QQ侵犯隐私一事，是对QQ安全功能的误解，我们在此强调，腾讯QQ软件绝对没有窥探用户隐私的行为，也绝不涉及任何用户隐私的泄露。"为了显示克制的风范，马化腾在这个声明中未对360指名道姓。周鸿祎当即也以弹窗回应，不仅指责腾讯用弹窗报复自己，还宣称已掌握"最新证据"，QQ长期以"超级黑名单"方式扫描用户硬盘获取巨额利益。

法务部门的反击是"依法起诉"：10 月 14 日，腾讯正式宣布向法院起诉 360 不正当竞争，要求奇虎及其关联公司停止侵权、公开道歉并做出赔偿。针对腾讯的起诉，360 在第一时间做出三点回应，称"各界对腾讯提出的质疑，腾讯一直回避窥探用户隐私，这时候起诉 360，除了打击报复外，不排除是为了转移视线，回避各界质疑"。

协作部门的反击是"同盟呼应"：10 月 15 日，国内两大安全软件企业金山和卡巴斯基参战，指责 360 软件存在重大安全漏洞。10 月 27 日，腾讯联合金山、百度、傲游、可牛等五大企业发布《反对 360 不正当竞争联合声明》，声明说："这家企业热衷的不是保护用户安全，而是打着'安全'的幌子，通过对用户实施'安全恐吓'和'安全欺诈'，达到诱导用户安装自己软件、卸载同行软件的目的，从而以此谋取不正当商业利益。"周鸿祎发微博表示："360 免费杀毒颠覆了传统收费杀毒，所以遭到全行业嫉恨。"360 则发声明，宣称"向一切灰色利益和潜规则宣战。不怕得罪任何厂商，哪怕是中国最大和第二大的互联网巨头"。更戏剧性的是，360 还以弹窗的方式曝光"马化腾享受深圳市的经济适用房补贴"，此外还以网友的名义创作了一首《做人不能太马化腾》的口水歌。不过，在这里，360 混淆了"经济适用房补贴"与"高层次专业人才住房补贴"的区别。

"弹窗回应＋法律起诉＋同盟呼应"，在腾讯看来，这已是"最高级别"的组合反击了，可是让人失望的是，这些行动无非再一次"证明"了腾讯在利用自己的资源和地位"以大欺小"。最为要命的是，自始至终腾讯都没有从技术的角度向用户解释"为什么没有窥探隐私的行为"。在腾讯技术部门的人看来，"用技术的方式向普通的电脑用户解释隐私保护问题，实在太难了"。他们只想出了一个比喻的办法，"好比航空公司的乘客经过安检门时，机场会扫描乘客的行李，其目的是发现违禁用品，但绝不存在窥探隐私的目的和作为"。然而，这样的比喻显然是不够的。

随着双方的刀来剑往，3Q之争引起公众和媒体的疯狂关注，腾讯在交锋中尽显被动之态。让马化腾更加预料不到的是，周鸿祎接下来还有更致命的一招。

白热化："扣扣保镖" 与艰难的决定

10月29日，因为气氛实在太紧张了，几乎所有的人都忘记了这一天是马化腾39周岁的生日，在潮汕人的习俗中，"过九不过十"，照往常是需要认真庆生一番的。然而，就在这一天，周鸿祎送出了一份猝不及防的"大礼"：360宣布推出一款名为"扣扣保镖"的新工具。

"扣扣保镖"宣称能够"全面保护QQ用户的安全，包括防止隐私泄漏、防止木马盗取QQ账号以及给QQ加速等功能"。它能自动对QQ进行"体检"，然后显示"共检查了40项，其中31项有问题，建议立即修复"。周鸿祎说："'扣扣保镖'的推出给用户创造了价值，既然QQ这个IM工具不可取代，那为什么我不做一个伴侣性的产品，让QQ用户感受更好呢？这样用户会更喜欢360，腾讯就不能把我赶走。"

然而，在腾讯看来，周鸿祎的这一招无疑是釜底抽薪。

29日当晚，腾讯大厦37层的大会议室成了临时"作战室"，几乎全部腾讯决策高管都聚集于此。

金山公司和张志东的技术团队同时发现四个"后门"：当用户在"提示"下选择"修复"后，将被进行系统重装，QQ安全中心被360安全卫士替代，QQ用户的好友关系链被360备份，即所有的用户关系将被导入到360的操作平台上。当马化腾听完张志东等人的汇报后，脸色惨白呆坐桌前，喃喃自语："怎么也没有想到，他会做这种事。"

腾讯团队将"扣扣保镖"定义为"非法外挂"，"这是全球互联网罕见的公然大规模数量级客户端软件劫持事件"。

10 月 30、31 两日，腾讯向深圳市公安局报案，同时向工信部投诉，当时的期望是通过诉求司法和行业主管部门，阻止 360 的行为。负责法律事务的郭凯天日后回忆说："深圳公安局接到报案后，非常重视，安排了一位副局长处理此案，可是公安人员不知道应该如何定性，以及用怎样的办法处置。即便是工信部，也对我们的投诉一头雾水，根本不知道发生了什么事情。"

时间如指间流沙，分秒瞬失。就在 10 月 29 日到 11 月 1 日的几天里，后台数据显示，"扣扣保镖"已经截留了 2000 万 QQ 用户！后来，马化腾对我心有余悸地说："如果再持续一周，QQ 用户很可能就流失殆尽了。"

11 月 3 日上午，马化腾做出决定，在装有 360 软件的电脑上停止运行 QQ 软件。

这一整天，所有高管都围坐在 37 楼的"作战室"里，草拟一份"不兼容"公告。对于这群工程师们而言，这实在是一份太棘手的工作，据陈一丹、吴宵光等人的回忆：大家对着几百个字，一句一句地死抠，有人站起来，呱啦呱啦地说一通，改几个字，然后出去上个厕所，回来一看，又被人改掉了，然后又是一番争论……

11 月 3 日晚 6 点 19 分，腾讯以弹出新闻的方式，发表了这封《致广大 QQ 用户的一封信》，全文如下：

亲爱的 QQ 用户：

当您看到这封信的时候，我们刚刚做出了一个非常艰难的决定。在 360 公司停止对 QQ 进行外挂侵犯和恶意诋毁之前，我们决定将在装有 360 软件的电脑上停止运行 QQ 软件。我们深知这样会给您造成一定的不便，我们诚恳地向您致歉。同时也把做出这一决定的原因写在下面，盼望得到您的理解和支持。

一、保障您的 QQ 账户安全。

近期 360 强制推广并胁迫用户安装非法外挂"扣扣保镖"。该软件劫持了 QQ 的安全模块，导致了 QQ 失去相关功能。在 360 软件运行环境下，我们无法保障您的 QQ 账户安全。360 控制了整个 QQ 聊天入口，QQ 所有数据，包括登录账户、密码、好友、聊天信息都得被 360 搜查完，才送还给 QQ 用户，相当于每个用户自家门口不请自来的"保镖"，每次进门都被"保镖"强制搜身才能进自己家门。我们被逼迫无奈，只能用这样的方式保护您的 QQ 账户不被恶意劫持。

二、对没有道德底线的行为说"不"。

360 屡屡制造"QQ 侵犯用户隐私"的谣言，对 QQ 的安全功能进行恶意污蔑。事实上 QQ 安全模块绝没有进行任何用户隐私数据的扫描、监控，更绝对没有上传用户数据。目前我们已经将 QQ 安全模块代码交由第三方机构检测，以证明我们的清白。

更甚的是，360 作为一家互联网安全公司，竟推出外挂软件，公然站到了"安全"的对立面，对其他公司的软件进行劫持和控制。这些都是没有道德底线的行为。

三、抵制违法行为。

任何商业行为，无论出于何种目的，都应该在国家法律法规的框架下进行。而 360 竟然采用"外挂"这种非法手段，破坏腾讯公司的正常运营。

360 已经在用户电脑桌面上对 QQ 发起了劫持和破坏。我们本可以选择技术对抗，但考虑再三，我们还是决定不能让您的电脑桌面成为"战场"，而把选择软件的权利交给您。

　　12 年来，QQ 有幸能陪伴着您成长；未来日子，我们期待与您继续同行！

腾讯公司

2010 年 11 月 3 日

　　在公告发布的同时，腾讯推出了一个"不兼容页面"，所有用户面对"卸载 QQ"和"卸载 360"两个选择键，必须进行"二选一"。

　　汤道生回忆了一个细节：设计人员递交的第一个方案，两个选择键的字体为一大一小，马化腾提出修改意见："两个字体和体积均一样大，给用户一个公平的选择。"有高管不同意，他们提出，一年前，360 在与金山的竞争中也有过一次类似的行动，"卸载金山"的字体比"卸载 360"大好多。马化腾表现得情绪很激动，他重重地拍了一下胸脯说："一样大，来吧。"

　　腾讯弹出公告的一小时后，360 以弹窗反击，称腾讯"坚持强行扫描用户硬盘，绑架和劫持用户，以达到不可告人的目的"。周鸿祎同时在微博宣布："对于腾讯这样丧心病狂的行为，360 有预案，我们推出了 Web QQ 客户端。"

　　腾讯旋即做出技术反应，Web. QQ. com 很快停止服务，直接跳转到公告页面，QQ 空间宣布不支持 360 浏览器访问。9 点 10 分，360 宣布下线"扣扣保镖"，并发布致网民紧急求助信，"恳请"用户能够坚定地站出来，"三天不使用 QQ"。在 3 日晚间的 3 个小时里，双方刀来剑往，交锋数个回合，中国互联网已是一片沸腾。

刘畅的眼泪与"各退五十步"

　　360 发布"扣扣保镖"之后，腾讯公关部总经理刘畅一直驻扎北京，忙碌地与各家媒体沟通："那些天焦头烂额，技术部门惊呼用户像潮水一般地被截流，但是我们一直讲不清楚自己的诉求。"2010 年 11 月 3 日下午，刘畅接到来自深圳的电话，得悉"不兼容"的决定，"我大大出了一口气，终于要反击了"。

这一天深夜，一些京城媒体记者围堵在腾讯北京总部——银科大厦 21 楼的前台。工信部也来电，要求双方暂停对峙。此时，刘畅与驻京的联席 CTO 熊明华、网站部总经理孙怀忠等人开始连夜联系重要的媒体。在过去的十来年里，腾讯从来没有召开过这样的记者见面会，北京和深圳两边反复讨论，由谁来面对棘手的局面，此时，所有的创始人都远在南方，刘畅说："别纠结了，我去。"

4 日上午 9 点，腾讯在北京召开新闻发布会，20 多家媒体到场，刘畅受命代表腾讯表述立场。

此时，网上舆论几乎是一边倒地声讨腾讯，一些媒体记者的情绪也非常激动。

"这是腾讯成立 12 年以来最惨烈的一次行动，昨晚腾讯 1 万多名员工彻夜未眠。"刘畅以此开场，接着声音哽咽，不停抹泪，这一场景让与会记者大感意外。刘畅讲述了腾讯的苦衷："我想告诉你们做这个决定是多么的无奈、多么的情非得已，这是一个非常无奈的决定，但这也是一个非常坚定的决定。"她之后提出要求："360 立即停止不正当竞争行为，停止虚假宣传，停止诋毁腾讯公司及其产品、服务的行为，连续 3 个月公开道歉并连带赔偿腾讯 400 万元。"

这一天，几乎所有的报道都以"腾讯公关部总经理发布会痛哭"为标题，刘畅成为除马化腾以外"最出名的腾讯高管"。

随着战事激化，各方利益集团被纷纷卷入。11 月 5 日上午，金山、搜狗、傲游、可牛、百度 5 家公司联手举行新闻发布会，表示将不兼容 360 系列软件，并联合披露 360 的"八大谎言"。新浪则选择支持 360，两家达成合作协议，同时新浪还宣布与 MSN 展开深度合作，MSN 与新浪微博、博客互联互通。

11 月 6 日上午，马化腾主动邀约深圳的 4 家媒体做专访，这是他创业以来破天荒的一次。在接下来的一周里，他接受了 3 次媒体群访，舆论开始听到他的声音。

记者问："在你看来，这是不是腾讯历史上最大的灾难？"马化腾答："肯定是。而且是人祸，不是天灾。"在访谈中，马化腾将腾讯的"不兼容决定"形容为"自救"："360 真正的装机量在 1.2 亿到 1.5 亿之间，与我们的电脑装机重合度大概 60%。估算下来，受影响的 QQ 用户大约有 1 亿。'扣扣保镖'是上周五 11 时多发布的，周一已经有 2000 多万感染，周二我们已经看到它在诱导用户生成图片并进行传播，假设每个 QQ 用户有 40 个好友，那 2000 万用户就可以扩散到 8 亿，形势已经很危急，除了对抗和先下网，我们已经别无他法。"

11 月 15 日，周鸿祎发表题为"与其苟且活着，不如奋起抗争"的博客文章，算是对 3Q 大战的一次自我总结，他仍然体现了"弱势者"的反叛立场："在中国，互联网的竞争环境很恶劣。垄断势力不仅仗势欺人，用自己的市场地位欺负创业公司，甚至不惜牺牲用户的权益，强行胁迫用户卸载其他软件。这种垄断者肆无忌惮的霸道做法一天不改，互联网创新者一天就没活路，中国网民享受更多新、酷的服务的合法权益就会受到伤害。"

11 月 20 日，就在战事已基本结束之后，工信部发布《关于批评北京奇虎科技有限公司和深圳市腾讯计算机系统有限公司的通报》，通报责令两家公司"自该文件发布 5 个工作日内向社会公开道歉，妥善做好用户善后处理事宜；停止互相攻击，确保相关软件兼容和正常使用，加强沟通协商，严格按照法律的规定解决经营中遇到的问题；从本次事件中吸取教训，认真学习国家相关法律规定，强化职业道德建设，严格规范自身行为，杜绝类似行为再次发生"。

尴尬的结局:"赢了官司, 输了舆论"

很多西方学者,比如阿尔库塞、汉娜·阿伦特,曾把人类的真实分为事实真实和逻辑真实。

在互联网的世界里,似乎存在着三种真实:事实真实、逻辑真实和情绪真实。在社交化网络的场景中,一种被煽动起来的情绪可能以病毒传播般的速度被广泛地传染,它将自我生成和复制,进而独立地构成为"事实"和"逻辑"本身。当这种情绪——我们不妨称之为"人造情绪"消失之后,与之相关联的"事实"和"逻辑"也同时消失。在 3Q 大战中,我们看到了这个情况的发生,"情绪"本身成为一个推动本体,所裹挟及创造出来的"真实"如核弹一般地在公共领域爆炸,这无疑是一场非常陌生的互联网"暴力盛宴"。

3Q 大战是中国互联网史上的一个重要战役,也可以说是 PC 时代最血腥的"最后一战"。不过日后来看,经此一役,互联网的法治及道德环境并没有得到改善;相反,3Q 大战证明了丛林法则的胜利,就事件的真相而言,则称得上是一个"罗生门",一百个观察者,一百个事实,一百个观点。

我们先来看看法律的判决,双方在后来的 3 年多里多次对簿公堂。

2010 年 11 月 15 日,也就是周鸿祎发表博文《与其苟且活着,不如奋起抗争》的那天,腾讯以"360 隐私保护器及 360 网站虚构腾讯侵犯用户隐私的事实,对腾讯进行恶意商业诋毁"为由,向北京市朝阳区法院正式起诉 360 不正当竞争。2011 年 4 月,法院做出一审判决,要求奇虎 360 停止侵权,30 天内在 360 网站的首页及《法制日报》上公开发表声明以消除影响,并赔偿原告腾讯经济损失 40 万元。奇虎不服,上诉至北京市第二中级人民法院。9 月 29 日，北京二院维持一审判决结果。

随后，腾讯就奇虎 360 公司发布的"扣扣保镖"的相关侵权行为，向广东高院提起了更大规模的诉讼。

2013 年 4 月，广东高院做出一审判决，认定奇虎 360 公司的多项行为构成了"不正当竞争行为"：第一项是"扣扣保镖"破坏了 QQ 软件及其服务的安全性、完整性，拦截、屏蔽 QQ 软件的多项功能，使腾讯丧失增值业务的交易机会及广告收入；第二项是 360 在经营"扣扣保镖"软件及其服务时，存在捏造、散布 QQ 软件存在健康问题、泄露用户隐私等虚伪事实，对腾讯进行商业诋毁；第三项是"扣扣保镖"通过篡改 QQ 的功能界面从而取代原告 QQ 软件的部分功能，进而推销 360 自己的产品。上述多项不当行为，不仅严重损害了腾讯公司合法的商业利益，同时也破坏了行业内正常的竞争秩序，构成了不正当竞争。法院因此判决奇虎 360 公司连续 15 日在媒体上公开赔礼道歉并赔偿经济损失 500 万元。

奇虎再上诉至最高人民法院。2014 年 2 月 24 日，最高法院维持一审判决。

尽管在法律层面上，腾讯取得了全胜，可是正如马化腾等人当时所预见到的，判决对两家公司均不构成实际的利益影响，中国法律在众多的互联网恶性竞争中都没有能够扮演恰当的、具有实际约束力和惩戒力的武器，这实在是一件令人非常遗憾的事情。

相比较，周鸿祎的冒险取得了空前的商业成功，他赤身上扑，只要不被扼杀即是大胜，他对互联网舆论的超凡理解及掌控，更是前所未见。大战之后，他的知名度暴增，成为颠覆式创新的标志人物，360 用户非但没有遭到削弱，反而增加。周鸿祎借势更进一步，迅速启动上市计划，2011 年 3 月 30 日，奇虎 360 在美国纽交所上市，融资 2.256 亿美元，当日市盈率高达 360 倍，一跃成为市值第三的中国互联网上市公司。

对于马化腾来说，3Q 大战则无异于一杯难咽的苦酒。

就竞争战略的角度，11 月 3 日的"不兼容"，无疑是唯一正确的决策，马化腾冒着千夫所指的风险，阻击了 360 的釜底抽薪。后来他对我说："如果再咬牙坚持一周，360 就彻底出局了。"恨恨之意，溢于言表。

3Q 大战的暧昧结局，并没有带来反抗者所期许和承诺的"完全开放环境"，反而促使了"唯平台论"的奇特复活：一方面，对开放的呼唤促使垄断者深入反省，重新认识互联网经济的深层结构；另一方面，开放主义的信徒不再迷信"开放万能"，因为互联网的资本主义特征远比他们设想的要复杂得多。那些反抗者，通过挑战垄断者，分享了垄断的利益。

腾讯在此次事件中所遭遇到的舆论攻击更让马化腾一度意兴阑珊，在访谈中，我能够非常清楚地感受到他的困惑与郁闷，甚至在某些时刻，他的价值观都有点动摇。正如黑格尔所言，获得认可的欲望是人类生存最基本的愿望，马化腾一向自诩为产品经理，日夜所思皆是用户体验及得到他们的认可，然而，就是在这个层面上，他遭遇了致命的质疑。

后来发生的种种变化将证明，在腾讯史上，3Q 大战的确是里程碑式的事件，它甚至在某种意义上改变了马化腾的性格，他开始重新思考腾讯的平台策略以及公共属性，在外部沟通上，他也渐渐变得柔软和开放。

第14章

开放：新的挑战与能力

过去，我们总在思考什么是对的。但是现在，我们要更多地想一想什么是能被认同的。

———马化腾，《给全体员工的邮件》

一个行业发展得越快，它的商业模式就会越早达到极限，所以说，当下的成功抛物线经常是窄的尖峰状。

———加里·哈默（美国商业战略大师），《管理的未来》

"打开未来之门"

英国历史学家汤因比在描述了人类众多文明的兴衰之后，提出过一个意味悠长的问题：对一次挑战做出了成功应战的创造性的少数人，需多长时间才能经过一种精神上的重生，使自己有资格应对下一次、再下一次的挑战？

企业是一个有思想、有欲望的物体，岁月赋予它组织及观念上的轮廓并将其随时改变，这种感觉非常奇妙，而面对不确定性的焦虑和超越自我的挑战，正是企业家生涯的一部分。

2009年10月，《中国企业家》记者采访马化腾，问："外界最让你难以接受的误解是什么？"

马化腾考虑了良久后回答："产品出个什么问题，特别多的人骂你。"

很显然，此时的小马哥仍然以"产品经理"自居，且从内心认定，只要把产品做到极致，便可以赢得用户，其他的外部舆论侵扰大都可以置之脑后。

然而，仅仅一年后，经历了3Q大战的"洗礼"，马化腾的态度发生了极大转变。2010年11月11日晚间，他通过内部邮件发布致全体员工的信，内称："过去，我们总在思考什么是对的。但是现在，我们要更多地想一想什么是能被认同的。"

这一天是腾讯的12周年成立纪念日，公司举办了一场4000人规模的大型庆典，马化腾做了即兴演讲，尽管场面热烈而隆重，可是他似乎仍然言犹未尽。庆典结束后，马化腾没有像其他人一样回家或相约聚会狂欢，他驱车回到办公室，两个小时后发出一份题为"打开未来之门"的邮件。

"我是一个不善言辞的人，所以选择邮件的方式与大家沟通。"马化腾用了非常坦率的开场白，接着他写道：

> 公司成立以来，我们从未遭到如此巨大的安全危机。这段时间，我们一起度过了许多个不眠不休的日日夜夜。当我们回头看这些日日夜夜，也许记住的是劳累，是委屈，是无奈，是深入骨髓的乏力感。但是我想说，再过12年，我们将会对这段日子脱帽致礼。

> 作为公司领导人，我个人有必要在此刻进行反思，并把这些反思分享给大家。

> 1. 这不是最坏的时刻

> 也许有人认为，腾讯公司正在经历有史以来最危险的挑战。但我想说的是，真正的危机从来不会从外部袭来。只有当我们漠视用户体验时，才会遇到真正的危机。只有当有一天腾讯丢掉了兢兢业业、勤勤恳恳为用户服务的文化的时候，这才是真正的灾难。

> 2. 也没有最好的时刻

> 12年来，我最深刻的体会是，腾讯从来没有哪一天可以高枕无忧，每一个时刻都可能是最危险的时刻。12年来，我们每天都如履薄冰，始终担心某个疏漏随时会给我们致命一击，始终担心用户会抛弃我们。

3. 让我们放下愤怒

这段时间以来，一种同仇敌忾的情绪在公司内部发酵，很多人都把360公司认定为敌人。但古往今来的历史告诉我们，被愤怒烧掉的只可能是自己。如果没有360的发难，我们不会有这么多的痛苦，也不会有这么多的反思，因此也就没有今天这么多的感悟。或许未来有一天，当我们走上一个新的高度时，要感谢今天的对手给予我们的磨砺。

4. 让我们保持敬畏

过去，我们总在思考什么是对的。但是现在，我们要更多地想一想什么是能被认同的。过去，我们在追求用户价值的同时，也享受奔向成功的速度和激情。但是现在，我们要在文化中更多地植入对公众、对行业、对未来的敬畏。

5. 让我们打开未来之门

现在是我们结束这场纷争、打开未来之门的时候。此刻我们站在另一个12年的起点上。这一刻，也是我们抓住时机，完成一次蜕变的机会。

在邮件的最后，马化腾承诺"开放"，这是腾讯决策层第一次将之定义为战略级的行动。

"也许今天我还不能向大家断言会有哪些变化，但我们将尝试在腾讯未来的发展中注入更多开放、分享的元素。我们将会更加积极推动平台开放，关注产业链的和谐，因为腾讯的梦想不是让自己变成最强、最大的公司，而是最受人尊重的公司。"

"马八条" 与半年战略转型筹备期

在刘炽平的记忆中，2010年年底的马化腾"突然变得特别喜欢跟人交流"，而聊的话题也与以前有了很大的区别，他甚至请了媒体专家到总办会上来分享公关与沟通的技巧，这在以前是难以想象的。

12月5日，马化腾受邀参加2010（第九届）中国企业领袖年会，发表题为"关于互联网未来的8条论纲"的演讲。

让与会者大跌眼镜的是，很少公开阐述商业思想的马化腾不但带来一份准备充足、条理清晰的演讲稿，而且还学会了幽默和自嘲。他在开讲的第一分钟里就引来满堂会心的笑声，他说："今天下午我演讲的主题是'互联网问题8条论纲'，大家会以为是在模仿马丁·路德宗教改革时提出的95条论纲。本来，我们也准备写95条，由于时间不允许，只有15分钟，所以，我就做了一个也不是很艰难的决定，决定把它缩短为8条。"

马化腾的这次演讲内容，后来被媒体归纳为"马八条"：

一、互联网即将走出其历史的"三峡时代"，激情会更多，力量会更大。

任何一个新鲜工具出现的时候总会引起社会的惊讶，以及很多关注，并且风靡一时。这个过程就好像长江三峡一样一路险滩，在这个阶段过去之后，新鲜感逐渐丧失了。但是，这推动了社会结构的重塑，创新的力量将会排山倒海般到来。这个转折点的一个标志就是每一个公民都能够熟练使用互联网这个工具。

二、客户端将不再重要，产业上游的价值将重新崛起。

回顾过去，很多人认为腾讯获得很多成功就是因为有了一个QQ客户端软件。我们能够非常便捷地接触到用户，手中有很多用户推什么产品都可以成功，这实际上是一个渠道，我们能够轻易通过这个渠道去接触到用户。但是在未来我们感觉到这个趋势，或者说这种故事将不再存在。在互联网中，渠道强势时代迟早要过去。简单来说，价值链在互联网产业链中正在往上游转移。也就是说，如果未来人们只依靠你的客户端，那这个企业将会步入一个重大危机。

三、"垄断"是一个令人烦恼的罪名，但有的时候确实是一个假想的罪名。

很多所谓的垄断公司，实际上在产业不断变革的时候，依然面临很大的危机。也就是说，在价值变迁迅速的产业里面，没有一个公司是可以高枕无忧的。所以说，挑战阿里巴巴、百度和腾讯，有人说是三座大山，有效方法不是建立一个类似的平台，形成一个垄断，而是能够顺应而上形成一个好的产业链，这才是一个好的方法。

四、截杀渠道者仅仅是"刺客"，占据源头者才是"革命者"。

互联网将不再作为一个独立的产业而存在，它将融入传统产业之中。在互联网的作用下，产业链的上游将会变得越来越重要。也就是说，你拥有什么样的产品和服务是最重要的，而不是你拥有什么样的一个渠道。外界一直对腾讯有一个误解，说我们核心价值就是有QQ，有渠道。其实，我们在很早之前就意识到这个是不可持续的。所以，我们就开始全力打造产业链的价值源头，也就是说你要有很好的优秀产品和服务，以及应用。

五、广告模式是"产品经济"的产物，知识产权模式是"体验经济"的宠儿。

过去的产品经济时代，产品和注意力是分离的，也就是说销售产品时为了获得知名度和名誉度不得不到媒体那边购买注意力，这个就是广告的本质。但是我们现在看到产品经济逐渐在演化到体验经济的时候，独特的体验将成为所有产业的一个价值源头，这也为产业增值打开一个无穷空间。在产品经济时代，媒体内容是一个独立产业，也就是说为广告提供一个载体。那么，在体验经济时代，媒体内容将会全方位融入其他产业中，成为一个价值的源头。

六、不要被"免费"吓倒。拥有"稀缺性"，就拥有了破解免费魔咒的武器。

制造稀缺性的方法有三个。第一，要有一个长期的大量品牌投资。第二，要营造一个独特的体验，比如苹果的 iPhone，通过一种整合方式把很多技术整合在一起创造出一个非常好的独特体验。其中它的每一个技术在其他的厂商看来都不是什么高精端的技术，关键是把它整合成一个体验，这就是一个稀缺性。第三，是塑造明星。

七、产品经济束缚人，互联网经济将解放人。

互联网的使命之一就是要改造传统的物本经济，把人从组织束缚中解救出来。也就是说，在互联网未来世界里拥有独特魅力和独立的人会成为最终源头，会成为最终的赢家。聚合更多的个人价值，为更多人的自我实现提供平台，把个性魅力和创新的潜力凝聚成为庞大的商业价值，是未来互联网的用武之地，也是腾讯公司的愿景之一。只有把人的价值释放出来，产业升级才会发生，稳定的社会结构才会出现，这是中国互联网应该能做出的贡献。

八、在"云组织"时代，"伟公司"不见得是"大公司"。

"云"是未来社会的形态，是社会资源的一种聚合方式，也就是说平时是以水分子形态存在的，需要整合的时候，一旦条件成熟就会形成"云"，任务完成之后又四散而去。这样一种组织形态可能是未来互联网的一种常态。腾讯公司眼里的开放和共享，简单来说就是以释放人的价值为着眼点，以个人资源为立足点，以云组织来凝聚，以云创新来推动。

在演讲的最后，马化腾宣布："从今天——12 月 5 日起，腾讯公司将步入为期半年的战略转型筹备期，转型方向就是前面提到的 8 条论纲，转型办法就是广泛听取社会各界的建议、忠告和批评，转型的原则就是刚才提到的开放和分享。"

"诊断腾讯"： 十场神仙会

2011 年春节过后，在公关部的主导下，腾讯在北京、三亚及杭州等城市组织了 10 场专家座谈，主题是"诊断腾讯"，共计 72 位互联网专家与会。马化腾要求腾讯所有高管必须参加其中的一场，这既是一种开放的姿态，同时确实也希望听到从未聆听过的声音。

马化腾在后来结集出版的《X 光下看腾讯》一书的序言中写道："我们的面前总是有无数条林中小径，我们已经拥有的那些东西，都要在全新的战略里被检验，哪些是继续发展的基础，哪些是兼程赶路的拖累，其实很难辨别。"

"我没有想到腾讯会做出这一举动，如果是微软，我想它遇到类似事情的典型反应，应该是辩护，动员一切力量，张开一千张嘴，证明自己的正确。"中科院信息化研究中心秘书长姜奇平回忆说，"诊断腾讯的现场，可以用万炮齐轰来形容，我看到，很多人都在过嘴瘾，体验着一种快感，好像居高临下的法官，遇见了不还嘴、不辩护的被告一样。"

这 72 位专家中，有些人与腾讯有长短不一的合作与接触，还有一些则是非常尖锐的批评者。在北京的诊断会上，一位长期在媒体上炮轰腾讯的观察者匆匆赶来，坐下就发言，十分激烈地讲了半个小时，然后就匆匆离场。这样的场景不止一次发生，不过，面对面的沟通及腾讯的诚意还是让所有的人都感受到了。

腾讯前员工、参加诊断会的程苓峰后来回忆了一个细节：张志东在诸嘉宾之后发言，开头第一句是"我一直在做笔记，写了满满 3 页纸，手都写酸了"，一边说还一边甩了甩握笔的手。《福布斯》中文版的前副主编尹生特地把头凑过来说："你们的老板，真实在啊。"

诊断会的主题由三个构成：关于公众责任与美誉度、行业的开放与垄断以及创新和山寨的难题。可以说，中国当时最重要的互联网观察者几乎都参加了这次"神仙会"，而由于议题的尖锐与案例的鲜活，大家的讨论便显得非常的自由和深入，中国互联网的困境与难题，在会场上无一例外地都被涉及。

一个非常重要的共识是，腾讯已经是最大的互联网公司，所以它所需要承担的责任也变得更加重大，"问题出在核心决策层对产业趋势判断不足，对整个行业和市场存在一种错觉"。

DCCI 互联网数据中心创始人胡延平便提出，当前整个互联网正在发生变化，互联网体系快速地从封闭走向开放。同时，大企业竞争从产品服务竞争向平台级竞争转变，最大及最优秀的企业，一定不是自己做更多产品服务的企业，而是把整个互联网连接起来，通过自己开放平台把整个互联网架构起来、组织起来的企业。腾讯完全具备这个条件，而且可能比其他企业都有优势，但是腾讯在这个方面的步伐太慢了。

一向慎言的腾讯总裁刘炽平在诊断会上从运营战略的角度，进行了尺度更大的自我批评，他认为腾讯有点"工作强迫症"——在许多年的发展中，腾讯一直想扮演一个服务员的角色，想要取悦用户，希望把什么东西都揽在自己身上，给用户提供各种各样的服务，"开始的时候可能做得不错，但是随着用户的需求越来越多元化、个性化，一家企业很难将所有服务都照顾到"。

《21 世纪商业评论》主编吴伯凡呼应刘炽平的观点，更尖锐地认为腾讯的思维模式中存在"帝国的思维"，"如同蒙古帝国那样，疆域非常大，但管理半径不够大，可能膨胀得非常快，但由于管理半径的不对称，会在短时间遭遇严重危机，甚至在某一点上被彻底瓦解"。

这些由外部专家及内部高管做出的同一判断及忧思，无疑对决策层造成了观念上的冲击，马化腾在后来提出"连接一切"的战略新主张，与此次系列诊断会上的观点爆发有很大的关联性。

在诊断会上，另外一个激烈讨论的命题是关于创新："腾讯是山寨公司吗?"

在外部人看来，腾讯的创新模式就是：以 IM 为核心，构成巨大的用户基数，从而进入众多的应用性市场，其产品的创意几乎都来自于其他公司的先发试验，腾讯再将用户体验推向极致。苗得雨以腾讯的一些产品经理的 PPT 课程和教程为例，认为腾讯许多产品经理都是教人如何将他人产品的成功点抓住，并进行二次微创新，"这种行为在实质上是一种彻头彻尾的山寨模仿精神，并且在腾讯内部发扬光大了"。

针对这种后发跟进战略的争议从来没有停歇过，它几乎也是所有中国互联网公司在过往 10 多年里成功的标本型路径。在诊断会上，专家们的讨论并没有陷入对这个模式的道德化批判，相反，他们把辩驳的触角延伸到了互联网成长的前沿地带。有三个命题的提出，在未来的很多年后看来，仍然是有意义的。

其一，专家们讨论了中国互联网与美国互联网的差异性，进而提出消费模式及体验方式上的创新可能性。

其二，他们认为过于迎合用户的时代已经结束，"没有谁知道什么才是未来的主流，或者干脆再也不会有主流"，因此，互联网公司应将战略诉求着力于创造需求。

其三，真正能够带领中国互联网公司成为创新之王的，是价值观，而不是各种各样的应用性技巧，"中国的互联网公司都特别缺失价值观，而现在的世界，互联网民众有这种强烈的需求，谷歌没有说改变世界，第一条是不作恶，这其实是非常具有革命性的，也是互联网的本质"。

"诊断腾讯"的讨论，从 3Q 大战和腾讯的发展战略出发，涉及了中国互联网成长的所有重大命题，有些已经有了较为清晰的答案，有些则还非常模糊，更有一些则本身就是不确定性的产物。在并不漫长的中国互联网史上，这 10 次诊断会有着非常醒目的思想价值。

开放能力：　资本与流量

一位成熟的商业从业者，应该具有两个坚定而又强烈，同时也相互矛盾的信条：你必须破坏原有的秩序和道德规则，同时，你必须致力于秩序和规则的重建，你是破坏的后果承担者和"遗产继承人"。商业的艺术就是要深刻地感受到这种相互矛盾的愿望，但也要心平气和地继续你的工作。

2011 年的马化腾，开始学习这样的能力。在诊断会上，他有过一段这样的发言："开放和分享并不是一个宣传口号，也不是一个简单的概念。开放很多时候被当作一个姿态，但是我更理解这是一个能力。分享不是一个愿景，更多是说你如何建立一个可执行的制度，才去执行你的分享和共享。"

那么，什么是腾讯的"开放能力"？在决策层有着不同的理解，在一次总办会上，马化腾让 16 个高管在纸上写下自己认为的"腾讯核心能力"，一共收集到了 21 个答案，历经了多次的讨论，"能力"被聚焦在两点上，从而迅速地展开为行动。

第一个能力是资本。刘炽平是这一主张的提出者，在这位前高盛人看来，腾讯不可能涉足所有的互联网产品，尤其是内容领域，所以只有通过资本方式的参与，才是唯一可行的路径。通过资本形成结盟关系，既可以实现开放的目的，同时也可以让腾讯庞大的流量资源获得一次资本意义上的释放。

在过去的 10 多年里，腾讯也实施过一些并购，但是几乎全部是控股或全资收购式的，它们与腾讯的现有业务有强关联性，大部分发生在网游领域——在这个行业，腾讯的行动从不手软，因而仍然体现为一种封闭或内生长的模式。今后的资本运作将是参与式的，只求共生，不求拥有。

刘炽平的这一资本开放策略，对于后来几年的腾讯具有决定性的战略意义，他在资本的层面上为腾讯开辟出了一块新的战场。2011 年 1 月 24 日，腾讯宣布成立腾讯产业共赢基金，预计投资规模 50 亿元人民币，为互联网及相关行业的优秀创新企业提供资本支持，一些老资格的腾讯人成为基金业务管理者，包括提出了 QQ 秀创意的许良等人。共赢基金投资的第一个重要产品是从事在线旅游业务的艺龙网。5 月 16 日，腾讯投资 8400 万美元持有艺龙网 16％ 的股权，成为第二大股东。6 月初，腾讯宣布参与投资创新工场发展基金的人民币基金，对创新工场所孵化的企业或其他早中期阶段优质互联网科技公司进行扶持，该基金总规模为 7 亿元人民币，是腾讯产业共赢基金中的一部分。

第二个能力是流量，拥有 5 亿多月活跃用户的 QQ 空间被选中为最好的试验场。

"其实，我们开始讨论是否要做开放平台是在 2008 年，但一直在纠结，真正下决心是在 3Q 大战之后。"主管互联网增值业务的汤道生在接受采访时，回忆了内部的争论，"在 SNS 领域，关于如何实施开放策略，是一个国际级的课题，我们至少在三个方面有过纠结：第一，开放到底是以应用为主，还是以内容为主；第二，社交网络是否要开放广告资源，我们受到了来自品牌广告部门和搜索部门的压力；第三，开放是针对平台，还是针对上下游产业链。"

事实上，几乎所有大型的平台级互联网公司都遭遇过开放不足的尖锐批评，从微软到 Facebook，甚至连苹果这样的硬件公司，当它开始推出应用平台的时候，也立即被视为"开放的敌人"。

在某种意义上，开放从来是一个相对的概念，如同国家的疆界，对人的开放需要认证，对其他国家的开放需要互惠，对贸易的开放需要法规，原教旨主义式的开放在人类文明史上从来没有发生过。在这一方面，乔布斯是最坚定的封闭主义者。艾萨克森在《史蒂夫·乔布斯传》中写道："数字世界最根本的分歧是开放和封闭，而对一体化系统的本能热爱让乔布斯坚定地站在了封闭一边。"

过去的腾讯，以及后来的腾讯，在业务开放上的举措从来是小心翼翼的，甚而是有点保守的。

2011 年 6 月 15 日，就在马化腾宣布"半年战略转型筹备期"后的 6 个月，腾讯在北京举办了千人级的首届合作伙伴大会，芒果网、虾米网、联通、金蝶、58 同城等合作公司一起站台，马化腾"请大家见证腾讯的战略转型"。

腾讯宣布将原先封闭的公司内部资源转而向外部的第三方合作者无偿开放，包括开放 API、社交组建、营销工具及 QQ 登录等。从公布的数据看，已有近 2 万个合作伙伴已经或正在排队等待接入腾讯开放平台。2010 年腾讯公司总体收入 200 亿元，不包括渠道费用在内，分配流入第三方合作伙伴手中的金额高达 40 亿元，其中，单款应用——一款网络游戏产品拿到的单月最高分成已突破 1000 万元。

几乎就在腾讯举办开放伙伴大会的同时，6 月 29 日，拉里·佩奇宣布谷歌公司推出一项社交网络服务 G＋（Google Plus），将谷歌的众多基础性功能向用户开放。汤道生说："谷歌的做法给了我们新的激励，腾讯内部很快做出了类似的决策。"

7 月 16 日，腾讯宣布 QQ 客户端开放，同时推出了苹果 App Store 应用商店模式的 Q＋开放平台，QQ 通过客户端上的应用按钮开启 Q＋，进而可以安装各种扩展应用，包括 Q＋桌面客户端、Web 版 Q＋、Q＋壁纸等等。

在 2011 年的上半年，腾讯所表现出来的积极的开放姿态及行动，让人们看到了一个新的互联网公司成长模式，甚至在全球互联网业界也具有一定的标志意义。

当然，腾讯在开放上的行动从来是谨慎的，更多是出于商业上的考量。就在 2011 年的 9 月，一则新闻佐证了上述的看法，一家名叫蓝港的网游公司推出 3D 网游《佣兵天下》，公测当日，腾讯称该游戏为腾讯的竞争产品，因此封停了蓝港的广告投放。

微博： 移动时代的新对手

2011 年年初的马化腾，正处在职业生涯中最焦虑和凶险的时刻。

3Q 大战让他精力交瘁，甚至开始怀疑自己的"产品信仰"。但日后来看，这竟是 PC 时代的最后一战，换而言之，它属于旧时代的一次血色绝响。而在更辽阔的互联网世界里，一个莫测的新时代正迅猛地拉开帷幕，更强大的对手已经在另外一条地平线上出现了。

2010 年 1 月 27 日，天才的乔布斯在硅谷发布全球第一台 iPad，6 月又推出内置 500 万像素背照式摄像头的 iPhone 4，互联网的移动时代突然到来了。在后来的一年里，平板电脑和智能手机的销售出现井喷，当年度的中国地区出货量达到 2300 万台，用户关系被迅速转移。

回望当时的战局，在中国市场上，领先于腾讯半个身位的有两家公司。

第一个当然是电信运营商，尤其是中国移动，它也许是最早，也是最有可能成为一个开放平台的移动服务供应商，当时很多观察家认为，"由于运营商拥有的垄断地位，将来运营商将会控制移动即时通信市场"。

中国移动曾有一个非常显赫的产品——"移动梦网"，不过在非智能手机时代，它只是一个计费渠道，没有真正控制人与应用的交流，而且在 2G 环境下，互动只能体现为短信的通知，当智能手机爆发的时候，短信模式立即落后。更糟糕的是，在过去的几年里，中国移动自以为格局已成，开始有计划地驱逐第三方。有媒体刻薄地评论："一个地主圈了一块特别肥沃的地，一开始招募了一群佃农，自带耕牛和农具来开发。土地被耕耘出来了，地主不乐意再跟别人分享果实，就想办法把佃农们通通赶走，自己添置了大量的耕牛和农具，自得其利。后来发生的变化是，突然出现了拖拉机。那些被赶走的佃农们用新的机器和工具开出了更多的地，结出了更多的果实。"

第二个是新浪和它的新浪微博。自 2006 年之后，随着腾讯、阿里和百度等公司的崛起，新闻门户模式被边缘化，老三强——新浪、搜狐和网易相继陷入成长低迷期。网易的丁磊在战略上放弃了正面战场，专注于网游业务。搜狐的张朝阳则多面布局，从输入法、网游到视频四处出击，却始终找不到决胜业务。

从来排名门户第一的新浪显然最为尴尬，它亟须一款伟大的产品来证明自己存在的价值。

2009 年 9 月，新浪微博悄然上线，它的模仿雏形是杰克·多西在 2006 年 3 月创办的 Twitter，后者在过去的 3 年里，以更轻便的 140 个字节，像轻骑兵一般地对 Facebook 构成了最可怕的威胁。

新浪的主政者曹国伟和陈彤运用他们非常娴熟的媒体运营手段，发挥明星效应，让新浪微博以令人吃惊的速度吸引了网民的眼球。到2010年前后，随着智能手机的普及，具有天然的移动属性的新浪微博进入空前鼎盛的时期，成为国民性的现象级产品。

也就在马化腾与周鸿祎贴身缠战的同一时间，2010年11月5日，新浪微博群组功能产品——新浪微群开始内测，微群产品具备了通信与媒体传播的双重功能，被视作网页版的"QQ群"。

11月16日，新浪举办首届微博开发者大会。曹国伟宣布，新浪微博用户达到1亿人，每天发博数超过2500万条，其中有38％来自于移动终端，已是国内最有影响力、最受瞩目的微博运营商。在微博上一夜走红的前谷歌高管、台湾互联网人李开复以自己的开博经历出版了一本书，书名为《微博：改变一切》。在李开复看来："因为有微博，网络传播的社会化时代已经到来！因为有微博，每个人都有可能，也都应当参与进来，让自己成为新媒体的创建者！"

社交网络拥有"赢者通吃"和"环境通吃"的团体化特征，新浪微博的意外蹿红，让腾讯的用户基础遭到前所未见的挑战，相比于周鸿祎，曹国伟和陈彤显然是更凶险也更强大的对手，马化腾几乎是手忙脚乱地加入了微博大战之中。

腾讯微博上线于2010年5月，比新浪微博迟了整整8个月，这对于一个战略性产品来说，几乎是难以追赶的时间距离。

为了说服各路明星和意见领袖们转投腾讯微博，腾讯上上下下使出了各种招数，从送苹果手机到支付高额"创作费"。一度，马化腾亲自上阵，硬着头皮邀约他熟悉的人成为腾讯微博的用户，这对于性格内向的他而言，实在是太为难了。尽管在2011年2月，腾讯就匆匆宣称腾讯微博的用户数达到1亿，甚至刘翔等体育明星的粉丝数超过了1000万，但每个人都明白，这是QQ导流和僵尸粉的成就。

　　几乎所有的观察家都意识到，在白热化的微博一战中，腾讯对新浪的取胜概率十分渺茫，"能够战胜微博的，一定不是另外一个微博"，如果没有新的战略级产品诞生——正如迈克尔·波特所提示的，"挑战者必须找到不同于领先者的新竞争方式以取得成功"，腾讯在移动互联网时代的未来无疑是黯淡的。

　　在这个微妙而决定性的行业转折时刻，既有的优势如阳光下的冰块不由自主地消融，每一个竞争者都在焦急地寻找新的战略高地和攻击点，此刻，天才的作用便如钻石般呈现了出来。

第 15 章

微信：移动互联时代的"站台票"

实现跨越的组织在看待技术以及技术所带来的变革时，有着与平庸公司
截然不同的观点。

——吉姆·柯林斯（美国管理学家），《从优秀到卓越》

我所说的，都是错的。

——张小龙

张小龙与雷军赛跑

自从 2005 年被腾讯收购之后，张小龙一直过得不太如意。

在中国的互联网世界有太多这样的人物，少年炫技，一夜而为天下知，然后便消失于茫茫市井。在过去的几年里，张小龙负责的邮箱业务几经曲折，终于渐渐赶上了网易，还得了公司内部的年度创新大奖，这让他稍稍可以自慰。然而，邮箱的盈利模式一直模糊不清，在以营收论英雄的腾讯体系内，偏居广州的张小龙团队一直游离在边缘地带。如同一把锈迹斑斑的宝剑，曾经少年英雄的张小龙看上去即将湮没于芸芸众生，他仍旧像过去一样的离群索居，每两周驱车去深圳开一次总裁办公会议，开完即回，几乎很少留宿过夜。在腾讯内部，张小龙的名气主要来自两个方面，他是公司某次运动会网球赛的冠军，也是全广州最大的 KENT（箭牌）香烟消费者之一。

2010 年 11 月 19 日——也就是马化腾写下《打开未来之门》这封具有战略性转折意义的邮件的一周后，张小龙指尖夹着 KENT 牌香烟，在自己的腾讯微博上打下了一行烟雾缭绕的"心情"：我对 iPhone 5 的唯一期待是，像 iPad（3G）一样，不支持电话功能。这样，我少了电话费，但你可以用 kik 跟我短信，用 Google Voice 跟我通话，用

Facetime 跟我视频。

kik 是一款刚刚上线一个月、基于手机通信录的社交软件，它可在本地通讯录上直接建立与联系人的连接，并在此基础上实现免费短信聊天。从功能上看，kik 是一款简单到极致的跨平台即时通信软件——它不能发送照片，不能发送附件。2010 年 10 月 19 日，kik 登录苹果商店（App Store）和安卓商店（Android Market），在短短 15 日之内，吸引了 100 万名使用者。

在接受我的访谈时，张小龙透露，他是在 QQ 邮箱的阅读空间里第一次知道 kik 这个新产品的，"阅读空间类似于谷歌阅读助手（Google Reader），我有一个习惯，每天都会去那里看看大家在关心什么，互联网领域又有什么新鲜东西诞生了"。在一个深夜，他给马化腾写邮件，建议由他的广州团队做一个类似 kik 的产品，马化腾当即回复同意。

与张小龙几乎同时注意到了 kik 的，是中国互联网界的另外一个传奇人物——雷军。

2010 年 12 月 10 日，反应迅速的小米仅仅用了 1 个月的开发时间，发布了中国第一款模仿 kik 的产品——米聊，先是 Android 版，继而是 iPhone 版。在米聊第一版发布后的聚餐中，提及腾讯，雷军说："如果腾讯介入这个领域，那米聊成功的可能性就会被大大降低，介入得越早，我们成功的难度越大。据内部消息，腾讯给了我们 3 个月的时间。"

雷军所获悉的情报来自腾讯深圳大本营，他的视线没有注意到广州的一支小团队。

张小龙的类 kik 产品立项于 11 月 20 日，从时间上看，大概比雷军迟了将近 1 个月，他带领着一支不到 10 人的小团队——其中有几位是做"手中邮"的，还有两个是刚刚入职的大学毕业生，用不到 70 天的时间完成了第一代研发，"当时快过年了，Symbian 版本调试老是有 Bug，搞得几个开发人急红了眼，一直到放假的前一天才把问题找到了"。

2011 年 1 月 21 日产品推出，定名为"微信"。与米聊不同的是，张小龙先发布了 iPhone 版，然后才是 Android 版和 Symbian 版。

微信的开屏界面是张小龙亲自选定的，"我们的 UI 给出了好几个方案，其中一个是月球表面图，有很浩瀚的宇宙感，我建议改成地球。上面是站一个人、两个人还是很多人，也讨论了一阵，最终决定只站一个人"。

这就是后来每个人都很熟悉的微信开屏页：一个孤独的身影站立在地平线上，面对蓝色星球，仿佛在期待来自宇宙同类的呼唤。

在张小龙的记忆中，微信的第一批用户是互联网的从业人员。"大家觉得腾讯做了一个产品，都要来试一下。"微信 1.0 版几乎没有收到市场的任何反响，和欧美不同，中国的电信运营商提供了丰富的套餐服务，正常用户每个月的包月短信根本消费不完，以省短信费为卖点的类 kik 产品，在中国完全没有出路。

微信 1.2 版迅速转向图片分享。

在张小龙看来，移动互联网时代必然是一个图片为王的时代，人们在有限的载体上没有耐心进行深度阅读，而对图片的消费量会达到一个空前的程度。然而，用户反响仍然不热烈，手机图片分享还是无法构成一种基本需求。

雷军的米聊也快速地行进在迭代的小径上。2011 年 4 月，米聊借鉴香港一款名为 TalkBox 的同类产品，增加了对讲机功能，用户突然变得活跃起来。5 月，张小龙的微信新版本也及时地增加了语音聊天功能，用户猛然间出现井喷，用户日增数从一两万提高到了五六万。

张小龙继续带着团队狂奔。"摇一摇"和"漂流瓶"功能相继上线，持续的迭代让人惊喜连连，却也引来不同的争议。

在一个版本上，张小龙让同事在启动页上加了一句话："如果你说我是错的，你要证明你是对的。"

在与微信的赛跑中，雷军团队表现出极强的战斗力，然而一些基础性能力的薄弱还是在大型社交战役中暴露了出来。因用户数的激增，米聊的服务器曾在一天里宕机 5 次。此外，由于跨地域、跨运营商等因素影响，网络质量差距很大，经常会有某个地区的米聊用户集体掉线的事情发生。

到了 7 月，微信推出"查看附近的人"功能，用张小龙的话说，"这个功能彻底扭转了战局"。在此之前的半年里，微信的用户数未曾突破 100 万——在腾讯内部，一个半年用户数不能超过百万的产品几乎微不足道，然而，7 月份之后，微信的日增用户数一跃达到了惊人的 10 万以上，而这是在没有动用任何 QQ 资源的前提下实现的。

11 月，我在深圳的威尼斯酒店与马化腾第一次见面，他教我下载微信，并用"摇一摇"的功能"互粉"。他告诉我，现在，微信的日增用户数峰值达到了 20 万。在酒席间，他下令暂停即将在京沪两个城市投放的 2000 万元广告，然后，用极轻的声音对我说："微博的战争已经结束了。"

为什么是张小龙？

就公司哲学而言，张小龙虽然被称为"微信之父"，但微信的成功，仍然是马化腾式的胜利：如同 QQ 秀、QQ 空间以及网游一样，微信不是腾讯核心战斗团队的产品。

在 2011 年的下半年，马化腾以超乎寻常的热情关注微信的每一次迭代与用户数变化，正是在他的决策下，偏居一隅的广州邮箱团队扮演了匹马救主的"白衣骑士"。在最初的一段时间，面对蜂拥而至的采访，非常不愿意面对媒体的马化腾不得不亲自出马对付："还是我替小龙去吧，让他专心做产品。"

在深圳的 MIG 移动互联网事业群走访时，我随时都能感受到那里的人对微信的复杂心态，至少有两支团队在投入类 kik 产品的研发，可是，由于它在功能上与 QQ 有太多的相似性，始终缩手缩脚而不敢决然投入，最终眼睁睁地看着微信异军突起。2013 年 1 月，腾讯高级执行副总裁、MIG 总裁、在 PC 时代为营销立下过汗马功劳的刘成敏主动请辞，在北京寓所接受我的访谈时，他坦承"自己必须对这件事情负责"。

在个人气质上，张小龙像他酷爱的混合型烟草一样，有着"混搭"的独特品质。一方面，他对产品构建和细节打磨有着近乎偏执的爱好，而且与马化腾一样是一位极简主义和直觉主义者；另一方面，他又是迈克尔·杰克逊的崇拜者，时时表现出迥异于传统意义上的 IT 技术人员的文艺格调。他甚至认为，"产品经理永远都应该是文艺青年，而非理性青年"。面对我的采访，他亦时时流露出作为一个 IT "文艺青年"的气息。

> 吴晓波：据我所知，就在你们研发微信的时候，无线业务部门也同时有几支团队在进行同样的工作。从业务分工上看，这一产品的研发权限并不属于你所领导的邮箱部门，但为什么最后是你们获得了这个机会？

> 张小龙：这个确实有点突然和冲突，但这个要看 Pony 他们怎么看了，他们认为这个冲突是可以接受的，那就行了。对于一个新产品，可能从公司角度来看，毕竟我们能够抓住这样一个机遇更重要，而不是说怎么样花费资源更重要。从腾讯的企业文化来看，从来有内部赛马的机制，它让企业保持了一种面对竞争的紧张性。

> 吴晓波：作为一个拥有巨大流量的公司，腾讯在微信的爆

发过程中，扮演了一个怎样的角色？或者说，离开腾讯，微信还有多大的成功概率？

张小龙：腾讯包括我们自己，对流量的运用一直都比较谨慎，并不像外界所认为的那样。微信刚上线的时候，一直到 5 月版本发布前，我在自己的 QQ 邮箱里都没有去推广告。我们当时觉得，你自己没有体现出自生长的能力，那么做推广其实收获是不大的，你达到 100 万用户就是 100 万用户，它不会病毒式扩张。一个产品的流行要看用户口碑，看用户口碑自发增长的分界线，如果你没有达到这个界限，推广就没有意义。当战略性拐点出现的时候，腾讯的能量就发挥出来了，7 月以后，无线部门对微信进行了强势的推广，手机 QQ 等产品成为巨大的流量导入来源。

吴晓波：我记得马化腾在接受我的访问时，有一个观点认为，"中国的互联网很多是靠应用来驱动的，而不是靠技术"。有人说微信所有的功能，没有一个是自主开发出来的，所以它的成功是"积木式"的，即建立在其他公司的功能研发基础上的，你怎么看这个观点？

张小龙：微信与当年 QQ 的成功有很多的相似性，这也可以说是一种"腾讯基因"吧。（我们）所要思考的是，为什么 QQ 成功了，而 ICQ 却死掉了，微信走红了，kik 却至今默默无闻。对于一个应用性的社交工具，其核心的价值是用户体验。就好像你所看到的，微信的很多功能都在其他软件工具上出现过。比如，"摇一摇"最早出现在 Bump 上，这个软件是让两个人碰一下手机来交换名片，在中国并没有人知道这个软件，而我们把它移植到微信中，第一个月的使用量就超过了一个亿；语音通话功能早在 2004 年前后就成熟了，但也是在微信上才被彻底引爆的。因此说，在某一场景下的用户体验是一款互联网产品能否成功的关键，而不是其他。

吴晓波：在功能的设计上，微信有很多让人眼睛一亮的地方，而且非常的简单干净，任何年龄的人一上手就会用，这样的设计理念是怎么形成的？

张小龙：我觉得极简主义是互联网最好的审美观。我以前就想过一个问题："为什么苹果手机只有一个按钮？"我感觉乔布斯的性格有一点偏执，他追求一种极致的简洁，可能跟他的理念有关系。他如果能用一个按钮来实现的话，他绝对不会用两个按钮来实现。"摇一摇"这个功能上线后，Pony发了一封邮件给我，说我们是不是应该仔细考虑一下，如果竞争对手来模仿，会不会在上面叠加一点东西，就说他创新了。我回复说，我们现在的这个功能已经做到极简化了，竞争对手不可能超过我们了，因为我们是做到了什么都没有，你要超过我们总要加东西吧，你一加，就超不过我们了。

2012年7月24日，从下午2点半到晚上11点半，张小龙在腾讯内部做了一场8个多小时的长篇演讲，主题是"微信背后的产品观"，腾讯为此开设17个分会场，同步直播。这场马拉松式的演讲，让张小龙成为新一代产品经理的偶像。通过180多页PPT，张小龙对产品经理的素养提出了极具个人色彩的解读：

——敏锐感知潮流变化。移动互联网产品会从相对匮乏时代进入相对富足时代，用户可以选择的产品会随时日流逝而日渐增加。产品经理若是沉溺于各种新鲜玩意儿之中，追逐新奇，很可能错过真实的时代潮流，无法把握人群的真实需求。

——用户感知需求。移动互联网的最大特点是变化极快，传统的分析用户、调研市场、制定产品三年规划，在新的时代里已经落伍。人类群落本身也在迁移演变，产品经理更应该依靠直觉和感性，而非图表和分析，来把握用户需求。

——海量的实践。尽管移动互联网方兴未艾，目前没有任何人可以自称是领域内的专家，但是，这并不意味着可以寄希望于天降天才。《异类》中提出的一万小时定律，同样适用于产品经理。他们需要开展超过千次的产品实践，才能称得上是了解产品设计，拥有解决问题的能力。

——博而不专的积累。美术、音乐、阅读、摄影、旅游等等文艺行为貌似不能直接转化为生产力，但是合格的产品经理需要广博的知识储备，以此才能了解和认识大数量的人群，理解时代的审美，让自己的所思所感符合普通用户的思维范式。以此为基础，设计的产品才不会脱离人群。

——负责的态度。拥有合适的方法论和合适的素养，成功的产品经理还应该有对自己和产品负责的态度，唯有如此，产品经理才能足够偏执，清楚地知道自己究竟要做什么，抵挡住来自上级和绩效考核的压力，按照自己的意志不变形、不妥协地执行产品策划。

朋友圈、公众号与微信红包

2012 年 3 月 29 日凌晨 4 点，马化腾在腾讯微博上发了一个六字帖："终于，突破 1 亿！"

此时，距离微信上线仅 433 天。在互联网史上，微信是迄今为止增速最快的在线通信工具。QQ 同时在线用户数突破 1 亿，用了将近 10 年，Facebook 用了 5 年半，Twitter 用了整整 4 年。

4 月 19 日，微信推出新功能"朋友圈"，使照片可分享到微信内的朋友圈；从相册中分享到朋友圈的照片，可被微信通讯录中的好友看到，其他好友可以对用户分享的照片进行评论；同时，微信信息可向好友群发，还可转发当下所在位置给好友——这为日后的电商服务提供了一个入口。微信还宣布开放接口，支持从第三方应用向微信通讯录里的朋友分享音乐、新闻、美食、摄影等消息内容。

"朋友圈"的出现，对微信来说是一个醒目的转折性路标，它意味着这款通信工具向社交平台的平滑升级，由此，一个建立于手机上的熟人社交圈正式出现。在随后发布的微信 4.2 上，继而推出视频通话功能。

经过一年多的数度迭代，微信提供的已经不再是单纯的通信服务，而是移动互联网时代的生活方式。有观察家评论说："除非竞品能够提供一种更为便利和流行的模式，否则无法构成竞争关系。"

朋友圈上线的 4 个月后，又一个影响深远的战略级产品诞生了：8 月 23 日，微信公众平台上线。

公众号的推出，是张小龙团队的一个"发明"，它兼具媒体和电商的双重属性，从而革命性地改变了中国互联网以及媒体产业的既有生态。

在公众号诞生之前，博客及微博已经对中国的舆论传播业态构成了巨大的冲击，民众掌握了舆论的发布权和选择权，金字塔式的精英传播模式遭到颠覆。然而，尽管如此，由于博客和微博的草根及碎片化的特征，主流舆论的势力其实并没有被彻底瓦解。公众号推出后，拥有持续创作能力的精英写作者敏锐地发现，这一模式更适合沉浸式写作，而其传播的路径由熟人朋友圈发动，且在通信和社交环境中实现，因此，具有更为强大和有效的舆论效率。同时，经由订阅而产生的粉丝（订户）有更强的忠诚度，且易于管理互动。

很快，越来越多的写作者开通了自己的公众号，它们被称为"自媒体"，这是一个由中国人独立创造出来的新概念。传统媒体的传播壁垒被革命性地击穿，基于专业能力的"魅力人格体"开始爆发出巨大的能量，而这一趋势呈现为不可逆转的态势。在后来的几年里，报纸、杂志等媒体出现雪崩式的倒塌，一个全新的舆论生态在微信平台上赫然出现。

对于企业而言，公众号也开拓出一片陌生而新颖的商业天地，商家以最低的成本和最快的速度发布资讯，获得了精准的用户，无论是服务互动还是商品贩售，都具有了新的可能性。由于公众号内植于社交环境，导流和呈现的成本大大低于传统意义上的APP，因而产生了对后者的替代效应，几乎每一家中国公司必须认真思考一个问题："我与微信有什么关系？"

在公众号上线的 15 个月后，微信平台上的公众号数量达到了惊人的 200 万个，保持了每天新增 8000 个的纪录——到 2015 年 10 月，公众号数量突破了 1000 万。它的成功让腾讯产生了一个极大的雄心：微信有可能成为一个新的桌面系统，从而建构一个内生闭环式的社交及商业生态链。

到 2014 年的春节，一个意外成功让微信以极其戏剧化的方式，解决了支付的难题。

在 2013 年的 8 月，腾讯的支付工具财付通与微信打通，推出微信支付。在很长的时间里，擅长社交工具的腾讯在电商领域一直无法与阿里巴巴抗衡，而微信，尤其是公众号的繁荣，让马化腾看到了新的希望。

在 2014 年的春节前后，张志东把负责微信业务的同事拉进一个群，提出如何满足春节期间腾讯传统的给员工发红包需求，微信红包由此诞生。1 月 24 日，微信红包测试版传播速度极快，开发团队忙着给微信红包系统扩容，他们向总部申请，调来了 10 倍于原设计数量的服务器，并抓紧时间修改微信红包系统的最后细节。

微信红包还在内测时，一张网络流传的截图显示，马化腾又是这个产品的第一批体验者，他正邀请一些企业老板测试"抢红包"功能。在这张截图上，马化腾发了一个随机红包链接，50 个随机红包，人均 20 元。

数据显示，从农历除夕到正月初八这 9 天时间，800 多万中国人共领取了约 4000 万个红包，每个红包平均包含 10 元钱。据此推算，总值 4 亿多元人民币的红包在人们的手机中不断被发出和领取。

腾讯一直没有对外公布，"抢红包"到底为微信带来了多少新的支付绑定用户，但是，可以肯定的是，这个没有任何成本的创意让腾讯几乎在一夜之间成为最重要的在线支付服务商，微信通往电商的最后一块壁垒在民众的狂欢中被击碎。

微信的"创世纪"

从 2011 年 1 月 21 日微信上线，到 2014 年 1 月 24 日的"抢红包"引爆，这三年是属于微信的"创世纪"时间，它的光芒掩盖了互联网领域里的其他一切创新。

毫不夸张地说，微信创造了另外一个腾讯，至少从用户数和市值两个方面，都支持这一观点。到 2015 年 6 月，微信和 WeChat 合并月活跃账户数达到了 6 亿，覆盖了九成的智能手机，俨然成为最大也是最活跃的移动社交平台。此外，以 WeChat 为名的海外版在全球 200 多个国家拥有超过 1 亿的用户，在越南、印度尼西亚等东南亚国家是排名前三的社交应用软件。

受微信红利的刺激，腾讯的股价在过去的 5 年里增加近 5 倍，从 400 多亿美元飙升到 2000 亿美元。在 2016 年 9 月，腾讯市值突破 2 万亿港元，跻身全球前十，登顶成为亚洲市值最高的公司。

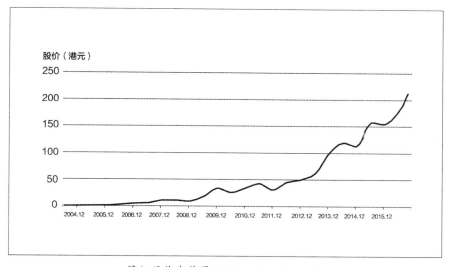

股价（港元）

腾讯股价走势图（2014.06—2016.10）

比用户数和市值更重要的还有两点：

第一，10 多年来，QQ 的主力消费人群为大中学生及城市低龄、低收入阶层，其业务收入的主要来源是网络游戏，而微信的用户为社会主流人群，包括几乎所有的社会阶层，从高级白领、企业家、知识分子到公务员，它让腾讯成为真正意义上的公器型超级企业。

第二，完全为手机而生的微信，替腾讯在移动互联网时代抢下了一个无可替代的入口。曾经给马化腾造成极大麻烦的周鸿祎也许是最早意识到这一点的人之一，在 2012 年的一次峰会上，周鸿祎说："在今天中国这么多互联网公司里，只有伟大的腾讯公司、尊敬的马总拿到了'船票'，其他人都还在琢磨。"马化腾稍稍更正了周的说法，他认为腾讯拿到的是一张"站台票"，"我们进去了，但竞争才刚刚开始，我们还没有坐下来的资格"。

在这 3 年里，马化腾和张小龙只遭遇到了极其微弱的抵抗。

雷军早早退出了与微信的竞争，他转而专注于小米智能手机，通过对乔布斯的刻意仿效，在硬件市场上成为一个炙手可热的风云人物。2013 年 8 月，马化腾的老相识、网易的丁磊联手中国电信推出全面拷贝微信的产品——易信，中国电信给出了短信免费和注册即送流量的两大优惠政策，丁磊甚至宣称"易信的语音通话质量比微信好 4 倍"。但是，易信进场实在是太迟了，用户没有给丁磊证明自己的机会。

中国移动在 2011 年 9 月推出了飞聊业务，它在飞信的基础上增加了跨平台免费短信发送，并增加了语音短信的功能。然而在两年的时间里，飞聊注册用户数只维持在 300 万的底量规模，到 2013 年 7 月，中国移动暂停了这一业务。

另外一个紧张的大佬是马云，在 2013 年和 2014 年，阿里系与腾讯系互相封杀和各自结盟，上演了一场让人眼花缭乱的对攻战。

2013 年 4 月，为了在战略上抵抗微信，阿里巴巴入股新浪微博，以 5.86 亿美元的代价购入 18％的股份。一年后的 4 月，阿里巴巴和云峰基金宣布以 12.2 亿美元战略投资视频网站优酷土豆，阿里持股 16.5％。从而，阿里分别拥有了社交和视频的两个重量级入口。[①]

2013 年 10 月，马云在阿里体系内强力主导移动通信工具"来往"的推广，在内部邮件中号召"用愚公之精神去挑战×信"，他甚至直接下达指标——他自称这是一个"馊主意"："每个阿里人 11 月底前必须有外部'来往'用户 100 个，否则年底就视同放弃公司的年终红包。"

11 月 20 日，手机淘宝以"出于安全考虑"为理由关闭了从微信跳

---

① 2015 年 10 月，阿里巴巴以 45 亿美元现金收购优酷土豆除阿里巴巴已持有的股份外剩余的全部流通股，优酷土豆（后更名为合一集团）成为阿里巴巴旗下的全资子公司。

转到淘宝商品和店铺的通道，从而遏制了微信的渗透。

最终于 2014 年 11 月，阿里入股的新浪微博禁止微信公众号的任何推广行为。

相对于阿里的出击，腾讯在攻防上的行动同样十分激烈。

在 2013 年，微信同样以安全为理由相继封杀了新浪微博和"来往"的跳转链接，并将支付宝从应用商店中下架。

从此，中国移动互联网的互通性生态被彻底抛弃。对于腾讯而言，更具有战略意义的是，它一改过往的谨慎作风，抓住了微信不可替代的入口优势，在资本市场上展开了凌厉的并购行动——

2013 年 9 月 18 日，腾讯以 4.48 亿美元战略入股搜狗，并将旗下的搜索和 QQ 输入法并入搜狗现有的业务中，腾讯持有新搜狗 36.5％ 的股份。

2014 年 2 月，腾讯以 4 亿美元获得大众点评网 20％ 的股份，在前些年的团购大战时，腾讯曾经投资高朋，但成绩却乏善可陈，QQ 空间总经理郑志昊等人被派出担任高管；2015 年 10 月，大众点评与美团宣布合并，成为一家估值约百亿美元的新公司。

仅仅过了一个月，3 月 11 日，腾讯再次发布重大投资信息，以 2.14 亿美元现金以及其他资产对价收购京东 15％ 的股份，并将旗下电商资产 QQ 网购和拍拍实物电商部门以及配送团队整合并入京东体系。

6 月 27 日，腾讯宣布以 7.36 亿美元的价格收购 58 同城 19.9％ 的股份，成为该公司的第一大股东。

刘炽平是这些大型投资行动的主导者，在投资京东的那些天，马化腾的腰疾发作，但仍然坚持参与了最后的谈判。早在 2005 年，当马化腾提出"希望自己的产品和服务像水和电一样融入生活当中"时，腾讯便开始进行了多产品的布局。不过，在很长的时间里，腾讯坚持自主开发的路线；而开始于 2013 年的大举投资，表明成型于两年前的"以资本推进开放"的战略的落地。腾讯甚至痛下决心，将多年来难有起色的搜索、O2O及电商等业务从主体中剥离，转而与各自领域的强势公司形成结盟关系，而后者之所以愿意打开资本之门，并以远远低于市场认知的价格让腾讯进入，则几乎全部是看中了微信的入口价值。

在这个意义上，腾讯其实是在资本市场上实现了微信价值的一次套现，以京东为例，在接受腾讯投资的两个多月后，公司便在纳斯达克上市，市值约为260亿美元。粗略计算，腾讯此次投资的账面浮盈便达37亿美元，投资收益率超过18倍。作为回报，微信将它的"购物"入口直接导入京东。

腾讯与阿里之间展开的此次并购大战，也是当代企业史上投入最大的典范案例，经过这一轮的封杀与合纵连横，中国的互联网产业从群雄并立的春秋时代进入了寡头统治的战国时代，甚至可以说，进入了以腾讯和阿里为盟主的G2时代。

第16章

年轻：手机 QQ 的自我变革

行动惯性是一种普遍的症候群。没有不变的成功方程式，惯性是企业成长最大的敌人。

——唐纳·萨尔（美国管理学家），《成功不坠：最适者再生》

年轻！年轻！！年轻！！！

——汤道生

"并非补充，而可能是颠覆"

移动浪潮下，腾讯不仅受到外在竞争对手的压力，更要面对自我的蜕变。而在所有的变革中，自我革命是最艰难的一种。

2013 年 5 月 8 日，手机 QQ 4.0 版本上线，而后遭遇用户的疯狂吐槽。上线仅 4 天，就收到了 3 万余条投诉。所有不满都指向新版本的一个调整：取消了在线离线状态显示。事实上，这个新的版本，是将好友是否在线放到了更深的入口，而对绝大多数用户来说，这一改动无法接受。

受到舆论的压力，手机 QQ 的产品总监在知乎社区上做出回应：每天 QQ 消息中，65％是通过手机发送的。而由于头像不亮就是离线状态的这一认知，会阻碍留言的动机，所以，整个调整的初衷，是希望让QQ 具备随时可沟通的认知，好比短信，可靠性非常高，发之前就不会想对方有没有开手机。

随后，QQ 产品团队承诺将在两周内推出优化版。5 月 17 日，安卓优化版上线，iOS 优化版同步提交审核。在优化版中，对离线与在线做了标注，比承诺日期提前了 7 天。

"QQ 的这次改版受到了很多吐槽，主要是在淡化在线状态这个点上步子迈得有点急，需要做适当回调，这是一次很有价值的'试错'。"腾讯公司副总裁殷宇在专门组织的媒体沟通会上，坦诚地对外表达了QQ 尝试深度移动化自我变革的决心。

事实上，很多人可能不大了解的是，这是手机 QQ 部门和 PC QQ部门合并到社交网络事业群后的第一个大版本，在这个版本中，进行了近百个功能点的优化。殷宇事后感慨，近百个优化点，只有一个被吐槽，说明还有很多优化点是成功的。

除了受到来自微信的压力，QQ 自己也受到用户的压力。根据腾讯当时内部的监控数据，75％的网民通过移动互联网使用 QQ，每天有150 万人从 PC 端转移到手机端，而每年暑假和春节都会出现一轮迁移的爆发。当时每天 C2C 消息中，60％是从手机端发出的，而 2013 年春节这一数字是 70％。

作为社交网络事业群的负责人，汤道生在当时也表示，QQ 已到了一个关键时刻，必须全面拥抱移动互联网。"QQ 马上要进入第 15 个年头了，有 8.5 亿活跃用户，但互联网已进入下半场竞争，移动互联网并非 PC 端的补充，而可能是颠覆。QQ 如果不自我变革，适应'随时随地'的特征，就会被用户抛弃。"

"近六成 QQ 用户是 90 后"

一个是诞生于移动互联网的微信，一个是需要从 PC 艰难转型到移动互联网的 QQ，是否有机会齐头并进？在过去的几年里，这个命题一直悬挂在空中。

资深 IT 评论人洪波分析认为，手机 QQ 和微信其实是有区别的，可以区别化发展。QQ 是跨平台跨终端的，比较倾向于娱乐化；而微信只为移动端量身定做，承载了很多腾讯以往尝试过但没有成功的东西，比如团购等 O2O 产品。两个产品完全可以走出不同的路。

手机 QQ 4.0 版本的小插曲没有影响殷宇对整体 QQ 移动化的布局，QQ 采用"小步快跑，试错迭代"的策略，在优化移动体验的同时，陆续推出了基于移动端的 QQ 手游、QQ 阅读、兴趣部落、QQ 钱包、QQ 红包等新功能。

2014 年 4 月 11 日晚上 9 点 11 分，腾讯旗下 QQ 同时在线账户突破 2 亿，其中通过手机 QQ、QQ for Pad 等移动端登录的账户超过七成。

相比于数据，更值得庆幸的是，QQ 找到了自己在移动互联网时代的差异化路线和年轻打法。

在一段记录 2004 年的视频中，30 岁出头的马化腾向 1949 年生人的张瑞敏推销 QQ 被拒时，马化腾就介绍说 QQ 90% 的用户都是 30 岁以下的年轻人。

这段视频让人想起，QQ 最初是从年轻人中发展起来的，而随着后期在与 MSN 的较量中获胜，QQ 逐步吸收了昔日对手的用户，成为全年龄段用户产品。微信的出现和发展，让 QQ 的用户群构成又发生了新的变化，腾讯公司 2016 年二季度财报显示，QQ 月活跃账户数达到 8.99 亿，智能终端月活跃账户数也达到 6.67 亿。与此同时，QQ 最高同时在线账户数达到 2.47 亿。在所有的 QQ 用户中，有近六成是 90 后用户。而在 QQ 会员里，90 后也占到了近八成。

QQ 空间也成为年轻人的聚集地，上学、毕业、聚会、结婚、生子……年轻一代各种值得铭记的时刻都在社交网络上通过照片被分享出去，被保存下来。相册也一直是 QQ 空间最受欢迎的功能之一。截至 2016 年 10 月，QQ 空间相册单日上传次数峰值超过 6.6 亿，照片总量超过 2 万亿。

空间推出了"亲子相册"，更成为 QQ "小小用户"的小地盘。有这么一个爸爸，从女儿出生开始到 8 岁，给女儿拍了 7 万多张照片，都上传到 QQ 空间亲子相册，一来方便收藏，二来方便远方的爷爷奶奶叔叔阿姨们浏览，共同关注孩子的成长。就这样一天天下来，这个 IT 爸爸还因为给女儿拍照拍出了兴趣，辞职转行自己开了一家儿童摄影馆。

微信对整个互联网用户的分流，让 QQ 的用户特征又再次显现：年轻。

面对如此庞大的年轻用户，QQ 想要抓住也并非易事。在中国互联网圈子中，不止马化腾一个大佬表示，不懂年轻人在想什么，并为此感到担忧。

作为 QQ 所属 BG（Business Groups，事业群）的第一负责人，汤道生带头体会和学习年轻人。《花千骨》热播的那段时间，汤道生追着看了好几集，不管多忙都要追剧，还建议看不下去的同事可以打开弹幕，"年轻人对某个情节的吐槽会让你觉得更有意思"。

在年轻的基调上，QQ 似乎又找到了当年创立时的感觉。2015 年，QQ 的个性化团队启动了"阿波罗计划"，一个出现在聊天框底部的小人形象，可以定制形象，百变造型，还可以与好友进行动作互动，它被称为"厘米秀"。与当年"阿凡达计划"诞生的 QQ 秀一样，厘米秀也拥有丰富的年轻玩法和完备的商业模式，推出能够挑选装扮、动作和角色的专属商城，并推出了成长体系，10 元小钻包月。

从 2016 年 7 月 10 日到 8 月 24 日，46 天内，通过用户邀请制进行公测的厘米秀，就拥有了 1 亿用户。

在 QQ 个性化团队看来，厘米秀并不仅仅是要做手机上的 QQ 秀，而是希望做一种年轻人喜欢的全新的聊天方式。基于手机 QQ，让年轻用户之间产生全新的互动。厘米秀通过一个"厘米人"的形象出现，可以做各种动作，还拥有很丰富的装扮。相对于文字、表情，一个完整的"厘米人"，它更具有表现力，有与真人面对面聊天的既视感。相比 QQ

秀它更有拓展性，可以以夸张、搞怪的方式，去展现心中所想、超越现实的一面。

这些酷炫的玩法，让年轻的 QQ 用户找到了自我形象的网络投射，个人风格更加明显，而 95 后、00 后喜欢的"卖萌""耍贱"，在"厘米人"身上展现得活灵活现。对他们来说，这种全新的聊天模式，才能表达他们想表达的。

QQ 新打法一：娱乐化社交

基于年轻化的发展方向，QQ 在 2016 年制定了娱乐化社交和场景化通信两大打法。

"QQ 娱乐社交生态的核心在于年轻人。年轻人是娱乐社交生态的原力。年轻人作为内容消费者，也是传播者，甚至是生产者。"殷宇表示，QQ 有很多属性，其中最主要的两个，也可以说是 QQ 的基因，就是娱乐的基因和年轻的基因。QQ 一直追求丰富的、年轻化的体验，追求个性的表现，所有的东西都是年轻人喜欢的，这是 QQ 长期发展下来都能够持续年轻的原因。从 QQ 的产品形态和用户画像，QQ 新的定位就是向年轻用户提供娱乐内容，也就是娱乐社交。

在 2016 年腾讯合作伙伴大会上，殷宇将娱乐社交打法解读为：一方面，QQ 通过布局影视、动漫、游戏、文学领域，不断完善娱乐化内容布局，做好内容承载器；另一方面，通过 QQ 上包括群、兴趣部落、直播、QQ 看点、日迹等功能，让娱乐内容通过社交创造影响力，当好社交放大器。这将吸引更多内容合作伙伴的加入，形成良性循环。这也是腾讯所专注的数字内容、社交两大业务在一个 QQ 平台上深度融合的尝试。

殷宇透露，目前在 QQ 体系下，就有 4 个直播产品，包括空间直播、NOW 直播、花样直播和企鹅电竞，它们承载着不同类型的视频直播内容。QQ 日迹和空间的短视频功能，更是承载异步视频的两大平台。对于娱乐内容的展现，视频无疑是最佳的形态。

作为成熟的社交网络平台，QQ 空间自然没有错过直播这个社交领域热潮。平台原生的关系链，决定了它与其他平台本质上的区别——让直播成为记录和分享人生闪光点滴的功能，而每一位空间网友就是自己好友圈的"主播"。当你在泰国邂逅了一个小清新的街角，打开空间直播就能让你的好友、家人与你一起感受同样的暹罗风情，而且这段有意义的动态记录，也会永久保存在你的 QQ 空间。这种亲密关系间的直播是一种社交方式，更是一种娱乐方式。

"你可以为梦想牺牲的尺度是多少？是骄傲，是爱情，或者是自由？"这是 2007 年的一个深夜，刚刚毕业 3 个月在北京举目无亲的姚洁莹，在 QQ 空间写下的一篇日记。那时候对未来充满迷茫的她，不会想到 9 年后，由她创立的短视频节目《无节操学院》将在短短 3 个月的时间里，在 QQ 空间收获 100 万粉丝，并拥有超过 6 亿的视频播放量。

其实在碎片视频时代，这样的故事正在不断上演。

在美国留学的张逗、张花，就是在误打误撞中将美国同学打造成中国网络知名网红。他们随手拍的短视频节目——《老美你怎么看》，让美国同学点评中国特色的食物、明星、新闻热点等。"猪耳朵吃起来像蚂蚁放的屁！""真没想到我会爱上一只蛙！"还有美国同学死活无法接受的第一名美食"皮蛋"，以及美国同学们的爆笑反应，让中国年轻人看到美国同龄人眼里的中国。两年以来，他们的视频在 QQ 空间等多个平台上的累计播放量超过了几亿次，甚至因此拿到了风投。

在 2016 年，QQ 团队公布了基于娱乐社交的"EQ 计划"（Entertainment Quotient Plan），腾讯 QQ 拟于未来 3 年投放 10 亿元人民币扶植逾千位合作伙伴，建立娱乐社交生态。在殷宇公布 QQ 娱乐社交布局之后，有财经媒体援引花旗银行的分析认为，腾讯集团将数码化内容整合至 QQ 平台，为用户提供多元化内容。"EQ 计划"是一个需要持续努力的方向，由此确保 QQ 及其他社交平台拥有更多具有吸引力的娱乐内容，有助于维持用户的忠诚度。花旗银行认为，虽然搭建这样的生态平台未必可令集团收入即时急升，但相信腾讯长远可将之逐步商业化，丰富社交内容，让用户在其数码化娱乐领域进行更多互动，不论是游戏、电影、直播还是电子竞技等，都有望可以转化成更高的流量，由此增加潜在的广告客户量，而会员数目及收入亦可提升。

QQ 除了在娱乐生态上布局，自己的娱乐精神也更加明显。在 2016 年 6 月上映的美国大片《独立日 2：卷土重来》中，男女主角在地球和月球之间的联络工具居然用的是 QQ，被外星人干扰中断后，系统还出现了一句"Thank you for using QQ"的台词。这个引发影院笑场的植入，让所有人都真切地感受到，QQ 在娱乐这条路上，赌上了一切。

尼尔·波兹曼在《娱乐至死》一书中这样描述：一切公众话语都日渐以娱乐的方式出现，并成为一种文化精神。一切文化内容都心甘情愿地成为娱乐的附庸，而且毫无怨言，甚至无声无息，其结果是我们成了一个娱乐至死的物种。

如果尼尔·波兹曼的预言成真，那么抓住了新时代互联网用户的 QQ，将有可能在移动互联网的浪潮上，再一次创造奇迹。

QQ 新打法二： 场景化通信

场景化通信则是 QQ 的另一个大战略。在教育、游戏、办公、娱乐等重要垂直领域，QQ 都进行了部署。

在办公领域，用 QQ 传文件应该是频次最高的使用动作。以前 PC QQ 强调在线传文件，同一个局域网速度很快。但是手机场景下，网络环境非常复杂。信号不断地在运营商网络和 Wi-Fi 之间切换，强度也很不稳定。但是需要保证用户不管是否在线，都能平顺地成功传输文件。所以当手机在线时，整个传输过程改为了离线传输，以保证文件传输的成功率依旧在较高水平。另外，多终端之间的跨端传输也成为新的核心场景，所以推出了 QQ 数据线功能，以取代实体数据线，手机和 PC 之间可以互传文件与照片。

一个有趣的故事是，当时做手机传文件和数据线传文件两个产品的同事打赌，都觉得一年后自己的场景会更大，输了要请对方两顿饭。一年后，数据线成为一个千万级用户量的功能点，比传统的传文件功能规模增长快很多。据说那位数据线同事尝到了免费的满汉全席。

面临类似问题的还有音视频。

PC 时代，电脑屏幕上架一个摄像头是标配，大家习惯和家人在电脑前视频或者通过视频交友，很少用电脑打电话。但在移动互联网时代，手机语音和视频的操作成本比电脑低太多了，可以随时随地沟通，所以 PC 视频的场景快速消失了。

面对这个情况，手机 QQ 快速调整功能重心，把语音通话提到了和视频同等重要的位置，通话质量向传统电话靠拢，并且增加了多人通话等场景，逐步把用户的使用习惯从 PC 迁移到了手机。

QQ 还有一个天然的场景，那就是教育。尽管在 QQ 十几年的发展过程中，不曾针对教育领域推出产品功能，但是许多学校的班级群都是建立在 QQ 上的。而一次偶然的机会，也让 QQ 打开了进入教育领域的大门。

2013 年年底，北京市发布了《北京市空气重污染应急预案》，要求在空气重污染红色预警时，中小学、幼儿园停课。北京市教委随后提出了红色预警天气下"停课不停学"的号召。北京景山学校为了应对可能出现的停课情况，积极联系 QQ 团队，在小学、初中、高中 16 个班大面积进行 QQ 群远程教学测试。这一为了应对特殊情况而进行的应急教学方式，得到了社会的广泛关注。远程视频教学过程中没有出现卡顿情况，老师们明显感觉到课堂互动变得更积极。

受到景山学校的启发，QQ 产品团队基于 QQ 的平台资源，推出在线教育平台——腾讯课堂，通过引入第三方教育机构的模式，提供职业培训、语言学习、动画设计、出国留学等学习课程。

为了在年轻用户的学习路径上完成布局，QQ 还针对 K12 教育推出"QQ 家校·师生群"和"企鹅辅导"，针对高等教育推出"QQ 智慧校园"；此外，创新地在 QQ 群内设计"作业"功能，为老师提供第三方题库，完成家长、学生、老师在课堂外的教学管理和日常沟通。

面向年轻用户的 QQ，自然没有放弃教育这一重要场景。在教育领域，从 K12 的中小学教育，到高等教育、职业教育，QQ 都有积极参与，教育以开放平台的方式，引入优质教育资源，为年轻学习者提供便捷的、优质的在线教育。企鹅辅导实现各地学生都可以在线观看全国知名老师的讲堂直播和视频，满足教育资源欠发达地方的需求，解决中国教育资源分布不均的现象。

通过 QQ 智慧校园对学校管理及学生生活的探索，腾讯将通信能力和支付能力作为整个校园的基础能力与核心技术。学生可以在校园账号上完成学费缴纳、校园卡充值、图书借阅等操作，优化校园管理体验。

场景化通信的战略部署，让 QQ 在通信这条路上往前又迈进了一步，对于这些场景下的用户来说，QQ 成为第一选择。

无论是年轻化方向、娱乐社交战略，还是场景化通信的打法，QQ 在移动互联网时代的玩法渐渐清晰，与微信之间的关系也更加明朗。通过完善两大社交平台的生态，腾讯用两条腿走路的整体布局成为可能。

第 17 章

互联网+：泛娱乐的环型生态

在未来，每个人都会有 15 分钟的成名机会。

——安迪·沃霍尔（美国波普艺术家）

腾讯只做两件事，连接与内容，就这么简单。

——马化腾

从《洛克王国》 开始

安德伍德白天在政治屠杀场里拼死角斗，晚上回到自己的家里，则会盘腿坐在地上，在电脑前玩射击游戏。他常玩的是《杀戮地带 3》。这是美剧《纸牌屋》里多次出现的镜头。

在欧美社会，网络游戏被称为继电影之后的"第九艺术"，而且是唯一一种具有互动性的现代艺术形式。可是在中国，网游始终无法进入成人社会，而且带有很大的原罪性。作为中国乃至全球最大的网游公司，腾讯在很长时间里因此遭到诟病。

2010 年之后，随着人口红利被吃尽，中国网游产业的大爆炸时代结束，而移动互联网又为这一产业的衍变开拓出了新的路径。2011 年 7 月，在第七届中国国际动漫游戏博览会上，腾讯集团副总裁程武第一次提出了"泛娱乐战略"的构想，即以 IP 运营为轴心，以游戏运营平台和网络平台为基础，跨平台多领域的商业拓展模式。

程武谈到，在当前网络化、数字化、多媒体化等趋势的带动下，游戏、电影、动漫已经不再孤立，而是形成了一个紧密联系的有机整体，一个横跨这三大行业的跨界产业链已经形成，并不断整合和向前发展。随着国外那些成功榜样的不断涌现，所有行业的从业者都需秉持开放与合作的心态，共建跨界文化产业，从而打造中国自己的跨界文化品牌。

"其实在我提出'泛娱乐'之前，已经和 Mark（任宇昕）做过很多讨论，他非常支持这个想法。当时'泛娱乐'还不是公司层面的战略，而是互动娱乐业务部门寻求突破的一种探索。"程武后来对我说。当时，腾讯能拿出来印证这个战略的仅有《洛克王国》。

《洛克王国》是腾讯自主开发的一款儿童网络娱乐社区游戏，基于这款游戏，互娱部门进行了多层面的授权开发。首先是儿童绘本《洛克王国·宠物大图鉴》的出版，它很快雄踞中国儿童图书排行榜的榜首。其次，是动画电影《洛克王国！圣龙骑士》的拍摄，它在随后的国庆档放映，取得了 3500 万元的票房。

到 2012 年 3 月，在腾讯互娱年度战略发布会上，"泛娱乐战略"第一次被正式提出，它成为马化腾"平台＋内容"理念最重要的试验场。

程武为此组织了一个"泛娱乐大师顾问团"，其中包括音乐家谭盾、漫画家蔡志忠、导演陆川、传播学者尹鸿以及香港玩偶制作大师 Micheal Lau（刘米高）等在内的 6 位艺术家。后来他解释说，在真正的实体业务没有展开的情况下，"泛娱乐"是一个有些超前和抽象的概念，所以我们必须通过这种"贴标签"的形式来让大家尽可能容易地理解和接受。

从动漫撕开一个口子

"泛娱乐"是一个"看上去很美"的战略，但是，进入实施阶段却困难重重。腾讯是一家工程师文化非常深重的企业，理科生思维把持了它的价值观，从流量变现到内容跨界，关山万重。任宇昕和程武必须要找到一个窄小的突破点，撕开一个令人信服的口子。

他们瞄准了从来没有人看好的动漫。

程武毕业于清华大学物理系，在校期间担任过清华大学艺术团话剧队的业务队长，是一个天生带有艺术细胞的理科生。他于 2009 年入职腾讯，此前在宝洁、百事可乐等公司的市场运营业务线担任过高层管理职务，来自传统快消行业的很多经验在此时发挥了作用。

在一份调研报告中，程武发现，在所有玩网络游戏的用户群体里面，有 87％的用户正在看或有看动漫的需求。这是一个非常惊人的数据。而且，不管是以漫威（Marvel）和 DC 为代表的美国动漫文化，还是以集英社、小学馆等为代表的日系动漫文化，其实都对青少年产生了很大影响。在一开始，它们是亚文化，但后来随着其用户的成长，日渐融入主流社会，成为主流文化。

在中国，由于用户低幼化及产业链的单薄，动漫一直像个长不大的孩子：从业者既没有职业的荣耀，也无法得到市场的实际认可，传统的动漫出版持续萎缩，网络动漫良莠不齐，盗版横行。

程武发现，必须从最基础性的工作抓起。在任宇昕的大力支持下，他从互娱事业群的渠道部里找到一个负责产品研发的总监，由他带队，组建了一支 8 个人的小型突击队。"当时，这支团队对动漫的理解可以说是空白，小伙伴们是以内部创业的心态，进入了一个完全陌生的领域。"

动漫小团队做的第一项工作，是与国外的动漫机构合作，引进高质量的作品，再以免费的方式反哺国内读者。程武说："我们就希望培养用户阅读正版的良好阅读习惯，让他们去体验什么是优秀的产品，让他们看到将来正版的内容和正版的阅读体验是远远超越盗版粗制滥造的内容和体验的。"从 2012 年 12 月之后，腾讯跟日本集英社谈了很久，拿到了《火影忍者》《海贼王》等优秀作品的中国独家网络版权，"虽然是独家，我们付钱给它，但我们对中国的用户是不收费的，这其实就是在培育一个产业"。

第二项工作，是培育中国动漫的原创能力和生态体系。从项目启动的第一天开始，程武就把培养中国自有的漫画和动画创作生态体系作为最重要的一个战略目标。腾讯与不同的漫画作者签约，给他们专业的创作和编辑指导。从 2012 年之后的 4 年时间里，在腾讯动漫平台上投稿的漫画作者超过 5 万人，正式签约作家发表的作品有 2 万多部，其中，点击过亿的连载漫画有 40 余部，几位最受欢迎的漫画作者年收入突破了百万元。这在平台创建之前，是完全难以想象的。

随着国内创作能力的大幅提升，从 2015 年开始，腾讯着手动漫版权的海外输出。在程武的推动下，腾讯与日本、韩国的动漫机构组成了版权委员会，共同生产和推广优秀的中国动漫作品。

Studio DEEN 是日本的一家老牌动画制作公司，有着 40 年的历史。国内漫迷熟悉的《浪客剑心》《乱马 1/2》都是该公司的作品。社长野口和纪是一个非常积极进取的人，他乐于与中国的年轻团队开展新的冒险。

在中日双方的甄选下，一部名叫《从前有座灵剑山》的网络文学作品被挑中。腾讯与 DEEN 组成了一个联合创作班子，投入开发这部作品的动画版本。2016 年 1 月，动画《从前有座灵剑山》在东京电视台漫画频道播放，一举拿下当月新版动画排名第一，网络点击过亿。日本媒体评论认为，"这部拥有浓郁中国风的作品意外走红，有潜力成为下一个《封神演义》"。

50 亿元收购盛大文学

动漫小团队仅用两年多时间就打造出全国最大的动漫平台。它的成功，让腾讯突然在内容市场上夺到一块地盘，虽然它不在传统的主流视线之内，但却给决策层很大的信心。事实上，早在 2013 年年初互动娱乐事业群的干部管理大会上，任宇昕就已经明确地把"泛娱乐"定义为事业群的三大核心战略之一。

接下来，刘炽平、任宇昕和程武把目光盯上了网络文学。与动漫相比，这当然是一个 10 倍级的红海市场。

中国的网络文学经历了漫长的野蛮培育期。

2002 年，北大毕业的吴文辉创办了玄幻文学网站"起点原创文学协会"，这正是起点中文网的前身。第二年，起点中文网推出了在线收费阅读的模式，为原创的连载小说设立了付费墙，从而形成了可以自我输血的盈利模式。

2004 年，如日中天的盛大公司以 200 万美元收购起点中文网，随后又拿下榕树下、红袖添香、言情小说吧和晋江文学等多家公司，一举成为国内最大的网络文学平台。2013 年前后极盛之时，盛大占据了网络文学市场超过 70% 的份额，用户量约为 1.5 亿，占全国网民的 24%。

网络文学从诞生的第一天起，就具备了上下游衍生的特征。在盛大文学平台上原创的很多作品，如《甄嬛传》《步步惊心》《裸婚时代》等，都被改编成电视剧，热门一时。2006 年在起点中文网开始发表的盗墓小说《鬼吹灯》，通过版权出让，先后有了漫画版、网络游戏版、影视版、话剧等衍生内容。这部小说在起点中文网上的阅读量约 2000 万，同名纸质版小说出版后的几个月里，4 次重印，总销量超过 1000 万册。

2010 年年初，乔布斯发布 iPad，移动互联网时代轰然到来。同年 6 月，中国移动的阅读平台上线后，以其强悍的订阅收费能力，迅速成为移动阅读市场的王者，其年营业收入一度高达 50 亿元。

在相当长的时间里，腾讯内部有两个网文内容部门，一个是腾讯网的文学频道，另一个是 QQ 阅读，两支团队加在一起有 100 多人，可是却始终找不到突破的战略点。2013 年年初，刘炽平将网络阅读业务转入互动娱乐事业群。就在这时，盛大文学发生了人事地震。

在日趋激烈的市场竞争中，盛大的战略如陈天桥的个性，数度迟疑而摇摆。2013 年 3 月，因两度冲击纳斯达克上市未果以及与决策层观点分歧，吴文辉携起点中文网的核心创始团队集体出走盛大。2013 年 9 月 10 日，腾讯整合麾下所有网络文学业务，正式推出"腾讯文学"，并同时确立了其"泛娱乐业务矩阵重要组成"的定位。2015 年 7 月，腾讯更进一步，以 50 亿元整体收购盛大文学，组建阅文集团，吴文辉出任 CEO。

这一轮进退重组之后，中国的数字阅读市场赫然变局。中国移动"和阅读"拥有最大的数字图书版权量及最大收入，掌阅拥有最活跃的移动端用户群，而新成立的腾讯阅文拥有文学作品数近 1000 万部、创作者队伍 400 万人，几乎拿下全部的网络文学原创市场，三足鼎立之势俨然生成。

从起点时代到阅文时代，13 年来，中国的数字阅读市场经历了几个重大的要素变化：其一，从 PC 端到移动端；其二，从草根阅读到主流阅读；其三，阅读产品的增值模式发生变化；其四，阅读的社交化特征越来越清晰地凸显出来。

在吴文辉看来，未来的数字阅读平台应该是定制型的，也就是说，不同的读者进入一个阅读场景后，他可以设置自己的"阅读身份"。进而，在持续的阅读和搜索过程中，后台可以通过大数据的方式抓取到他的行为，从而建立识别体系。最终，每一个人将在云端建立自己的知识库。

2015 年年底，阅文与微信合作，开发推出"微信阅读"，这意味着阅读社交化的试验开始了。

四环合璧， 内容生态

通过内部孵化和外部并购，腾讯在动漫和网络文学两个板块大有斩获，从而在互联网内容生产领域立住了脚跟。

在 2014 年的腾讯互动娱乐年度发布会上，程武进一步推出了泛娱乐战略的"2.0 版本"，他把这一战略提炼为"构建以明星 IP 为轴心的粉丝经济"。在"构建明星 IP"这个总体命题下，腾讯的业务思路变得更加清晰——

文学和动漫创作在讲故事和树立人物形象方面是最有效和成本最低的环节，适合作为 IP 的源头。而且，企业可以利用互联网平台拥有海量的产品，可以让创意不断地涌现，让用户透过自己的阅读来投票，去甄选出优质作品。而游戏作为最成熟的互联网商业模式，则是 IP 的强力变现渠道。但是网络文学以及动漫作品的社会影响力相对而言不是爆发性的，一个 IP 的影响力的爆发，往往来自于电视连续剧或者电影，于是接下来腾讯便顺理成章地跨入了影视行业。

第一个小试牛刀的案例，是与郭敬明的合作。

2014 年 8 月，程武在上海与这位 80 后畅销书作家会面。当时，郭敬明正着手小说《爵迹》的影视改编，这部系列小说的销量超过 600 万册，在 2010 年和 2011 年连续两年囊括全国图书销量总冠军，当时正有多家影视公司参与版权合作的争夺。

程武提出了一揽子的合作方案：由网络文学部门购买《爵迹》的独家版权，由动漫部门独家购买并参与动漫版的创作及发表，由网络游戏部门投入开发主题游戏，由腾讯参与《爵迹》的影视投资计划。程武的方案一下子就打动了很有商业细胞的郭敬明，双方很快达成了全方位战略合作的协议。

　　就在此次见面的一个月后，2014 年 9 月，腾讯在北京宣布成立泛娱乐业务旗下的新业务模块，除了文学、动画、游戏之外的第四个模块，当时叫作"腾讯电影＋"。程武解读"＋"的三个意义："第一，是电影应该和'互联网＋'结合起来，让互联网能够成为极大的助力；第二，希望电影能够在泛娱乐战略上'＋文学''＋动漫''＋游戏'，成为一个繁荣的内容生态；第三，希望腾讯在电影方面也能成为一个开放平台，大家一起来做有想象力的事情。"

　　2015 年 3 月，作为全国人大代表的马化腾在参加全国两会时，第一次明确提出了腾讯未来专注做的两件事情——连接与内容。

　　他说："腾讯这一两年的战略做了很大的调整，我们把搜索、电商都卖掉之后，更加聚焦在核心，就是以通信和社交为核心，以微信和 QQ 为平台和连接器，我们希望搭建一个最简单的连接，连接所有的人和资讯、服务。第二个事就是内容产业。就这么简单，一个是连接器，一个是做内容产业。"

　　几天后，在腾讯互娱年度发布会上，马化腾的这一构想成为公司的发展共识。程武从细节着手，进一步提出了面向未来的五点思考：

　　其一，任何娱乐形式将不再孤立存在，而是全面跨界连接、融通共生；

　　其二，创作者与消费者界限逐渐打破，每个人都可以是创作达人；

　　其三，移动互联网催生粉丝经济，明星 IP 诞生效率将大大提升；

　　其四，趣味互动体验将广泛应用，娱乐思维或将重塑人们的生活方式；

　　其五，科技、艺术、人才自由，"互联网＋"将催生大创意时代。

　　9 月 11 日，结合视频平台和媒体属性的企鹅影业宣布成立，由腾讯视频负责人孙忠怀执掌。仅在几天之后的 9 月 17 日，腾讯在北京宣布成立腾讯影业公司，任宇昕出任董事长，程武任 CEO。

在接受媒体专访时，程武说，腾讯提"泛娱乐"的概念已有 4 年时间，腾讯影业的成立意味着腾讯泛娱乐业务板块完成了最后一块拼图。目前腾讯互娱旗下总共具备了腾讯游戏、腾讯动漫、腾讯文学和腾讯影业四大平台，从而形成了一个完整的泛娱乐生态布局。

在 4 个内容生产板块之外，腾讯还投资了基于微信和 QQ 平台的票务分发公司微票儿，这家公司由 QQ 电影票升级而来。2015 年 12 月，北京微影时代和上海格瓦拉宣布合并，微票儿与格瓦拉双品牌独立运营，其合作影院 4500 家，覆盖全国 500 个城市，观影人群的覆盖率超过 90%，成为全国合作影院数、观影人群覆盖率第一的在线选座平台。

从 2011 年开始的内容产业布局，在整个腾讯体系中是一个"局部事件"，它并未改变这家企业的社交天然属性。不过，它的迅猛成长，以及环型生态链的打造，无论是在内部还是在外部，都造成了战略性的影响。

就内部而言，"泛娱乐"成为马化腾提倡的"互联网＋"和"腾讯只做连接器和内容"战略的最积极的实验者，长远来看，它可能成为腾讯业务系统内的文化增长极。

就外部而言，腾讯不光是国内最早提出"泛娱乐"概念——这个概念从 2014 年开始一直被认定为是中国互联网最重要的发展趋势之一——的大型互联网企业，同时也最早发掘与重新定义了 IP 这个如今红遍中国的名词。

第18章

失控：互联网越来越像大自然

技术的力量正以指数级的速度迅速向外扩充。人类正处于加速变化的浪尖上，这超过了我们历史的任何时刻。

——库茨维尔（美国未来学家），《奇点临近》

我最终发现，想要得到和生命真正类似的行为，不是设法创造出真正复杂的生物，而是给简单的生物提供一个极其丰饶的变异环境。

——凯文·凯利（美国《连线》杂志创始主编），《失控》

"谁将会成为腾讯未来的敌人？"

从创业的第一年起，马化腾就依照潮汕人的习俗，在春节后上班的第一天，站在公司——确切地说是在自己办公室的门口给每个员工发红包，一开始，红包里是 10 元钱，后来成了 100 元。腾讯的员工数越来越多，上市前后的 2004 年为 700 人，在 2007 年突破 3000 人，2008 年突破 5000 人，2011 年年初过了万人大关，之后的一年里，又增加了 8000 人。每到新年上班的第一天，深圳的腾讯总部必定排起非常壮观的、蜿蜒的长队，马化腾仍坚持每人发一只红包，"小马哥发红包"宛如深圳一景。

会不会有那么一天，马化腾终于无法将红包亲手发给每一个腾讯员工？文化会不会遭遇管理半径的挑战？

2012 年 4 月 24 日，大白胡子的凯文·凯利背着双肩包、拎着一架单反相机出现在北京腾讯会所。他的妻子是台湾人，早年在亚洲游历 10 年。近几年，因《失控》一书的走红，凯利成为中国各类互联网论坛的常客，他被大家亲切地称为 KK。这位《连线》杂志前主编、喜欢大胆预言的学者对中国有着特别的青睐，"我非常喜欢中国，因为我坚信未来就在这儿，世界的未来就在中国"。

坐在大胡子 KK 的对面，42 岁的马化腾长相清秀，更像一位完成学业不久的青年人。

他们的讨论是从管理的失控切入的，"对于我们来说，内部管理问题是一个非常大的担忧，比如员工人数增加非常快，去年（2011 年）增加 60%，现在突破两万人。文化的稀释，包括管理方面，都会产生很大的问题。外界也有很多文章质疑腾讯有没有失控"。

KK 当然不是一个管理学家，不过，他所提出的理论却好像能够在思考模式上帮到一些忙。在他看来，"失控"不是指混乱无序、低效率甚至自我毁灭的状态，蚂蚁群、蜜蜂群这样由巨量个体构成的组织体，能够呈现出高度的秩序和效率，不是因为蚁王、蜂王的控制，而是得自于一种自下而上的大规模协作，以及在协作中"涌现"的众愚成智、大智若愚的"集群智能"。KK 在对话中提到了《道德经》中所说的"有为"与"无为"，他开玩笑地说："也许你们中国老祖宗的智慧可以帮到所有的互联网公司。"

在马化腾看来，比自己对公司的控制力的丧失更可怕的，是公司自我生长、自我创新能力的丧失。用成熟的流程来管控公司，似乎避免了内部的冲突和纷争，但企业运行机制的官僚化日益明显，产品、研发按部就班，员工与部门有可能只对流程负责，而不对结果负责。这样的话，企业的创新能力必定下滑，自发的、原生态的创新能力将日渐萎缩。

对这样的困惑，KK 提到了以亚马孙森林作为类比。在他看来，一个真正具有创新性的公司，应该像一个巨大的森林，没有人在植树，没有人在饲养动物，但林林总总的动植物在那里旺盛生长和繁育，而这又是一个"失控"的过程。KK 引用了自己在书中提及的观点："没有恶劣环境，生命就只能自己把玩自己。无论在自然界还是在人工仿真界，通过将生物投入恶劣而变化多端的环境都能产生更多的多样性。"

在对话的最后，马化腾问 KK："在您看来，谁将会成为腾讯未来的敌人？"

"哎，这是一个至少价值 1 亿美元的问题。" KK 笑了起来，他的回答仍然是经典的"失控式"的，"在互联网世界，即将消灭你的那个人，从来不会出现在一份既定的名单中"。

灰度法则的七个维度

也许是受 KK 的启发，在后来的一段时期，马化腾一直在企业内部倡导生态型组织——有时候又称为生物型组织的建设，宣扬用适者生存的进化论领导这家越来越庞大的巨型公司。

就在与 KK 对话后的 3 个月，马化腾发表一份致合作伙伴的信，系统地提出了"灰度法则的七个维度"。

在中国企业界，第一个提出"灰度"概念的是华为的任正非。他在《管理的灰度》一文中提出："一个企业的清晰方向，是在混沌中产生的，是从灰色中脱颖而出的，方向是随时间与空间而变的，它常常又会变得不清晰。合理地掌握合适的灰度，是使各种影响发展的要素。"在任正非看来，"清晰的方向来自灰度。一个领导人重要的素质是方向、节奏。他的水平就是合适的灰度。坚定不移的正确方向来自灰度、妥协与宽容"。

马化腾对任正非这位同城的前辈企业家一直非常敬重，对灰度这个概念很是认同，在致合作伙伴的信中，他结合互联网公司的特征，从 7 个角度予以了新的诠释。马化腾不是一个很有语言天赋的人，与乔布斯、马云等人动辄警句迭出的风格不同，在他的演讲和行文中甚少"哲理"，却都是来自于一线实践的"道理"。

需求度：用户需求是产品核心，产品对需求的体现程度，就是企业被生态所需要的程度。

产品研发中最容易犯的一个错误是：研发者往往对自己挖空心思创造出来的产品像对孩子一样珍惜、呵护，认为这是他的心血结晶。好的产品是有灵魂的，优美的设计、技术、运营都能体现背后的理念。有时候开发者设计产品时总觉得越厉害越好，但好产品其实不需要所谓特别厉害的设计或者什么，因为觉得自己特别厉害的人就会故意搞一些体现自己厉害，但用户不需要的东西，那就是舍本逐末了。

现在的互联网产品已经不是早年的单机软件，更像一种服务，所以要求设计者和开发者有很强的用户感。一定要一边做自己产品的忠实用户，一边把自己的触角伸到其他用户当中，去感受他们真实的声音。只有这样才能脚踏实地，从不完美向完美一点点靠近。

速度：快速实现单点突破，角度、锐度尤其是速度，是产品在生态中存在和发展的根本。

我们经常会看到这样几种现象：有些人一上来就把摊子铺得很大，恨不得面面俱到地布好局；有些人习惯于追求完美，总要把产品反复打磨到自认为尽善尽美才推出来；有些人心里很清楚创新的重要性，但又担心失败，或者造成资源的浪费。

这些做法在实践中经常没有太好的结果，因为市场从来不是一个耐心的等待者。在市场竞争中，一个好的产品往往是从不完美开始的。同时，千万不要以为，先进入市场就可以高枕无忧。我相信，在互联网时代，谁也不比谁傻5秒钟。你的对手会很快醒过来，很快赶上来。他们甚至会比你做得更好，你的安全边界随时有可能被他们突破。

　　我的建议就是"小步快跑，快速迭代"。也许每一次产品的更新都不是完美的，但是如果坚持每天发现、修正一两个小问题，不到一年基本就把作品打磨出来了，自己也就很有产品的感觉了。所以，创新的灰度，首先就是要为了实现单点突破允许不完美，但要快速向完美逼近。

　　灵活度：做敏捷企业、快速迭代产品的关键是主动变化，主动变化比应变能力更重要。

　　互联网生态瞬息万变。通常情况下我们认为应变能力非常重要，但是实际上主动变化能力更重要。管理者、产品技术人员而不仅仅是市场人员，如果能够更早地预见问题、主动变化，就不会在市场中陷入被动。在维护根基、保持和增强核心竞争力的同时，企业本身各个方面的灵活性非常关键，主动变化在一个生态型企业里应该成为常态。这方面不仅仅是通常所讲的实时企业、2.0 企业、社会化企业那么简单。

　　互联网企业及其产品服务，如果不保持敏感的触角、灵活的身段，一样会得大企业病。腾讯在 2011 年之前，其实已经开始有这方面的问题。此前我们事业部 BU（Business Units，业务系统）制的做法，通过形成一个个业务纵队的做法使得不同的业务单元保持了自身一定程度的灵活性，但是现在看来还远远不够。

　　冗余度：容忍失败，允许适度浪费，鼓励内部竞争、内部试错，不尝试失败就没有成功。

　　在面对创新的问题上，要允许适度的浪费。怎么理解？就是在资源许可的前提下，即使有一两个团队同时研发一款产品也是可以接受的，只要你认为这个项目是你在战略上必须做的。很多人都看到了微信的成功，但大家不知道，其实在腾讯内部，先后有几个团队都在同时研发基于手机的通信软件，每个团队的设计理念和实现方式都不一样，最后微信受到了更多用户的青睐。你能说这是资源的浪费吗？我认为不是，没有竞争就意味着创新的死亡。即使最后有的团队在竞争中失败，但它依然是激发成功者灵感的源泉，可以把它理解为"内部试错"。并非所有的系统冗余都是浪费，不尝试失败就没有成功，不创造各种可能性就难以获得现实性。

开放协作度：最大限度地扩展协作，互联网很多恶性竞争都可以转向协作型创新。

互联网的一个美妙之处就在于，把更多人更大范围地卷入协作。我们也可以感受到，越多人参与，网络的价值就越大，用户需求越能得到满足，每一个参与协作的组织从中获取的收益也越大。所以，适当的灰度还意味着，在聚焦于自己核心价值的同时，尽量深化和扩大社会化协作。

对创业者来说，如何利用好平台开展协作，是一个值得深思的问题。以前做互联网产品，用户要一个一个地累积，程序、数据库、设计等经验技巧都要从头摸索。但平台创业的趋势出现之后，大平台承担起基础设施建设的责任，创业的成本和负担随之大幅降低，大家可以把更多精力集中到最核心的创新上来。

互联网的本质是连接、开放、协作、分享，首先因为对他人有益，所以才对自己有益。一个好的生态系统必然是不同物种有不同分工，最后形成配合，而不是所有物种都朝一个方向进化。在这种新的思路下，互联网的很多恶性竞争都可以转向协作型创新。利用平台已有的优势，广泛进行合作伙伴间横向或者纵向的合作，将是灰度创新中一个重要的方向。

进化度：构建生物型组织，让企业组织本身在无控过程中拥有自进化、自组织的能力。

进化度，实质就是一个企业的文化、组织方式是否具有自主进化、自主生长、自我修复、自我净化的能力。在传统机械型组织里，一个"异端"的创新，很难获得足够的资源和支持，甚至会因为与组织过去的战略、优势相冲突而被排斥，因为企业追求精准、控制和可预期，很多创新难以找到生存空间。这种状况，很像生物学所讲的"绿色沙漠"——在同一时期大面积种植同一种树木，这片树林十分密集而且高矮一致，结果遮挡住所有阳光，不仅使其他下层植被无法生长，本身对灾害的抵抗力也很差。

要想改变它，唯有构建一个新的组织形态，所以我倾向于生物型组织。那些真正有活力的生态系统，外界看起来似乎是混乱和失控的，其实是组织在自然生长进化，在寻找创新。那些所谓的失败和浪费，也是复杂系统进化过程中必需的生物多样性。

创新度：创新并非刻意为之，而是充满可能性、多样性的生物型组织的必然产物。

创意、研发其实不是创新的源头。如果一个企业已经成为生态型企业，开放协作度、进化度、冗余度、速度、需求度都比较高，创新就会从灰度空间源源不断涌出。从这个意义上讲，创新不是原因，而是结果；创新不是源头，而是产物。企业要做的，是创造生物型组织，拓展自己的灰度空间，让现实和未来的土壤、生态充满可能性、多样性。这就是灰度的生存空间。

互联网越来越像大自然，追求的不是简单的增长，而是跃迁和进化。

沉静型领导团队

网大为的腰椎病发作了，他躺在办公室的沙发上与我交谈，这是他自 2001 年加入腾讯以后第一次接受外界的采访。

在促成 MIH 投资腾讯之后，他就自告奋勇回到美国。在过去的 10 多年里，他每隔两个月从硅谷飞回中国一次，参加腾讯的总办会，并对高管们宣讲他掌握的新动态。腾讯对美国网游公司的多次投资及并购案均有他参与的身影，即便在风格张扬的硅谷，网大为也是一个非常低调的"影子投资人"。

2007 年，网大为得知 Riot Games 打算开发一款类似于 DotA 的游戏，"当时产品还没有雏形，只是一个想法，但我们觉得这是一个很有潜力的细分市场"。2008 年，Riot Games 融资 800 万美元，腾讯是投资人，2011 年年初，腾讯以 16.79 亿元人民币收购了 Riot Games 大多数版权。目前这家企业拥有员工 1600 人，是欧美最大的电脑游戏（PC games）开发公司。此外，腾讯还以 3.3 亿美元收购虚拟引擎公司 Epic Games 48.4％的股份，进入游戏产业上游。网大为非常骄傲地将腾讯与其他游戏运营商进行对比："在 2014 年，腾讯的网游收入 72 亿美元，排名全球第一，索尼是 60 亿美元，微软是 50 亿美元，这在 10 年前是完全不能想象的。"[1]

从 2014 年开始，网大为获得了一个新的职务——首席探索官（CXO）。

---

[1] 2016 年 6 月，腾讯及相关投资财团出资 86 亿美元（约合人民币 566 亿元）收购芬兰移动游戏开发商 Supercell 84.3％的股份，成为迄今全球游戏业最大规模的单笔收购，也是中国互联网史上金额最高的一笔海外并购。

"过去，我主要配合互动娱乐事业群（IEG）部门工作，现在，阶段性的任务完成了，腾讯需要把目光从游戏中转移出去，去看基因学、太空学、机器人和人工智能。"现在，网大为带着一支 5 个人的小团队四处游猎，先后投资了 40 多家前沿性企业，其中一家从事太空探索的公司将在 2016 年年底推出太空气球的新项目。

在腾讯的最高决策层中，绝大多数人像网大为一样，有着低调务实的性格，这个团队保持了相当长时间的稳定性，与阿里巴巴、百度等公司截然不同。

相较公众英雄，用"沉静型领导者"来描述类似腾讯这样的决策团队无疑更为合适。他们与传统意义上的大胆而勇敢的领导形象完全不符合，因为他们根本上不想那么去做。

这样的决策团队缺乏戏剧性人格，没有表演的欲望，却能够以最坚毅和冷静的风格带领公司走得更远，他们是现实主义者，不太相信所谓的奇迹。畅销书《基业长青》《从优秀到卓越》的作者吉姆·柯林斯在自己的案例研究中也发现了这一类领导人在企业长期经营中的独特价值。在《从优秀到卓越》一书中，他曾很感慨地写道："这个世界充斥着众多的管理怪才、精明过头的战略家、装腔作势的未来学家、恐惧传播者、蛊惑人心的权威和其他各色人等，能看到一个公司只依靠一个简单的理念，并运用想象力和卓越的能力支配运用这个理念而获得成功，真是让人耳目一新，为之叫好。"

在对腾讯进行的长达 5 年的调研访谈中，我深深感受到，要从这家企业的领导者那里得到一些戏剧性的灵感是非常困难的，在他们的语言世界里，复杂的数据与不断迭代的事实是构筑历史的两种材料，而不是会闪光的格言及文本。与其他的明星互联网企业家不同，偏居深圳的马化腾绝少出现在媒体和公众面前，而他的产品则渗透到亿级用户的日常生活之中。领导形态上的沉静与行业扩张上的凶猛，以非常戏剧化的方式同时呈现在他的身上。

随着微信的崛起及大规模资本并购的展开，腾讯的组织架构在2012年和2014年又分别进行过两次重大的调整。

2012年5月8日，腾讯宣布将原有的业务系统制升级为事业群制，把现有业务重新划分成企业发展事业群（CDG）、互动娱乐事业群（IEG）、移动互联网事业群（MIG）、网络媒体事业群（OMG）、社交网络事业群（SNG），整合原有的研发和运营平台，成立新的技术工程事业群（TEG），并成立腾讯电商控股公司（ECC）专注运营电子商务业务。这是继2005年之后的第三次组织架构调整。

在这轮调整中，原属MIG的手机QQ、手机QQ空间、手机阅读、手机音乐等业务被剥离，再加上搜索业务被并入搜狗，使这个老牌事业群一时"元气大伤"。MIG的前身是腾讯无线事业部，曾是公司当之无愧的现金牛，但在移动互联网大潮来临后急需重新定位。

调整后的MIG涵盖了安全、浏览器、应用分发市场、地图等工具型产品平台。当时，谁也没想到，在仅仅两年多后的2015年，MIG便一跃成为当年整个腾讯最风光的事业群，腾讯手机管家、手机QQ浏览器、应用宝三大产品几乎同时超越各自竞争对手，成为细分行业第一。短短几个月间，举行了三场庆功宴，MIG因此在腾讯内部被称为"一门三杰"。

时至今日，手机QQ浏览器月活跃用户数已达2.5亿，是腾讯继微信、QQ之后的第三大移动互联网产品。更重要的是，腾讯推出了包含X5浏览内核在内的腾讯浏览器服务，并将其开放，用户通过微信等平台进行的浏览也都使用这一服务。到2016年10月，腾讯浏览器服务的用户日访量突破100亿，成为打造腾讯移动互联网生态圈的重要环节。而伴随着应用商店的入口价值提升，应用宝在2013年11月重启，仅用了一年半就稳坐安卓应用商店行业头把交椅。截至2016年9月，应用宝日分发量超过 2 亿人次，月活跃用户数达到 1.96 亿，其巨大流量成为腾讯开放平台对创业者最大的吸引力所在。至此，MIG 真正成为腾讯在移动互联网时代的护城河。

2013 年，微信宣布月活跃用户数达到 3 亿，不但跃居 APP 之首，而且在通信的意义上超过了中国电信和中国联通的用户数。

2014 年 4 月 11 日，QQ 最高同时在线账户数首次超过两亿，吉尼斯为腾讯颁发了"单一即时通信平台上最多人同时在线"的荣誉证书，马化腾在自己的微信朋友圈里写道："手 Q 贡献了大部分，后劲仍强劲，与微信相辅相成，有竞有合，各有使命目标，两条腿走路更稳健。"

一个月后，腾讯进行了第四次组织架构调整，事业群组重组为 7 个，分别为微信事业群（WXG）、社交网络事业群（SNG）、企业发展事业群（CDG）、互动娱乐事业群（IEG）、移动互联网事业群（MIG）、网络媒体事业群（OMG）和技术工程事业群（TEG）。

此次最大的变化是撤销了电商业务，微信单独成军。腾讯电商解体后，留下的 O2O 业务团队、微生活和微购物团队以及财付通的部分团队被并入微信部门。由此，腾讯形成了以微信和 QQ 为双社交平台的架构，兄弟爬山，各自努力。

"连接一切" 与 "互联网+"

就在 KK 与马化腾在北京对话的近一个月后，2012 年 5 月 18 日晚，Facebook 登陆纳斯达克，交易代码"FB"，IPO 定价 38 美元，融资规模达 160 亿美元。按发行价计算，Facebook 的估值为 1040 亿美元，创下美国公司最高上市估值。大卫·柯克帕特里克在《Facebook 效应》

一书中写道："Facebook 的整个贡献是它的所有用户构成一个想法和感受的全球组合体。许多人预言这可能会朝着一个原始的全球性大脑的方向进化……Facebook 的目标是做出一个整个人类的索引。"

相对于外向张扬的 Facebook，腾讯似乎一直隐藏在一副冷静的面具后面。中美两国的互联网赛跑到此时，似乎已经处在纬度近似，却各自独立的状态下。国家竞争、政治体制及文化隔膜，如三道鸿沟让它们始终无法汇流，而在商业模式上，则呈现为一个十分奇特的景象：美国公司开始学习中国公司的某些做法，而中国公司则向更陌生的领域狂奔。

2013 年 4 月，福布斯中文网刊发了一篇观察稿认为，"2013 年的 Facebook 像极了 2005 年的腾讯"。作者写道："该公司似乎正在做或打算做中国公司在 2005 年所做的事情，即帮助用户将更多时间消耗在 Facebook 上，并在这里完成更多的交易。"这些新的尝试包括：开放网游平台，鼓励更多的游戏开发者推广动作游戏、射击游戏以及即时战略游戏等，将礼品赠送服务面向所有美国用户开放，允许用户赠送好友实物礼品，例如礼品卡、纸杯蛋糕、收费的流媒体音乐服务等，以及提出"一站式在线生活"的新主张。

对于腾讯来说，未来的可能性似乎在于虚拟领域的互联网之外。

2013 年 11 月 11 日，腾讯创业 15 周年，马化腾发表"通向互联网未来的七个路标"的主题演讲，首次提出了"连接一切"和"互联网＋"的新主张。

在马化腾看来，在移动互联网年代，手机成为人的一个电子器官的延伸这个特征越来越明显。不仅是人和人之间连接，我们也看到未来人和设备、设备和设备之间，甚至人和服务之间都有可能产生连接。因此，腾讯未来的探索空间将"首先是连接一切"。

据此，马化腾进而提出"互联网＋"，"'＋'是什么？传统行业的各行各业……互联网已经在'＋'通信、媒体、娱乐、零售、金融等等，互联网是一个工具。微信为腾讯提供了一条通向实体的道路。我们的设想是，微信的公众平台可以成为用户与实体世界的一个连接点，进而搭建一个连接用户与商家的平台。"

很显然，马化腾的这个观察打到了中国产业经济最为敏感的部位。历经将近 20 年的演进壮大，互联网渗透到了每个人的日常生活和企业的经营活动中，它真正成为当代商业文明的基础设施，由此，种种新的变革和颠覆都正在剧烈发生中。

在 2015 年的全国两会上，"互联网＋"的概念出现在政府工作报告中，李克强总理提出："制定'互联网＋'行动计划，推动移动互联网、云计算、大数据、物联网等与现代制造业结合，促进电子商务、工业互联网和互联网金融健康发展，引导互联网企业拓展国际市场。"

"'互联网＋'的基础设施的第一要素就是云。" 2016 年 7 月，马化腾在第二届腾讯 "云＋未来" 峰会上说。

被他称为新型基础设施的 "云"，是基于云计算等技术的一系列服务，自 2006 年后获得了商业世界，特别是互联网公司，比如谷歌、微软、亚马逊们的重视，其中发展最快、名气最大的是 AWS（亚马逊网络服务），其主流客户不仅有大大小小的企业，还有美国航空航天局、美国中央情报局等政府部门。

腾讯云的推出是一个自然而然的过程。为了适应中国特殊的网络结构，向用户们提供更便捷的服务，QQ 从一开始就为用户设计了交流信息的云端存储和分享。用今天的话来说，QQ 其实就是一朵云。但 10 多年来，腾讯积累的大量云服务技术和能力主要是满足自用，支持 QQ、QQ 空间、微信、腾讯游戏等海量业务的稳定运营。直到 2010 年，腾讯开放平台接入首批应用，腾讯才第一次悄然向外界提供云服务，最初主要服务于接入腾讯开放平台的游戏与电商合作伙伴，但随着开放平台的扩大和腾讯生态的不断完善，这一能力在日后演变出更多使用场景，带来的价值也越来越清晰。

一贯低调沉稳的风格使得腾讯并没有急于宣传这个还在成长中的新业务。2011 年 6 月，腾讯云对外服务已初具规模，但马化腾在对来自全世界的合作伙伴们宣布腾讯的开放战略时，并未特别提及。直到 5 年后，腾讯云在整个生态中的作用越来越凸显，马化腾才高调谈及云。他在 2016 年给合作伙伴的公开信中写道："云和分享经济像一枚硬币的两面，分享经济就是生产力的云化。"他甚至将未来的"互联网＋"描绘为："传统行业利用互联网技术，在云端用人工智能的方式处理大数据。"

这一年，潜行多年的腾讯云一跃而出，业界才看清腾讯的战略方向。此时，腾讯云已为超过百万开发者提供服务，数据中心节点覆盖全球五大洲，行业解决方案覆盖游戏、金融、医疗、电商、旅游、政务、O2O、教育、媒体、智能硬件等多个行业，对外开放的技术能力包括大数据分析、机器学习、人脸识别、视频互动直播、自然语言处理、智能语音识别等。

在这一年的贵州数博会、"云＋未来"峰会、全球合作伙伴大会上，马化腾多次谈及腾讯云。事实上，腾讯在 2015 年的财报中首次提到了腾讯云，显示其收入同比增长超过 100%。汤道生公开宣布，未来 5 年要投入超过 100 亿元，助推腾讯云继续开疆拓土。

马化腾向合作伙伴表示："越来越多企业向云端迁移，除了节省成本、提高效率，更重要的是每个企业把独特的资源和能力凸显并分享出来，其余的工作交给生态伙伴。这正是我们过去 5 年来的选择。"

透过"云"，外界也可以看到腾讯开放战略的蜕变。近 6 年时间里，腾讯称自己专注做连接，用不当第一大股东的"半条命"精神与各垂直领域伙伴合作，从"一棵大树"成长为"一片森林"。6 年前，什么都做的"八爪鱼",变成了聚焦在"两个半"核心业务的开放平台。"两个半"是腾讯的内部说法,其实就是指社交平台、数字内容及互联网金融,互联网金融还在成长被算为"半个",只是未来很有可能发展成新的平台。

互联网金融是另一则可以诠释腾讯"连接一切"和"互联网＋"的故事,它的底层技术基础也是腾讯云。

2014年3月,银监会批准5家民营银行开展试点工作,这是1949年新中国成立之后,民间资本第一次被允许进入长期垄断的银行业。其中,阿里巴巴和腾讯分别获得一张牌照,腾讯以拥有30%股份,成为深圳前海微众银行的最大股东。12月12日,微众银行正式获准开业,成为中国首家互联网银行。2015年1月4日,李克强赴微众银行视察,他敲下电脑回车键,卡车司机徐军拿到3.5万元贷款,完成互联网民营银行的第一笔放贷业务。

2015年9月,腾讯在原在线支付部的基础上升级成立"支付基础平台与金融应用线",包括理财通平台、支付平台、研发平台、金融合作与政策、金融市场品牌和金融数据应用中心等模块,拥有财付通、腾讯理财通、互联网征信、移动支付风控、微信支付的基础平台部分、QQ钱包、金融云等业务和产品。腾讯互联网金融板块整合后,支付基础平台与金融应用线由赖智明担任总负责人。

财付通10年到现在的腾讯FiT 1年,经历了两个阶段:一是连接用户、商户与金融机构;二是把腾讯的云技术、大数据、支付能力、风控能力开放给合作伙伴,携手金融机构,打造更多新的金融应用。

在一份内部邮件中,刘炽平把互联网金融上升为战略业务,他写道:"当我们建立了海量支付用户的规模后,我们也具备了进一步提供更加丰富之金融应用给用户的能力,这里包括技术能力、用户触达场景,也包括数据,让我们可以提供更好的互联网金融服务。"

马化腾曾透露，2016 猴年除夕当天，红包支付超过了 25 亿笔，除夕红包个数超过 132.8 亿个。而微信支付和 QQ 钱包在内的腾讯移动支付日均交易笔数超 5 亿笔，腾讯支付安全团队运用大数据，通过人脸识别、IVR 自动外呼等技术创新将用户资金损失率控制在百万分之一。

腾讯互联网金融在支付领域所积累的经验与实力，以及金融云和大数据能力，让金融机构可以"拎包入住"。马化腾曾表示，"互联网金融有着很大的市场潜力，腾讯内部还在积极探索不同的形式，目前腾讯互联网金融业务，除了互联网贷款以外，另外一块就是互联网理财"。腾讯于 2014 年推出了独具特色的互联网理财开放平台——腾讯理财通，在短短两年间，汇聚了很多优秀的资产，从一开始只有货币基金发展到拥有定期理财、保险理财、指数基金等不同风险等级的十几种优秀金融产品，连接着基金、保险、证券等众多优质的金融合作伙伴，一方面为微信和 QQ 用户提供便捷的理财服务，另一方面也为金融合作伙伴提供产品创新、快速触达年轻用户等价值。在上线两年多的时间里，腾讯理财通用户数就已突破了 7000 万，资金保有量超过了千亿元。

赖智明在一次内部分享中说："理财通不是单一的服务提供方，而是一种开放的平台。但是这种开放平台不是超市，并非良莠不齐、毫无把关地让所有的供应商都上来。我们最终选择了一种更稳健，而且更开放的模式，做货币基金。"

金融云则是腾讯互联网金融板块目前正在力推的业务。站在腾讯互联网金融过去 11 年的经验的基础上，对未来趋势的看法，赖智明曾在公开场合表达过一个"STAR"模式。这既是腾讯的特色，也代表了 4 个发展趋势。STAR 中的"S"代表了社交化、生活化，利用社交平台的威力，勇于做减法，在移动支付平台上打造更多类似红包这类明星应用的产品。T 代表与同道开放合作共赢，即平台化。比如腾讯理财通的平台上，腾讯过去 1 年给其平台上的基金公司新增开户的用户数超过他们通过自己的路径 10 年发展的用户数。A 则是普惠、触手可及，也即移动化和场景化。R 则是数据化、智能化。

腾讯的金融业务是其战略业务之一，但是腾讯只做"半个"，腾讯的多位相关高管都在不同场合表示了"另外半条命交给合作伙伴""对金融保持敬畏""做金融连接器"等观点。

其实就日后来看，腾讯进入银行业及扩大在互联网金融领域里的探索，也许具有革命性的意义，它提供了另外一个辽阔的空间，并让人产生新的想象：被植入了金融基因的腾讯到底会演变成一家怎样的公司？

腾讯的公益与社会责任

对于马化腾来说，创办腾讯既是一次商业上的冒险，同时也是自我价值实现的过程。因此，如何通过互联网手段提升人类生活品质，一直是他最重要的思考命题之一。与此同时，他也希望腾讯能够成为一家"受尊敬的公司"，在公益事业和社会责任上有所践行。

2006 年 9 月，腾讯发起成立腾讯公益慈善基金会，这是中国互联网企业所成立的第一家公益基金会。在其后的两年多里，基金会投入6600 万元，与中国青少年发展基金会、中国儿童少年基金会等公益组织合作，捐赠近千万元，在贫困地区建立近 30 所希望（春蕾）小学，并进行了网络、图书馆等配套设施建设，同时启动了对西部乡村教师的培训项目。

2008 年，中国发生了两件重大的公共事件：一是汶川大地震及其救援，二是北京奥运会的举办。腾讯利用自己的互联网平台，都积极地参与进来。汶川大地震发生后，腾讯在 QQ 及腾讯网上进行网友捐款募集活动，总计募得 2300 万元。在奥运会期间，QQ 发起了富有创意的

"在线火炬传递"，有 6000 多万人参与了这个活动，通过 QQ 率先获知奥运信息的用户数量达 16 亿人次。

2008 年 11 月，在创业 10 周年之际，腾讯公司选择以发布《腾讯企业公民暨社会责任报告》的形式来度过自己"10 周岁"的生日。马化腾表示："10 年间，腾讯获得并奉行了一个非常宝贵的可持续发展秘诀：绝不追求单向经济效益最大化，而是以用户价值与社会价值最大化协调统一发展为方向。10 年回望，我们很清楚自己的责任，我们的任何经营行为都可能会影响到上亿的用户，只有得到用户的认可，我们才能健康发展。所以，对于社会和用户的责任与企业经营的协调发展，一定是我们重点关注的战略问题。"

2014 年 9 月，陈可辛导演的电影《亲爱的》上映，引发了全国对被拐卖儿童的关注。而就在当年的 10 月，"QQ 全城助力"公益项目上线，通过移动互联网 LBS 定位技术向儿童失踪所在城市 QQ 网友推送紧急寻人启事。作为首个上线的失踪儿童找寻平台，"QQ 全城助力"在两年的时间内，成功帮助全国 14 个家庭找回 16 名失踪儿童和未成年人，涉及深圳、武汉、厦门、南宁、大同、阜阳等多个城市。对于科技公益的态度，马化腾在内部信中称："是的，我们应该坚持做对的事，而且有能力运用互联网的优势来做好事。"

2015 年，腾讯公益发起中国首个互联网公益日——"99 公益日"，主题为"一起爱"。

为了这个公益日，腾讯各条业务线火力全开，拿出了全部的资源，更是玩出了前所未见的玩法。用户可以选择腾讯公益网络平台上数千个公益项目进行小额捐赠，"互动"成为"99 公益日"的一大关键词。例如，在手机上帮裸身的贫困山区孩子"穿上"衣物，小孩便可获得由商家赞助的服装；进行一次对抗雾霾的游戏，便可支持一棵新树苗的种植……各类趣味性的互动颠覆了人们对传统公益只是"掏钱捐赠"的惯性想法。

除此之外，各大 NGO 和公益基金会也祭出大招参与其中。知名公益人、免费午餐发起人邓飞发起了"99 公益营"行动，口号为"99 公益日，克隆爱"，爱心人士可以寻找 18 个队员，通过腾讯公益平台发起"一起捐"，借助朋友圈的力量为山区的留守儿童送上一份免费午餐。中国扶贫基金会也发起"百元大作战"活动，招募爱心人士发起一个目标设置为 200 元的爱心包裹一起捐，为贫困地区小学生筹一个新学期的开学礼物。

自 2015 年 9 月 7 日至 9 月 9 日的 3 天时间里，通过腾讯公益平台，"99 公益日"共计募得慈善捐款 1.279 亿元，共有 205 万人次参与捐款，捐赠金额、参与人数均创下国内互联网的募捐新纪录。作为发起者和连接器，腾讯基金会对数千个公益项目进行配捐，3 天总计配捐金额达到 9999 万元。

2016 年 4 月 18 日，马化腾宣布，将捐出 1 亿股腾讯股票注入正在筹建中的公益慈善基金，通过各家公益慈善组织和项目，支持在中国内地为主的医疗、教育、环保等公益慈善项目以及全球前沿科技和基础学科的探索。一个月以后，腾讯的另一位创始人陈一丹先生宣布捐赠 25 亿港元（约 3.2 亿美元）设立全球最具规模的教育奖项"一丹奖"。

除了捐款外，2015 年 7 月，"益行家"运动捐步产品的上线，也让更多人看到了做公益的另一种可能性。网友在"微信运动""QQ 健康"上捐赠步数，由企业出资代捐。在"益行家"产品形态确认的过程中，马化腾认为，捐步应该是有门槛的，大家要通过努力才能完成这样的一个公益行为，他提出用户只有行走超过 10000 步，才能进行捐赠。产品上线一年，"日行 10000 步，健康做公益"已经成为千万网友的习惯。

"微微的晨光还照不亮太远的路"

2011 年 11 月，在马化腾的帮助下，我开始使用微信。我发现，他是一个非常"吝啬"乃至单调的"微信朋友"。每个月，他发送的消息从来没有超过 10 条，而内容几乎都是对腾讯新业务的极其简洁的推介和评点，如"首个大型实验真人秀，很大的挑战""已买，准备体验延误红包""滴滴再战江湖，新品类滴滴快车，支持一把""程序响应太慢了，要优化"……

18 年来，他由一个连前同事都不太记得名字的普通程序员，成为中国互联网不可替代的领导者和最富有的人之一。不过，他的生活状态似乎没有太多变化，他仍然不喜交际，专注于每一个新产品，他的部下们仍然会在午夜时分收到他对某个细节的挑剔和建议。

这是一个善于控制自己的好奇心的人，而同时，他又能让自己的兴趣在无尽的可能性里得到延伸，在这个意义上，他还是那个喜欢趴在望远镜前眺望无垠星空的南方科技青年。2016 年 10 月 22 日，在清华大学经管学院的一次对话中，马化腾再次谈及少年时的天文爱好："看看星空，会觉得自己很渺小，可能我们在宇宙中从来就是一个偶然。所以，无论什么事情，仔细想一想，都没有什么大不了的。这能帮助自己在遇到挫折时稳定心态，想得更开。"

近年来，他唯一增加的社会活动是参加公益慈善，他发起了一个为先天性心脏病儿童募捐的活动，成为壹基金理事、大自然保护协会的中国理事，还参与发起桃花源基金会。在这些场合，他与马云常常同席互动，外界所有关于他们的恩怨似乎都是流言。

这是一个不完美的商业故事，就好像我们从来没有看到过完美的人生一样，它充满了青春的残酷气息，像一个朝着自己的目标呼啸狂奔的少年，外表桀骜不驯，内心却有着无所不在的恐惧——从诞生到我完成这部作品，它才 18 岁。

中国互联网的成功与改革开放非常类似，是实用主义者的胜利。与他们的美国同行相比，中国人也许没有发明革命性的互联网技术，但是他们在商业模式和用户体验上的努力却是卓越的，这也是所谓的美国式优势与中国式优势的生动展现：美国人发明了推动进步的技术，而中国人找到了盈利的方法论。就更广泛的意义而言，中国互联网人对其他领域——制造业、零售服务业、传媒业以及金融业的渗透更加深刻，而这才刚刚开始。

在一次交流中，马化腾很感慨地讲过一段话，他说："不管已经出现了多少大公司，人类依然处在互联网时代的黎明时分，微微的晨光还照不亮太远的路。互联网真是个神奇的东西，在它的推动下，整个人类社会都变成了一个妙趣无穷的实验室。我们这一代人，每个人都是这个伟大实验的设计师和参与者，这个实验值得我们屏气凝神，心怀敬畏，全情投入。"

从 2013 年开始，与马化腾一起创办腾讯的几个老同学相继从一线退下。

2013 年，陈一丹卸任首席行政官，转而出任腾讯公益慈善基金会荣誉理事长。在他的主导下，腾讯发挥社交平台的优势，在慈善公益事业上屡屡有让人赞叹的活动。同时，陈一丹投资于教育。2015 年 6 月，中南财经政法大学将武汉学院剥离，经教育部批准，转设为一家独立的民办本科大学，陈一丹首期投入 20 亿元。

2014 年 9 月，张志东辞去首席技术官（CTO）的职务退休，此后，他的身份是腾讯学院的一名讲师。在内部邮件中，马化腾深情地写道："比技术本身更为重要的是，Tony 是公司用户价值观的最坚持的践行人。在总办会议上，Tony 是最能站在用户角度毫不妥协的人，始终保持着这份'固执'。Tony 这份坚持，也融入了公司的强用户导向的理念基因。"

记得是 2012 年的夏天，尚未退休的张志东在他的办公室里接受我的访谈，在我们交谈的高窗下，便是被一片绿意环绕的深圳大学。从那里的一位青葱懵懂的学生到中国互联网界最有权势的人之一，他和马化腾被时代的潮流所裹挟，一路跌撞前行，演绎了一段无可复制的精彩人生。

访谈结束后，张志东送我到电梯口。电梯门开了，他突然喃喃自语说："如果哪天腾讯遇到了更大的挑战，也许就是新的一天开始了。"

我还没有回应，电梯门就缓缓地关上了，我只来得及看到他硕壮的身影。

深圳腾讯总部的档案室仅 100 多平方米，平常只有一位女士默默地管理着。在那里，窗明几净，最多的资料是剪报册，从 2000 年开始，腾讯委托一家剪报公司每月把各类媒体的报道编剪成册，然而到 2006 年以后，大概认为没有什么用，连这项服务也暂停了。

腾讯的会议几乎没有做文字纪要的传统，更不要说什么影像资料，能够收集得到的档案都分散于各级管理部门的主管手上。几乎所有人都告诉我，腾讯是一家靠电子邮件来管理的公司，很多历史性的细节都留存或迷失于参与者的记忆和私人邮箱里。绝大多数的腾讯高管都是技术出身的理工男，他们对数据很敏感，可是对于我所需要的戏剧性细节则一脸茫然。这似乎是一家对自己的历史"漫不经心"的企业，这里的每一个人都觉得这样的状态"挺好的"。一位高管对我说："互联网公司的人都是这样的，对于我们来说，昨天一旦过去，就没有任何意义，我们的眼睛从来只盯着未来。"

更要命的是，腾讯的业务条线之纷杂是出了名的，连马化腾自己都在微信朋友圈里很不好意思地说："每次向领导讲解清楚腾讯的业务模式，都不是一件容易的事情。"有一段时间，我每访谈一个事业群的总裁，都要先请他在一张纸上把管理和业务架构图画出来。有一次，我问主管人力资源的高级副总裁奚丹："腾讯到底有多少产品？"奚丹说："这个问题恐怕连 Pony 也回答不出来。"

这一切都是我在 2011 年着手创作本书时，完全没有预料到的。在过去的 5 年多里，我走访了 60 多位腾讯的各级管理者，并进行了多轮次的百人级外围访谈。这一段时间，正是微信崛起的时间。腾讯内部的组织架构又进行了两次大调整，而其战略上的升级与激烈的产业扩张更是让人眼花缭乱，所以，本书的创作既是一次大规模的"田野调查"，同时也是现场即景式的目击记录。本书原定的出版时间是 2013 年年底，那是腾讯创业 15 周年的纪念时刻，然而，我一直到 3 年后的 2016 年年底，才算勉强完成了全部的创作。

我要感谢腾讯以及马化腾对我的工作的支持。从一开始，他们就承诺彻底地开放，我可以约谈公司内部的任何人和部门，他们也不会对我的创作观点予以过多干涉。在 5 年多时间里，我感受到了这家公司的坦诚，也能够体会到他们在前行中的激越、焦虑与彷徨。

在 2007 年前后，我所主持的蓝狮子财经创意中心曾出版了阿里巴巴的第一本官方传记《阿里巴巴：天下没有难做的生意》，那时正值阿里在香港上市，BAT 即将成为中国互联网的新统治势力。而此次的漫长创作，让我再一次进入这个产业的核心地带。也是在 2014 年 5 月，我在微信公众号平台上开通了"吴晓波频道"，开始陌生而艰难的自媒体试验。对阿里、腾讯的两次贴身调查，无疑大大地提高了我——作为一个传统文字工作者和企业观察者的"互联网智商"。

在本次创作过程中，我最要感激的是腾讯公关部，刘畅（她已经离职创业，现正在热火朝天地做着她的伴米）、李航、岳淼、王晓冰、周南谊、毛晓芳（我开始创作的时候，毛毛刚结婚，现在她的第二个宝宝也即将诞生，据说公关部同事给这个孩子起了一个小名叫"传传"）、杜军（也已离职）和樊杰等，他们给予了我最无私的帮助，若没有他们不嫌烦琐地约谈安排和原始资料汇集，完成此次创作是不可能的任务。蓝狮子的陶英琪、赵晨毅、陈一宁、李雪虎、孙振曦同样付出了很多的劳动，孙晓亮、王天义、王亚赛等几位设计师完成了装帧设计和图表绘制。

要感谢的外部访谈对象名单太长，在这里我只能列出主要的这些人：胡延平、段永朝、谢文、罗振宇、方兴东等等。其中，罗振宇是本书的"始作俑者"之一，在"3Q 大战"后，正是他向腾讯决策层提议创作本书，并"举贤不避友"地推荐了我。

每一次创作都是遗憾的艺术，我们永远无法穷尽事实的真相，或者说，事实在被文字重新编织的时候，便已经忍受了选择、遗弃乃至扭曲的过程。尤其是在非虚构的企业史创作上，一个被遗漏或未被观察到的细节，就可能让一段公案得以重新解读。总体而言，一家企业的存在价值是产业繁荣的结果，而不是原因。我所能保证的是细节和数据的真实，其中若有漏失，过错全部在我。

感谢我的家人，邵冰冰一直是本书稿最执着的催促者，在她看来，完成是唯一的解脱之道。我的女儿吴舒然现在去洛杉矶读大学了，她离我的世界越来越远。不过，如果有一天她决定回国开展她的事业，那么，我写过的那些书也许就有被她打开的可能了。

最后，要感谢互联网，在过去的 20 年里，它如此颠覆性地改变了我们每一个人的人生，也如此深刻地改变着我们这个国家。我们受惠于它，自当有记录它的责任。

吴晓波

2016 年 10 月 18 日

于杭州大运河畔

图书在版编目(CIP)数据

腾讯传：1998—2016：中国互联网公司进化论/吴晓波著. —杭州：浙江大学出版社，2017.1

ISBN 978-7-308-16420-7

Ⅰ.①腾… Ⅱ.①吴… Ⅲ.①网络公司—企业管理—经验—中国 Ⅳ.①F279.244.4

中国版本图书馆 CIP 数据核字（2016）第 275269 号

腾讯传：1998—2016：中国互联网公司进化论

吴晓波　著

策　　划	杭州蓝狮子文化创意股份有限公司	
责任编辑	黄兆宁	
责任校对	陈　园　杨利军	
出版发行	浙江大学出版社	
	（杭州市天目山路 148 号　邮政编码 310007）	
	（网址：http://www.zjupress.com）	
排　　版	杭州林智广告有限公司	
印　　刷	浙江印刷集团有限公司	
开　　本	710mm×980mm　1/16	
印　　张	23.25	
彩　　插	4	
字　　数	300 千	
版 印 次	2017 年 1 月第 1 版　2017 年 1 月第 1 次印刷	
书　　号	ISBN 978-7-308-16420-7	
定　　价	58.00 元